PRISÃO TEMPORÁRIA

Instituto que pode e deve ser diferente

Dados Internacionais de Catalogação na Publicação (CIP)

P814p Pontes, Eduardo Furian.

Prisão temporária : Instituto que pode e deve ser diferente / Eduardo Furian Pontes. – Porto Alegre : Livraria do Advogado, 2021

189 p. ; 25 cm.

Inclui bibliografia.

ISBN 978-65-86017-25-0

1. Prisão temporária - Brasil. 2. Defesa (Processo penal) - Brasil. 3. Liberdade (Direito penal). 4. Presunção de inocência. I. Título.

CDU 343.26(81)

Índice para catálogo sistemático:

1. Prisão temporária : Brasil 343.26(81)

(Bibliotecária responsável: Sabrina Leal Araujo – CRB 8/10213)

Eduardo Furian Pontes

PRISÃO TEMPORÁRIA

Instituto que pode e deve ser diferente

livraria
DO ADVOGADO
editora

Porto Alegre, 2021

Capa, projeto gráfico e diagramação
Livraria do Advogado Editora

Revisão
Rosane Marques Borba

Imagem da capa
Linha foto criado por wirestock - br.freepik.com

Direitos desta edição reservados por
Livraria do Advogado Editora
Rua Riachuelo, 1334 s/105
90010-273 Porto Alegre RS
Fone: (51) 3225-3311
livraria@doadvogado.com.br
www.doadvogado.com.br

Impresso no Brasil / Printed in Brazil

À Raquel, à Sofia e à Luísa, amores incondicionais.

Agradecimentos

Este livro, em grande parte, é fruto da pesquisa realizada por ocasião de meu mestrado na Faculdade de Direito da Universidade de Lisboa. A dissertação nasceu de um encontro com o professor Doutor Augusto Silva Dias quando, em visita a Porto Alegre, no final do ano de 2013, surpreendeu-se com a abrangência jurídica e implicações sociais que se dava à prisão temporária. Naquela oportunidade, ele sugeriu o aprofundamento do tema no sentido de levá-lo ao debate na universidade portuguesa. E assim procurei fazer com sua orientação.

O agradecimento inicial, portanto, não poderia ser outro a não ser ao estimado professor. Pessoa gentil, de uma cultura poucas vezes vista no meio acadêmico, e, ao mesmo tempo, de uma generosidade intelectual dificilmente encontrada. Sorte daqueles que puderam conhecê-lo.

Do mesmo modo, minha gratidão ao professor Doutor Paulo Sousa Mendes pelo inestimável aprendizado. Sem dúvida alguma, fez-me ver o Direito de outra maneira, além de contribuir para a formação de um novo juiz.

Em particular, agradeço aos meus pais, Carlos e Talídia, bem como ao meu irmão, Angelo – colega de profissão –, por me ensinarem que o individualismo e a opressão rumam à injustiça.

Agradeço também ao Tribunal de Justiça do Rio Grande do Sul pela oportunidade e pela licença concedida para cursar o mestrado no exterior.

Este livro, contudo, tem coautores. Confesso! Nada seria possível não houvesse a Raquel. Feliz o dia em que a encontrei. Agradeço igualmente às minhas filhas, Sofia e Luísa, com profundo pedido de desculpas pelas horas que não desfrutei de suas companhias; a elas devo muito mais do que este livro, devo-lhes a vida. E é, por fim, com o pedido de perdão às demais pessoas mencionadas que registro este agradecimento especial a essas três grandes mulheres que me enriquecem e dão sentido a tudo que faço.

"As algemas, também as algemas são um símbolo do direito; quiçá, a pensar-se, o mais autêntico de seus símbolos, ainda mais expressivo que a balança e a espada."

Francesco CARNELUTTI – *As misérias do processo penal.*

Notas do Autor

A prisão temporária não se trata de instituto novo do direito brasileiro. Já era praticada em períodos de triste memória através da mal-afamada prisão para averiguações: momento histórico em que se conduziam pessoas às repartições policiais – não raro sendo submetidas ao cárcere – para *averiguar* a existência de possíveis delitos ainda sem qualquer lastro de investigação que apontasse a autoria e a participação em crimes.

Com a nova ordem constitucional de 1988, pensou-se, no entanto, que restrições a direitos fundamentais de tal envergadura já tivessem sido extirpadas da ordem jurídica brasileira, o que, infelizmente, não ocorreu. Pelo contrário, logo após a promulgação da Constituição Federal de 1988, o instituto foi revigorado, agora com nova denominação e sob o manto protetor da necessidade da preservação da lei e da ordem. Ao antigo, deu-se nome "novo", fazendo surgir a prisão temporária; agora com roupagem de seda, a exigir a existência de comando judicial fundamentado e alicerçado em meros elementos indicativos de autoria e participação em delitos considerados de maior gravidade, comando esse somado à imprescindibilidade do encarceramento para o correto andar da investigação criminal.

Já em seu início, a prisão temporária não ficou ilesa ao crivo de constitucionalidade. A análise dos aspectos de constitucionalidade formal – diante de um vício de iniciativa e de um processo legislativo deficiente –, além da infração material à Constituição Federal, foi levada e analisada pelo Supremo Tribunal Federal direta e incidentalmente. Muito embora já tenham se passado mais de 30 anos da edição da Lei nº 7.960/89, ainda se encontram em tramitação na Suprema Corte do país Ações Diretas de Inconstitucionalidade [ADI nº 3.360 e ADI nº 4.109] que tentam extirpar a prisão temporária do cenário nacional por afronta ao artigo 5º, incisos LIV, LVII, LXI, LXIII, LXVI, e § 3º, da CF.

Se, contudo, a sua inconstitucionalidade ainda não foi aceita na ordem jurídica brasileira, e o instituto vem sendo largamente utilizado pelos operadores do direito com a bênção dos tribunais superiores, não é adequado, portanto, ao estudo acadêmico render-se ao conformismo.

É importante ressaltar que a efetivação de tal instituto pode gerar grave lesão a direitos fundamentais – especialmente ao princípio da presunção de inocência e ao da dignidade da pessoa humana, observados ainda na fase da investigação e inerentes aos meros investigados de uma infração. Não se pode esquecer também da possibilidade da má utilização da prisão temporária, a qual pode ser usada, inclusive, como método espúrio, não raro influenciado pelas diretrizes midiáticas da aplicação imediata do cárcere para manutenção da ordem social em detrimento da liberdade individual.

Além disso, com sua aplicação quase que ao reverso dos sabores constitucionais albergados na Constituição Federal de 1988; via de regra, percebe-se que as decisões que utilizam o instituto se esquecem das vozes diárias que ecoam os efeitos decorrentes da prisão, direta e indireta, ainda que provisória: especialmente a estigmatização imposta por uma sociedade excludente e pouco interessada em garantir os mesmos direitos a todos os atores comunitários.

Seja como for, se a prática da prisão temporária é irremediavelmente certa, apesar dos graves empecilhos que a tornam de difícil aplicação se obedecidos os comandos constitucionais, os princípios gerais e orientadores das medidas cautelares pessoais tornam o que era espinhoso ainda mais complicado. Dessa forma, diante do caráter acessório da prisão cautelar, da proporcionalidade das medidas utilizadas e da necessidade de apontar as concretas hipóteses de incidência legal – vistas ainda nas tênues searas da investigação, normalmente aparelhadas sem elementos probatórios dignos de um Estado de Direito –, a prisão temporária passa a ser vista como instituto intrincado, complexo, mal redigido e efetivamente de dificílima possibilidade de aplicação.

E tanto isso é verdade que as divergências doutrinária e jurisprudencial são tamanhas que, quando se analisam os requisitos específicos para sua aplicação, encontram-se inúmeras vozes divergentes, não sendo possível sequer falar em estabilização de uma das posições pesquisadas; muito embora a orientação direcione-se para necessidade da conjugação de incisos previstos do artigo 1º da Lei nº 7.960/89.

A propósito, aponta-se, nesse tópico, a necessidade incondicional da "imprescindibilidade da investigação" dentro das hipóteses taxativamente previstas na lei específica, excluindo-se indistintamente a possibilidade de prisão nos moldes previstos – seja por qual período for – na hipótese de falta de residência fixa ou falta de identificação.

Se os problemas apontados já não fossem o bastante, o prazo de encarceramento de 5 ou de 30 dias – dependendo do suposto crime investigado –, com a possibilidade de sua extensão por igual período, torna a prisão para investigação – ou seja, a prisão temporária – efetivamente perversa e com nítida intenção de estigmatizar aqueles suspeitos da prática de graves delitos.

Defende-se, assim, a necessidade de readequação dos prazos às hipóteses concretas de imprescindibilidade, nos exatos limites destas, sendo inoportuna a decretação do aprisionamento – sem elementos concretos – por todo o período contemplado em lei; até porque foge à proporcionalidade necessária às medidas cautelares pessoais. Ademais, mesmo se o tempo de encarceramento máximo encontra suporte na legislação, tenta-se equilibrar o prazo de finalização do inquérito policial devido ao fato de ter sido esquecido pelo legislador de ser traçado um equilíbrio entre a Lei nº 7.960/89 e o Código de Processo Penal.

Além disso, o problema fica ainda maior quando se observa que o cárcere – em se tratando de prisão temporária – não é utilizado como última razão. E mais. Dentro de uma proporcionalidade desejada às medidas restritivas de direito, tenta-se advogar a possível utilização do poder geral de cautela a fim de que se possam adotar medidas alternativas à prisão não previstas no ordenamento jurídico.

Ultrapassado esse nó górdio, não fogem à análise a forma de execução do aprisionamento e a preservação das garantias constitucionais no momento da prisão, situação que não deve ser deixada ao acaso nem à boa-vontade do executor da medida. Nesse sentido, torna-se correta a afirmação de que a execução da prisão ostenta tanta relevância quanto a análise dos próprios requisitos que a possibilitaram.

Por tudo, dentro do panorama nacional brasileiro, em que se percebe que a prisão temporária ganha volume, sendo a cada dia largamente aplicada diante de uma criminalidade cada vez mais organizada e violenta, ousam-se lançar alguns requisitos no sentido de aperfeiçoar o instituto a fim de tornar a segregação temporária mais adequada ao direito contemporâneo, ressaltando-se, sobremaneira, a garantida dos direitos individuais.

Certamente que, mesmo com a inclusão da possibilidade de defesa a ser exercida em audiência, a necessária prova da materialidade de um crime e a distribuição equânime dos delitos que se sujeitariam ao cárcere temporário, ainda existiriam vozes alegando que a prisão temporária no direito brasileiro é medida esdrúxula, inoportuna e típica de um país em que as garantias dos direitos fundamentais ainda se encontram em fase embrionária. Ecoariam também vozes asseverando que se trata de resquício de antigo regime político em que não se respeitavam os mais comezinhos direitos de liberdade e se averiguavam – através de prisões – suspeitos da prática de um crime.

Dir-se-á a essas pessoas, no entanto, diante da maciça aplicação da prisão temporária pelos tribunais superiores, que se está tentando aperfeiçoá-la. Não a ponto de blindá-la de todas as contestações argutas de uma doutrina qualificada, mas de trazê-la o mais próximo à realidade e de uma possível aplicação dentro das mazelas de um Estado que pouco – muito pouco – oferece ao êxito das investigações.

Sumário

Siglas e abreviaturas

A.A.F.D.L. .... Associação Académica da Faculdade de Direito de Lisboa
AASP.............. Associação dos Advogados de São Paulo
AA.VV. .... Autores Vários
abr. .... abril
Ac. .... Acórdão
ADI ....Ação Direta de Inconstitucionalidade
ADPF.............. Arguição de Descumprimento de Preceito Fundamental
ago. .... agosto
AgInt.............. Agravo Interno
AgR .... Agravo Regimental
AgRg .... Agravo Regimental
AI .... Agravo de Instrumento
Ajuris .... Associação dos Juízes do Rio Grande do Sul
ARE .... Recurso Extraordinário com Agravo
AREsp............ Agravo em Recurso Especial
art. .... artigo
BA.................. Estado da Bahia
BNMP............. Banco Nacional de Mandados de Prisão
BVerfGE .... Entscheidungen des Bundesverfassungsgerichts [Decisão da Corte Constitucional Alemã]
CADH .... Convenção Americana de Direitos Humanos
CEDH .... Convenção Europeia dos Direitos do Homem
CEDPAL .... Centro de Estudos de Direito Penal e Processual Penal Latino-Americano
CF .... Constituição Federal
cf. .... confira, confronte
CGJ................ Corregedoria-Geral da Justiça
CIDH .... Comissão Interamericana de Direitos Humanos
cit. .... citado
CJ .... Colectânea de Jurisprudência
CN .... Congresso Nacional
CNJ .... Conselho Nacional de Justiça
COMAG........... Conselho da Magistratura
coord. .... coordenação

CP .... Código Penal
CPP .... Código de Processo Penal
CRP ....Constituição da República portuguesa
Ed. .... Editora
ed. .... edição
ePub .... Publicação Eletrônica
ES .... Estado do Espírito Santo
Esmaf .... Escola de Magistratura Federal da 1ª Região
ESMESE.......... Escola Superior da Magistratura do Estado do Sergipe
dez................. dezembro
DF.................. Distrito Federal
D.O................ Diário Oficial
DOU .... Diário Oficial da União
DUDH .... Declaração Universal dos Direitos Humanos
fasc. .... fascículo
fev. .... fevereiro
GO.................Estado de Goiás
HC .... *Habeas Corpus*
IBCCRIM .... Instituto Brasileiro de Ciências Criminais
IBGE .... Instituto Brasileiro de Geografia e Estatísticas
Inq .... Inquérito
Ipea .... Instituto de Pesquisa Econômica Aplicada
jan. .... janeiro
jul. .... julho
jun. .... junho
LTC .... Livros Técnicos e Científicos Editora
mai. .... maio
mar. .... março
MC .... Medida Cautelar
MG .... Estado de Minas Gerais
Min. .... Ministro
MS .... Estado do Mato Grosso do Sul
nº .... número
OEA............... Organização dos Estados Americanos
org. .... organizador
out................. outubro
p. .... página
págs............... páginas
PCPA............. Presídio Central de Porto Alegre
PE.................. Estado de Pernambuco
p.e................. página eletrônica
PI .... Estado do Piauí

PIDCP .... Pacto Internacional dos Direitos Civis e Políticos
PMDB-DF .... Partido do Movimento Democrático Brasileiro - Distrito Federal
pp. .... páginas
PSL .... Partido Social Liberal
PSV................ Proposta de Súmula Vinculante
PTB .... Partido Trabalhista Brasileiro
Rcl.................. Reclamação
RE .... Recurso Extraordinário
reimpr. .... Reimpressão
Rel. .... Relator
REsp .... Recurso Especial
RHC .... Recurso em *Habeas Corpus*
RJ.................. Estado do Rio de Janeiro
RS .... Estado do Rio Grande do Sul
RT .... Revista dos Tribunais
SAV .... Sistema de Acompanhamento Virtual
s/d .... sem data
SE .... Estado de Sergipe
segs. .... seguintes
set. .... setembro
SP .... Estado de São Paulo
s/p.................. sem indicação de página
StBO .... *Strafgesetzbuch* [Código Penal]
STF .... Supremo Tribunal Federal
STJ .... Superior Tribunal de Justiça
STJ................. Supremo Tribunal de Justiça [Portugal]
SUSEPE .... Superintendência de Serviços Penitenciários
TC .... Tribunal Constitucional [Portugal]
TEDH .... Tribunal Europeu dos Direitos do Homem
TJRS .... Tribunal Justiça do Rio Grande do Sul
TJSP............... Tribunal de Justiça do Estado de São Paulo
TRC................ Tribunal da Relação de Coimbra [Portugal]
TRE .... Tribunal da Relação de Évora [Portugal]
TRF4.............. Tribunal Regional Federal da 4ª Região
TRG................ Tribunal da Relação de Guimarães [Portugal]
TRL................ Tribunal da Relação de Lisboa [Portugal]
TRP .... Tribunal da Relação do Porto [Portugal]
TSE .... Tribunal Superior Eleitoral
v .... ver
VEC................. Vara de Execuções Criminais
vol. .... volume
vs. .... *versus*

Introdução

Mais de 30 anos se passaram desde a publicação da medida provisória que culminou na edição da famigerada Lei nº 7.960/89. Apesar do longo transcurso de tempo que fortaleceu os alicerces dessa nada nova forma de privação temporária de liberdade individual, decretada ainda no curso da investigação criminal, o instituto ainda suscita muita polêmica, uma vez que é utilizado em todos os juízos criminais do Brasil, com ênfase nas grandes metrópoles, especialmente em locais que se encontram dominados pelo crime organizado.

A prisão temporária alcançou destaque e atualidade a partir do momento em que passou a ser vista, no cenário nacional, não mais como coadjuvante dentre as prisões cautelares, mas com método inicial de coação pessoal; utilizado, inclusive, como barganha legitimada pelo Estado na busca de confissões e de colaborações para o desfecho investigativo.

Portanto, da legitimação da prisão para averiguações – instituto descartado pela ordem constitucional de 1988 e de triste memória durante o regime militar golpista de 1964 –, a prisão temporária ganhou um novo enfoque, evidenciando uma maior tensão dentre os meios dispostos pelo Estado para o êxito da investigação criminal e da garantia da liberdade individual antes da sentença definitiva. Essa situação acirra-se ainda mais quando vozes populares ecoam súplicas de endurecimento das segregações provisórias e definitivas como forma de dar um basta à criminalidade violenta disseminada por todos os lugarejos e sob o comando organizacional instaurado nos grandes centros urbanos.

No entanto, não há que se jogar ao alto o trigo para que seja amparado seu grão mais seleto e verificar que apenas alguns são dignos de certos direitos. A todos – e já se dizia que "criminosos são pessoas"[1] – devem ser garantidos os mais elementares direitos individuais, sob pena de voltar-se à barbárie e legitimar práticas de torturas físicas e psicológicas não mais aceitas em qualquer Estado que se diz de direito.

[1] Sobre o tema, v. SILVA DIAS, Augusto. "Os criminosos são pessoas? Eficácia e garantias no combate ao crime organizado". *Direito e Cidadania*. ano IX, nº 27, (2007/2008), [pp. 9-28], p. 9 e segs.

E o que apontar se ainda tudo se encontra sob investigação imatura, sem elementos concretos de autoria; e, se existentes, sem que se encontrem elementos aptos para o início da investigação criminal? Eis o problema que se busca enfrentar. A propósito, é viável o aprisionamento do cidadão – por certo e determinado período, muitas vezes longo e por mais de mês – para fins de uma investigação? Quando um aprisionamento dessa envergadura pode ser feito ao compasso da inigualável legislação brasileira? E por quanto tempo? O que deve ser garantido ao segregado durante o aprisionamento? Além disso, não é possível/desejável estabelecer parâmetros e lançar alguns requisitos que possibilitem o melhoramento do instituto?

É nessa selva inóspita que se incursionará. No entanto, vozes atentas dirão ser desnecessário traçar qualquer desses questionamentos, pois a prisão temporária resolve-se apenas no plano constitucional, e, caso – em uma eventualidade – vier a ser ultrapassada essa barreira, tudo se elucidaria dentro dos princípios das medidas cautelares pessoais. Mas o que dirão essas mesmas pessoas se verificarem que a segregação na forma disposta na Lei nº 7.960/89 vem sendo aceita inadvertidamente pelo Supremo Tribunal Federal e pelo Superior Tribunal de Justiça?

Resta, pois, e é o que se pretende, dar ouvidos a vozes persistentes e dissonantes que tentam ratificar os limites intransponíveis quanto à constitucionalidade – formal e material – da prisão temporária. E mais, pretende-se igualmente identificar e esclarecer de que forma os princípios orientadores das prisões cautelares lhe dão suporte, bem como constatar que o fundamento e os requisitos, aspectos que serão mais adiante desenvolvidos, deixam a prisão temporária efetivamente como último recurso a ser adotado em situações concretamente imprescindíveis.

Desse modo, num primeiro plano, pondera-se sobre os antecedentes históricos e os motivos que levaram à promulgação da prisão temporária através de instrumento inapropriado, mas com força de lei, além da sua conversão imatura em lei ordinária. Além disso, fala-se sobre as impugnações e os inconformismos perante o Supremo Tribunal Federal, e que ainda dependem de julgamento específico.

Após, sempre dentro de uma perspectiva constitucional, busca-se verificar a situação atual da prisão temporária, sua aplicação dentro de um sistema midiático, influenciador e repugnante, que vem a causar um impacto dantesco na apreciação das representações ou nos requerimentos de segregação provisória. Não se pode também esquecer dos devastadores efeitos diretos e indiretos do cárcere, mesmo que por curto espaço de tempo, inclusive nos contextos individual, familiar e comunitário. Traçam-se, ainda, anotações sobre alguns princípios inerentes às medidas cautelares pessoais.

Em seguida, sempre dentro dos contextos mencionados, examinam-se todos os requisitos dispostos na lei específica – dentro da doutrina e da jurisprudência nacional [dando-se preferência às decisões dos tribunais superiores] – para dizer que a prisão temporária está sendo indevidamente utilizada e malgerenciada pelos operadores do direito. Devido ao grande número de processos que assola cada julgador brasileiro, problema que alicerça a massificação das decisões judiciais, acaba ocorrendo que uma parte considerável das decisões termina por não observar os mais básicos direitos individuais.

Tenta-se, por fim, diante da utilização já consolidada da prisão temporária, examinar alguns elementos que a tornariam aceitável dentro de uma criminalidade crescente, mas, ao mesmo tempo, digna da observância de regras fundamentais que alicerçam o Estado de Direito. De qualquer maneira, sem pretensão de originalidade ou de descoberta, buscou-se ser prático. E se o erro é auxiliar aqueles que de forma tão árdua se envolvem com essa questão, penitencio-me. Mas, se a arte de escrever é difícil, e tentam-se socorrer os aplicadores do direito, o erro não foi tão grave.

Nesse sentido, a propósito, nunca se devem esquecer as sábias palavras de PONTES DE MIRANDA, inúmeras vezes reproduzidas: "Livro de doutrina – manual, comentários ou tratado – há de ser livro útil aos juízes e advogados, como roteiro para as suas atividades. Os livros que não resolvem dúvidas, os livros sem valor prático, são livros de metafísica ou de retórica jurídica; não são livros de ciência. É perder tempo lê-los e mencioná-los. Ou se sabe direito, ou não se pode falar sobre direito. Ninguém pode escrever filosofia da botânica sem ser botânico. Um dos males da civilização está no que escrevem sobre o direito os que somente conhecem o que se escreveu sobre ele. É com tijolos, barro e madeira que se constrói, ou com ferro e cimento. Não se pode edificar, criar, com estampas de casas, ou com o que se escreveu sobre a história das construções, ou sobre estilo. O direito de um povo, por mais integrado que esteja em certa zona de cultura, tem seu estilo, e vive dentro dele. O jurista tem de revelá-lo, e pouco lhe adianta o que pensaram sobre os sistemas jurídicos os que nunca entraram, a fundo, num sistema jurídico".[2]

É efetivamente isto o que se tenta fazer: sem jamais lançar palavras avessas à crítica, almeja-se construir um direito sólido, igualitário, justo, visto de perto por um operador do direito que tenta com o estudo dignificar a prática. E esse é um dos trabalhos, tal qual o de Sísifo, que faz engrandecer a pesquisa.

---

[2] PONTES DE MIRANDA, Francisco Cavalcanti. *Comentários ao Código de Processo Civil*. Tomo I, 2ª ed. Rio de Janeiro: Forense, 1958, prefácio da 2ª edição, p. XL-XLI.

1. A Prisão temporária dentro da sistemática histórica e geral

1.1. Uma digressão no tempo: da prisão para averiguação à prisão temporária e os ataques à constitucionalidade do instituto

Prática usual em um período de triste memória no cenário nacional brasileiro, a prisão para averiguações – comumente utilizada durante a ditadura que se instaurou no Brasil com o golpe militar de 1964 – não foi acatada pela Constituição Federal de 1988 diante da grave ilegalidade e do flagrante abuso de poder. Naquele momento, tratava-se de um procedimento realizado pela autoridade policial, sem o crivo judicial ou acompanhamento do Ministério Público, para *averiguar* pessoas, sem qualquer lastro de fundamentação, critérios, diretrizes ou elementos que apontassem superficialmente a prática de um delito. Não raro, conduziam-se pessoas à repartição policial apenas para verificar – averiguar – sua vida pregressa e a situação em que se encontravam; alguns indivíduos ficavam presos pelo período de 30 dias, o qual era prorrogável por mais 30. A segregação era feita às escondidas, sem comunicação a familiares ou direito de entrevista com advogados.

Com esse subterfúgio consagrado na Lei nº 6.620/78[3] – mas, na prática, não apenas vinculado aos delitos nela delineados –, pessoas

[3] Assim previa o artigo 53 da Lei de Segurança Nacional – Lei nº 6.620/78: "Art. 53 – Durante as investigações, a autoridade responsável pelo inquérito poderá manter o indiciado preso ou sob custódia por até trinta dias, fazendo comunicação reservada à autoridade judiciária competente. § 1º – O responsável pelo inquérito poderá manter o indiciado incomunicável por até oito dias, observado o disposto neste artigo, se necessário à investigação. § 2º – Os prazos de prisão ou custódia fixados neste artigo poderão ser prorrogados uma vez, pelo mesmo período de tempo acima referido, mediante solicitação do encarregado do inquérito à autoridade judiciária competente, que decidirá, ouvido o Ministério Público. § 3º – O preso ou custodiado deverá ser recolhido e mantido em lugar diverso do destinado aos presos por crime comum, observando-se, ainda, os artigos 239 a 241 do Código de Processo Penal Militar. § 4º – Em qualquer fase do inquérito a defesa poderá solicitar ao encarregado do inquérito que determine exame na pessoa do indiciado para verificação de sua integridade física; do laudo expedido pela autoridade médica será feita juntada aos autos do inquérito. § 5º – Esgotado o prazo de trinta dias de prisão ou custódia ou de sua even-

foram detidas, torturadas e mortas sob a "marcha da família com Deus e pela liberdade". E a chaga não se restringiu apenas à famigerada Lei de Segurança Nacional de 1978, mas continuou, com algumas atenuações, com a publicação da Lei nº 7.170/83, que revogou a legislação anterior. Nesse contexto, com a legislação ainda abalada pela indeterminação e pela falta de submissão à tutela jurisdicional prévia, mantinha-se a custódia de pessoas pelo prazo de 15 dias com igual período de prorrogação em caso de necessidade.[4]

Com a restauração do estado democrático e com o surgimento da Carta Constitucional de 1988, os mecanismos de coerção foram arrefecidos, e começou-se a exigir requisitos um tanto quanto objetivos para sua aplicação no plano investigativo. Cuidou-se, em termos constitucionais, de estabelecer que ninguém seria preso, salvo hipótese de flagrante delito ou por ordem fundamentada pela autoridade judicial competente.

Nem tudo, entretanto, foi louvado com os brios de um Estado moderno em que se apregoava, e ainda se anuncia, a retomada incondicional à garantia dos direitos fundamentais. O já acostumado Estado, impossibilitado de utilizar o antigo subterfúgio repressor da *prisão para averiguação*,[5] e sob pressão da polícia judiciária "enfraquecida" pela

---

tual prorrogação, o indiciado será imediatamente libertado, salvo se decretada prisão preventiva, a requerimento do encarregado do inquérito ou do órgão do Ministério Público. § 6º – O tempo de prisão ou custódia será computado na execução da pena privativa de liberdade".

[4] Estabelecia o artigo 33 da Lei nº 7.170/83, que define os crimes contra a segurança nacional, a ordem política e social: "Art. 33 – Durante as investigações, a autoridade de que presidir o inquérito poderá manter o indiciado preso ou sob custódia, pelo prazo de quinze dias, comunicando imediatamente o fato ao juízo competente. § 1º – Em caso de justificada necessidade, esse prazo poderá ser dilatado por mais quinze dias, por decisão do juiz, a pedido do encarregado do inquérito, ouvido o Ministério Público. § 2º – A incomunicabilidade do indiciado, no período inicial das investigações, será permitida pelo prazo improrrogável de, no máximo, cinco dias. § 3º – O preso ou custodiado deverá ser recolhido e mantido em lugar diverso do destinado aos presos por crimes comuns, com estrita observância do disposto nos arts. 237 a 242 do Código de Processo Penal Militar. § 4º – Em qualquer fase do inquérito, a requerimento da defesa, do indiciado, de seu cônjuge, descendente ou ascendente, será realizado exame na pessoa do indiciado para verificação de sua integridade física e mental; uma via do laudo, elaborado por dois peritos médicos e instruída com fotografias, será juntada aos autos do inquérito. § 5º – Esgotado o prazo de quinze dias de prisão ou custódia ou de sua eventual prorrogação, o indiciado será imediatamente libertado, salvo se decretadas prisão preventiva, a requerimento do encarregado do inquérito ou do órgão do Ministério Público. § 6º – O tempo de prisão ou custódia será computado no de execução da pena privativa de liberdade".

[5] Aliás, nas palavras de MARCUS VINÍCIUS FURTADO COÊLHO, "prender para investigar equivale à prática policial de atirar para perguntar depois quem é. A prisão temporária restaura entre nós, as outroras existentes 'prisões para averiguações', efetuadas pela polícia que, presentemente, é efetuada com a chancela do Judiciário". Cf.: COÊLHO, Marcus Vinicius Furtado. "Prisão temporária: a tortura legalizada". *Revista da Ordem dos Advogados do Brasil.* ano XXXVII, nº 84, (jan./jun. 2007), [pp. 39-43], p. 41. No entanto, cumpre esclarecer, tal qual faz DIAULAS COSTA RIBEIRO, que a prisão temporária "parte de um fato criminoso para uma pessoa determinada", ao passo que a prisão para averiguações inicia-se com a detenção de uma pessoa para levantar fatos aleatórios. Cf.: RIBEIRO, Diaulas Costa. "Prisão temporária (Lei 7.960 de 21.12.89): um breve estudo sistemático e comparado". *Revista dos Tribunais.* São Paulo, ano 83, vol. 707, (set. 1994), [pp. 271-275], p. 273.

perda de poderes diante da nova ordem constitucional,[6] somado à morosidade de tramitação do projeto do então novo Código de Processo Penal[7] e do Projeto de Lei do Poder Executivo nº 3.655, apresentado em 20 de setembro de 1989,[8] e à "necessidade" casuística de investigação

[6] Assim, v. LOPES JR., Aury. *Direito processual penal*. 11ª ed., 2ª tiragem, São Paulo: Saraiva, 2014, p. 901. Da mesma forma, LOPES JR., Aury. *Prisões cautelares*. 4ª ed., São Paulo: Saraiva, 2013, p. 166. Doravante, as citações trarão referência apenas à obra *Direito processual penal*.

[7] Consigna-se que o projeto de Lei nº 1.655/83, por solicitação do Poder Executivo, foi retirado da mesa da Câmara dos Deputados em 17.11.1984; e, apenas 7 dias após, foi editada a Medida Provisória nº 111/89. Assim também, cf.: MELO, Marcelo Peixoto de. *Prisão temporária*. Belo Horizonte: Editora D'Plácido, 2014, p. 117.

[8] Cabe, em razão de seu contexto histórico, reprisar a mensagem nº 530, de 1989, elaborada pelo Poder Executivo, quando do encaminhamento do Projeto de Lei tombado sob nº 3.655 e que dispunha sobre a prisão temporária e acréscimo ao artigo 4º da Lei nº 4.898/65. Assim consta no Diário do Congresso Nacional (Seção I) de 21.09.1989, pp. 9986-9987: "Mensagem nº 530, de 1989 do Poder Executivo. Excelentíssimos Senhores Membros do Congresso Nacional. Nos termos do artigo 61 da Constituição, tenho a honra de submeter à elevada deliberação de Vossas Excelências, acompanhada de Exposição de Motivos do Senhor Ministro de Estado da Justiça, o anexo Projeto de Lei que 'dispõe sobre a prisão temporária e acrescenta a alínea i ao artigo 4º da Lei nº 4.898, de 9 de dezembro de 1965'. Brasília, 15 de setembro de 1989. – José Sarney. EXPOSIÇÃO DE MOTIVOS, EM/SEAL Nº 168 DE 14 DE SETEMBRO DE 1989, DO SENHOR MINISTRO DE ESTADO DA JUSTIÇA. Excelentíssimo Senhor Presidente da República. Tenho a honra de submeter à elevada consideração de Vossa Excelência o anexo Projeto de Lei que 'dispõe a prisão temporária e acrescenta a alínea i ao artigo 4º da Lei nº 4.898, de 9 de dezembro de 1965'. O referido projeto decorre de proposição do Conselho Nacional de Política Criminal e Penitenciária, deste Ministério, sendo indispensável descrever as razões de sua existência, apresentadas pelo ilustre Conselheiro Damásio E. de Jesus: '1. Nos tempos atuais o aumento espantoso da chamada criminalidade violenta vem tornando intranquila a sociedade e preocupando seriamente os governantes. Trata-se de um fenômeno mundial, podendo ser citados como exemplos os assaltos rotineiros em Moscou, o fenômeno da droga na Colômbia e o extraordinário número de criminosos em Nova York, a criminalidade organizada no sul da Itália etc. Em face de uma variedade de causas, que atuam direta ou indiretamente, com fatores individuais, familiares, sociais, econômicos e financeiros etc. – a par do aumento da população – cresce assustadoramente a violência urbana, principalmente nos grandes centros, criando uma verdadeira casta social: a dos criminosos violentos. O crime se tornando o objeto de uma profissão, ensejando uma conduta habitual que se especializa nos mais diversos ramos de ataque ao patrimônio, à vida, aos costumes, às coisas públicas, à economia popular, etc. iniciando no Brasil a fase do crime organizado. A astúcia audaciosa, os meios de que se valem os delinquentes, muitas vezes empregando armas de enorme poder ofensivo, em comparação com o modesto aparato do poder público, tornam difícil o combate ao ilícito. Não se desconhece que o Direto Penal, atuando de maneira isolada, não se mostra instrumento hábil à redução da criminalidade, fruto de causas complexas e múltiplas. De há muito se abandou na ideia de que a lei penal, e só ela, seria suficiente para impedir a prática de infrações penais. Francisco de Assis Toledo já disse que o grande equívoco do leigo 'e supor que a luta contra a criminalidade seja missão exclusiva do Direito Penal', salientando que o 'fenômeno complexo do delito deve ser objeto de uma série de medidas ao nível de Governo, com áreas de atuação bem definidas e com disponibilidade de recursos materiais' (Ciência Penal, 2/50). A necessidade de atuação conjunta já havia sido observada pelo Grupo de Trabalho constituído pela Portaria nº 689, de 11 de julho de 1979, do Ministério da Justiça, para estudar o fenômeno da violência criminosa, No relatório, disseram seus membros que 'enquanto na esfera criminal o homem continuar a ser o eterno desconhecido, as soluções propostas ... podem melhorar os grandes e deletérios efeitos da violência, podem destruir momentaneamente a agressividade existente, mas jamais estarão conspirando para uma solução definitiva, permanente e objetiva, até porque a sociedade está combatendo as consequências do mal e não as causas determinantes' (DOU, suplementar, 22-2-80, p. 3). Não obstante essa constatação, do Direito Penal é o meio de que se vale o Direito Processual Penal, não podem ficar inertes. Ao mesmo tempo em que o Governo toma medidas de caráter social, visando em todos os ramos de sua atuação, melhorar as condições de vida do cidadão e, assim, contribuindo para a redução da criminalidade,

é imperioso que, no plano legislativo criminal, sejam, tomadas providências urgentes. O clima de pânico que se estabelece em nossas cidades, a certeza da impunidade que campeia célere na consciência de nosso povo, forjando novos criminosos, exigem medidas firmes e decididas. Dentre elas encontra-se a prisão temporária. 2. A chamada 'prisão temporária' não é desconhecida na legislação estrangeira. Adotam-na Portugal, Espanha, França, Itália, Estados Unidos, etc. Visa a permitir que a autoridade policial, diante da prática de um crime, não possuindo ainda elementos de prova que permitiriam a prisão preventiva e na ausência de flagrante, permaneça com o investigado sob sua proteção e disposição, com o fim de proceder à coleta de elementos demonstrativos de autoria e materialidade. Em face da legislação brasileira vigente, não sendo caso de prisão em flagrante ou preventiva, não pode o Delegado de Polícia efetuar a detenção do suspeito sem incorrer no delito de abuso de autoridade (Lei nº 4.898, de 9 de dezembro de 1965). Com isso, muitas vezes, o criminoso, em liberdade, coage a vítima, as testemunhas ou os agentes policiais, forja e adultera provas, perturba ou tumultua a investigação, prejudicando o esclarecimento da verdade real. Não raro, suborna quem poderia provar, o fato, deixando o Delegado de Polícia de mãos atadas. 3. Daí o projeto de Lei que submete à consideração dos ilustres membros do Conselho. 4. A Constituição Federal, em seu art. 5º, LXI, determina o princípio segundo o qual 'ninguém será preso senão em flagrante delito ou por ordem escrita e fundamentada da autoridade judiciária competente'. O Projeto, fiel ao mandamento constitucional, prevê a prisão temporária somente ordenada pelo Juiz. De modo que o Delegado de Polícia, por maiores que sejam as exigências do caso concreto, não a pode decretar. Cumpre a ele, quando necessária, como também ao Ministério Público, solicitar ao Poder Judiciário única instância competente para concretizá-la. A medida pressupõe a presença de certos requisitos que podem ocorrer isolada ou simultaneamente: quando imprescindível para a investigação criminal e quando o investigado não tiver residência fixa ou não fornecer elementos necessários ao esclarecimento de sua identidade. Um dos requisitos da medida temporária consiste na indicação dos crimes a que é aplicável. Estão elencados os de maior gravidade objetiva, que vêm intranquilizando a população brasileira, como, quando houver fundadas suspeitas de autoria ou de participação de investigado nos crimes de [...]. Há observação de que, nessas infrações, a prisão temporária incide qualquer que seja sua forma típica, consumada ou tentada, simples ou qualificada. Com isso, somente os delitos de maior poder ofensivo ficarão sujeitos à inovação, excluindo-se os de menor gravidade objetiva. A prisão poderá ser decretada pelo Juiz em face de representação da autoridade policial ou requerimento do Ministério Público. Para facilitar as comunicações, o Projeto também prevê o emprego de qualquer meio escrito de telecomunicação, como o telegrama e o telex. Restringe a comunicação ao meio escrito para evitar que se possa pedir a medida por telefone, o que permitiria o emprego de fraudes. O máximo é de 5 dias, durante os quais o suspeito ou indiciado poderá ficar incomunicável, medida necessária para o escrito das investigações, sem exclusão, entretanto, da possibilidade de sua entrevista com advogado. Atendendo ao exercício da função do Ministério Público como custos legais, o Juiz, antes de tomar a decisão, deve ouvi-lo, dentro do prazo de 24 horas. O despacho deve ser fundamentado, não sendo suficiente meras expressões formais ou repetição dos dizeres da lei. Deve a autoridade judiciária, apreciando os fundamentos de fato e de direito do pedido, motivar convenientemente a decisão. Para tomar célere o procedimento, determina-se que seja proferida dentro do prazo de 24 horas, contadas a partir do recebimento da solicitação. A medida visa resguardar a harmonia entre as garantias e os direitos individuais e os princípios do interesse social. Percebe-se, na Constituição Federal, a preocupação do legislador em, de um lado, tornar mais séria e grave a resposta penal e, de outro, proteger o cidadão, ainda que delinquente, do abuso da autoridade. Como disse João de Deus Menna Barreto, 'a sociedade não pode permanecer inerte diante da violência de um assaltante que, mesmo reconhecido pelas vítimas no dia seguinte ao fato, não pode ser preso porque logrou fugir ao flagrante e à preventiva, pois a lei exige a instauração de um inquérito e nesse caso não há nenhum' (Jornal do Brasil, Rio de Janeiro, edição de 28-10-1979). A reação social, porém, deve contornar e proteger os direitos de cidadania e a incolumidade física do eventual suspeito ou do comprovado criminoso. Por isso, o Projeto preocupa-se com o tema, evitando as prisões ilegais e procurando preservar a integridade pessoal do custodiado, mantendo-o separado dos demais detentos. Além disso, e no mesmo sentido, o Juiz, de ofício ou mediante requerimento do Ministério Público, pode ordenar a imediata apresentação do preso temporário, com o que tem condições de verificar, pessoalmente, a ocorrência de eventual abuso. O Projeto determina que a prisão só pode ser executada depois da expedição do mandado judicial. Com isso, procura impedir que a representação policial se transforme em simples comunicação ao Poder Judiciário. Decorrido o prazo legal, o custodiado deve ser posto imediatamente em liberdade, sob pena de a autoridade cometer crime de abuso de poder. Para isso o Projeto prevê o acréscimo de uma alínea ao art. 4º da Lei nº 4.898, de 9 de dezembro de

de crime de evasão de divisas descoberto no Brasil no ano de 1989,[9] deu-se à luz em 24 de novembro de 1989 – publicada no D.O.

1965, descrevendo como delito o prolongamento indevido da execução da prisão temporária. Por fim o Projeto prevê a instalação de plantão permanente, funcionando durante 24 horas do dia, do Poder Judiciário e do Ministério Público, com a finalidade de apreciar os pedidos de prisão temporária. 5. Com a instituição da prisão temporária, o Poder Público estará atendendo aos reclamos sociais no sentido da redução da criminalidade violenta. E o detido temporário, no dizer de João Benedicto de Azevedo Marques 'passará a existir para a Justiça e a ter seus direitos respeitados' ('Democracia, violência e direitos humanos', Ed. Autores Associados, 1981, p. 45). 6. Essas, Senhores Conselheiros, eram as considerações que tínhamos a fazer a respeito do Projeto de Lei, em anexo, que institui a prisão temporária, e que submetemos a lúcida apreciação do Conselho'. 3. Em face de tais considerações, não tenho dúvida de que a lei projetada irá contribuir para o aperfeiçoamento da Justiça Penal brasileira. Com protesto de profundo respeito, – Saulo Ramos, Ministro da Justiça. Aviso nº 599 - SAP. Em 15 de setembro de 1989".

No entanto, em 16.05.1990, atendendo questão de ordem do Deputado Haroldo Lima, restou prejudicada a análise do Projeto de Lei nos termos do artigo 163, inciso I, parte final do Regimento Interno, por tratar-se de matéria já regulada pelo Congresso Nacional através da Medida Provisória nº 111/1989

9 Na Mensagem nº 250, de 1989 – CN (nº 836, na origem), por ocasião do encaminhamento da medida provisória nº 111/1989 ao Congresso Nacional pelo então presidente da República José Sarney, constata-se que a criação da prisão temporária no cenário nacional veio alicerçada em dois aspectos: (a) demora na apreciação de projeto já encaminhado e, principalmente, (b) crime casual no território brasileiro. Assim não há como deixar de transcrever parte da exposição de motivos para diagnosticar a má justificativa para implantação do procedimento cautelar: [...] "Vossa Excelência já submeteu ao Congresso Nacional projeto de lei nesse sentido, em meados de setembro deste ano, mas até hoje a proposta legislativa não foi apreciada. Acabou o governo de descobrir uma das maiores fraudes cambiais do país praticada por uma quadrilha de falsários e profissionais em evasão de divisas. Até o momento descobriram-se operações cambiais falsas efetuadas em dezenas de Bancos nacionais com a participação de quatro Bancos norte-americanos. A fraude constituiu em simular importações através de documentação falsificada, que levou ao fechamento de câmbio para pagamento, no exterior, do produto importado que nunca chegou ao país. São criminosos tão cínicos e atrevidos, que além de incluírem na remessa de dólares os preços de fretes para o transporte fictício, escolheram para as falsas importações, produtos que em geral eram isentos de impostos. Com esse expediente conseguiram provocar uma espantosa evasão de divisas, que pode ir a mais de U$$ 360.000.000,00 (trezentos e sessenta milhões de dólares), número detectado até agora pelas investigações conjuntas do Banco Central, Receita Federal, Cacex, Polícia Federal e Procuradoria Geral da República, coordenadas pelo Ministério da Justiça. Estamos diante de uma longa, complexa e difícil investigação, que demandará centenas de interrogatórios, de triagens de contas bancárias no Brasil e nos Estados Unidos, de identificação de operadores de câmbio dos Bancos ou que se realizaram as operações, dos corretores avulsos, que as intermediaram (zangões), dos corretores de câmbio que intervieram nos contratos sem responder pela identidade das partes, das pessoas físicas verdadeiras que constituíram pessoas jurídicas fantasmas. Nestas inúmeras diligências, Senhor Presidente, várias prisões necessitarão ser realizadas para investigação. Trata-se de detenções com finalidades investigatórias típica, isto é, medida cautelar contra suspeito da prática de determinado crime para o qual a lei permita a prisão temporária. A proposta prevê custódia de apenas cinco dias, decretada por Juiz de Direito a requerimento da autoridade policial ou do Ministério Público, assegurado ao preso o direito de entrevistar-se com advogado que constituir. Ao lado da prisão em flagrante e da prisão preventiva, que tem outros pressupostos e distintos fundamentos, a cautelar temporária vem dotar a ordem pública brasileira de instrumento efetivo de combate à criminalidade, instrumento há muitos anos reclamado pelo Judiciário, pelo Ministério Público e pela Polícia. É medida adotada em Portugal, Espanha, França, Itália, Estados Unidos, em quase todos os países civilizados [...]. Nesse momento a relevância está no fato de a mencionada quadrilha haver roubado do Tesouro Nacional quantia recorde na história dos crimes patrimoniais – U$$ 360 milhões. E ainda não temos lei que permita a prisão de suspeitos!!! E a urgência urgentíssima, posto que os envolvidos identificados na linha de frente das operações fraudulentas poderão fugir, destruir provas, combinar entre eles dissimulações de pistas, apagar vestígios, tudo sem revelar a quem beneficiava a

em 27 de novembro de 1989 – a prisão temporária através de ato do Poder Executivo que se utilizou do mecanismo da medida provisória,[10] sob a alegação de "relevância e urgência". Tal iniciativa ocorreu antes mesmo da apreciação do Projeto de Lei nº 3.655/89 ou do Projeto de Lei nº 1.655/1983,[11] baseados no também Projeto de Lei nº 633/1975, elaborado por Frederico Marques,[12] que apregoava a utilização do mecanismo da prisão temporária no direito brasileiro.

---

fraude, pois os verdadeiros beneficiários da evasão de divisas, que se utilizaram do mecanismo armado pelos falsários, são pessoas abastadas e em grande número ligadas ao tráfico ilícito de drogas, tal o montante do dinheiro transferido para o exterior. Indica a operação ter sido altamente vantajosa para traficantes porque tais dólares chegaram aos Estados Unidos como produto de 'exportação', isto é, limpos sob o ponto de vista legal naquele país. Pela diferença de cotação dos dólares, no Brasil, entre o mercado paralelo e o oficial, além da chamada 'lavagem' de dinheiro de drogas, essas operações possibilitaram a duplicação dos valores de posse dos traficantes. Isto porque um dólar vendido no mercado paralelo permitiu, em cruzados, a compra de dois dólares no câmbio oficial adotado para as importações regulares. Para estas investigações, rápidas, enérgicas, eficientes, o Estado precisa contar com a prisão cautelar temporária [...]". A Mensagem nº 250 de 1989 - CN pode ser encontrada nas peças eletrônicas da ADI 41/09. Sobre o assunto, em sede doutrinária, v. também LIBERATO, Póvoa; VILLAS BOAS, Marco. *Prisão temporária*. Curitiba: Juruá, 1996, p. 50.

[10] Precisas são as palavras de NEREU JOSÉ GIACOMOLLI: "O que fazer quando não se pode mais prender para investigar porque a Constituição Federal somente passou a autorizar a prisão decorrente de flagrante delito ou de ordem escrita de uma autoridade judiciária competente? Simples, substituir a prisão para averiguações por outra espécie de prisão, com um qualificativo: autorização judicial. Mas como? Mais simples ainda: através de uma medida provisória, alheia a procedimento legislativo representativo da cidadania (resquício do entulho autoritário)". Cf.: GIACOMOLLI, Nereu José. *Prisão, liberdade e as cautelares alternativas ao cárcere*. São Paulo: Marcial Pons, 2013, p. 128.

[11] Previa o título IV, capítulo IV do projeto de Lei nº 1.655/1983: "DA PRISÃO TEMPORÁRIA. Art. 423. Mediante representação da autoridade policial, a requerimento do Ministério Público, do ofendido ou do seu representante legal, o Juiz pode decretar, motivadamente e no máximo por cinco dias, a prisão temporária. Art. 424. Admite-se a prisão temporária quando: I – imprescindível para compelir o indiciado ou acusado ao cumprimento de ônus a que está sujeito no inquérito policial ou no processo; II – o indiciado estiver perturbando o curso da investigação criminal, em situação semelhante à prevista no art. 417, nº II ['Art. 417, II, indícios de que o indiciado ou acusado está tentando tumultuar, adulterar a investigação ou a instrução, coagir, intimidar ou subornar o ofendido, a testemunha ou o auxiliar da justiça']; III – o indiciado apesar de regularmente intimado, deixar de comparecer sem justificativa a qualquer ato necessário à instrução do inquérito policial, ou dificultar a realização da citação inicial; IV – ocorrer qualquer das hipóteses previstas no art. 92 ['Art. 92. Quanto o indiciado não tiver residência fixa, ou não fornecer elementos necessários ao esclarecimento da sua identidade, a autoridade policial pode representar ao órgão do Ministério Público requerer ao Juiz sua prisão temporária']; V – houver suspeita razoável da participação do investigado em qualquer dos crimes previstos no parágrafo único do ar. 419. Art. 425. Não se executa a ordem de prisão temporária quando o indiciado comparecer perante a autoridade, espontaneamente, exceto na hipótese prevista no nº V do artigo anterior". No artigo 419 do projeto constava: "Art. 419. A decisão que decretar a prisão preventiva, ou que a substituir por medida alternativa (art. 409, § 2º), deve ser fundamentada. Parágrafo único. Tratando-se de autor ou de co-autor em crime de roubo, latrocínio, extorsão, sequestro, estupro, atentado violento ao pudor, rapto não consensual, quadrilha ou bando, tráfico de entorpecentes ou de substância que determine dependência física ou psíquica, a fundamentação pode restringir-se à demonstração da prova da existência da infração e de indícios suficientes da autoria".

[12] Desse modo, cf.: FREITAS, Jayme Walmer de. *Prisão temporária*. 2ª ed., São Paulo: Saraiva, 2009, p. 86; RIBEIRO, Diaulas Costa. "Prisão temporária...", cit., p. 271.

Ainda na origem da Medida Provisória nº 111 de 1989,[13] ou melhor, 14 dias após sua publicação, a tentativa de instauração da prisão temporária recebeu seu primeiro ataque quando o Conselho Federal da Ordem dos Advogados do Brasil ajuizou no Supremo Tribunal Federal Ação Direta de Inconstitucionalidade com pedido de medida cautelar – ADIn nº 162-1/DF. Em linhas gerais, argumentava-se a respeito: (a) da impossibilidade de criação de nova modalidade de prisão e de novo tipo penal no cenário brasileiro através de medida provisória, impossibilidade essa que era reservada – em se tratando de matérias referentes ao direito processual penal e ao direito penal – apenas à lei ordinária;

---

[13] Assim estabelecia a Medida Provisória nº 111, de 24 de novembro de 1989: "O PRESIDENTE DA REPÚBLICA, usando da atribuição que lhe confere o artigo 62 da Constituição, adota a seguinte Medida Provisória com força de Lei: Art. 1º Caberá prisão temporária: I – quando imprescindível para a investigação criminal; II – quando o investigado não tiver residência fixa ou não fornecer elementos necessários ao esclarecimento de sua identidade; III – quando houver fundada suspeita de autoria ou participação do investigado nos seguintes crimes: – Homicídio doloso (art. 121, *caput*, e seu § 2º); – Sequestro ou cárcere privado (art. 148, *caput*, e seus §§ 1º e 2º); - Roubo (art. 157, *caput*, e seus §§ 1º, 2º e 3º); - Extorsão (art. 158, *caput*, e seus §§ 1º e 2º); – Extorsão mediante sequestro (art. 159, *caput*, e seus §§ 1º, 2º e 3º); – Estupro (art. 213, *caput*, e sua combinação com o 223, *caput* e parágrafo único); – Atentado violento ao pudor (art. 214, *caput*, e sua combinação com o 223, *caput*, e parágrafo único); – Rapto violento (art. 219 e sua combinação com o 223, *caput*, e parágrafo único); – Epidemia com resultado de morte (art. 267, § 1º); – Envenenamento de água potável ou substância alimentícia ou medicinal qualificado pela morte (art. 270, *caput*, combinado com o art. 285); – Quadrilha ou bando (art. 288), todos do Código Penal; – Genocídio (arts. 1º, 2º e 3º da Lei nº 2.289, de 1º de outubro de 1956), em qualquer de suas formas típicas; – Tráfico de drogas (art. 12 da Lei nº 6.368, de 21 de outubro de 1976); – Crimes contra o sistema financeiro (Lei nº 7.492), de 16 de junho de 1986). Art. 2º A prisão temporária será decretada pelo Juiz, em face de representação da autoridade policial ou de requerimento do Ministério Público, e terá o prazo de 5 (cinco) dias, prorrogável por igual período em caso de extrema e comprovada necessidade. § 1º Na hipótese de representação da autoridade policial, o Juiz, antes de decidir, ouvirá o Ministério Público. § 2º O despacho que decretar a prisão temporária deverá ser fundamentado e prolatado dentro do prazo de 24 horas, contadas a partir do recebimento da representação ou requerimento. § 3º O Juiz poderá, de ofício, ou a requerimento do Ministério Público e do Defensor, determinar que o preso lhe seja apresentado, solicitar informações e esclarecimentos da autoridade policial e submetê-lo a exame de corpo delito. § 4º Decretada a prisão temporária, expedir-se-á mandado de prisão, em duas vias, uma das quais será entregue ao investigado e servirá como nota de culpa. § 5º A prisão somente poderá ser executada depois da expedição de mandado judicial. § 6º Efetuada a prisão, a autoridade policial informará o preso dos direitos previstos no artigo 5º da Constituição Federal. § 7º Decorrido o prazo de cinco dias de detenção, o custodiado deverá ser posto imediatamente em liberdade, salvo se já tiver sido decretada sua prisão preventiva. § 8º O requerimento de prisão poderá ser feito por qualquer meio escrito, inclusive os transmitidos por telecomunicação. Art. 3º Os presos temporários deverão permanecer, obrigatoriamente, separados dos demais detentos. § 1º Quando o interesse da sociedade ou a conveniência da investigação o exigir, a autoridade policial poderá determinar a incomunicabilidade do preso até cinco dias. § 2º O preso, ainda que incomunicável, poderá entrevistar-se, livre e reservadamente, com advogado constituído, que terá acesso aos autos da investigação. Art. 4º O artigo 4º da Lei nº 4.898, de 9 de dezembro de 1965, fica acrescido da alínea *i*, com a seguinte redação: "Art. 4º [...] i) prolongar a execução de prisão temporária, de pena ou de medida de segurança, deixando de expedir em tempo oportuno ou de cumprir imediatamente ordem de liberdade". Art. 5º Em todas as comarcas e sessões judiciárias haverá um plantão permanente de vinte e quatro horas do Poder Judiciário e do Ministério Público para apreciação dos pedidos de prisão temporária. Art. 6º Esta Medida Provisória entrará em vigor na data de sua publicação. Brasília, 24 de novembro de 1989; 168º da Independência e 101º da República. JOSÉ SARNEY J. Saulo Ramos Este texto não substitui o publicado no D.O.U. de 27.11.1989".

(b) da indevida possibilidade de incomunicabilidade dos presos; (c) da ausência dos critérios de "relevância e urgência" para edição da medida provisória.

Os argumentos, entretanto, não foram acatados pela Suprema Corte por ocasião da apreciação perfunctória do pedido cautelar. Considerou-se, por maioria e em termos gerais, que havia discricionariedade do Poder Executivo na apreciação dos critérios de relevância e urgência, sendo estes sujeitos apenas ao controle judicial em caso de excesso, o que não se percebia no ato presidencial. Quanto aos demais elementos, disse-se que a criação de novo tipo penal visou a "coibir abusos da autoridade contra a liberdade, como medida geral de contenção a excessos, no interesse público, que, no caso, prevalece sobre eventuais interesses individuais relativos à acusação da prática desses abusos".[14]

Após a análise feita pelo Supremo Tribunal Federal, diante do Projeto de Lei de Conversão nº 39/1989 e do parecer apresentado pelo então senador da República Meira Filho,[15] a Medida Provisória

---

[14] Assim, cf.: ADI 162 MC, Relator: Min. MOREIRA ALVES, Tribunal Pleno, julgado em 14/12/1989.

[15] Consta no Diário do Congresso Nacional de 13 de dezembro de 1989, pp. 5453-5454 o seguinte parecer sobre a Medida Provisória e seu Projeto de Conversão: "O SR. MEIRA FILHO (PMDB-DF. Para proferir parecer.) – Sr. Presidente, Srs. Congressistas: 1. Do Conteúdo. A Medida Provisória nº 111, de 24 de novembro de 1989, dispõe sobre a prisão temporária, introduzindo no direito penal brasileiro instituto de natureza cautelar, julgado imprescindível ao arsenal de instrumentos jurídicos destinados a combater o crime eminentemente lesivo à ordem pública. Trata-se, em suma, de, paralelamente aos institutos da prisão em flagrante e da prisão preventiva, que possuem pressupostos distintos, viabilizar, de imediato, a persecução criminal, quando ocorrerem infrações que agridam, profundamente, valores fundamentais cultuados pela sociedade. 2. Do Mérito. Realmente, a matéria em causa escapa aos pressupostos da prisão preventiva, de vez que esta, consoante a legislação processual penal, só pode ser decretada 'quando houver prova da existência do crime e indícios suficientes da autoria'. Assim, ainda que exista fundada suspeita, não pode o Juiz decretar, *ab initio*, a prisão do suspeito, possibilitando-lhe, dessarte, agir no sentido de confundir as investigações ou, até mesmo, de inviabilizar o esclarecimento do fato delituoso, furtando-se ao inquérito policial. Quanto à prisão em flagrante, é desnecessário comentários outros além de ressaltar que este instituto processual tem, como pressupostos, estar o agente cometendo a infração penal, ou ter acabado de cometê-la; estar sendo perseguido logo após o cometimento da infração; ou, ainda, se for encontrado 'logo depois, com instrumentos, armas, objetos ou papéis que façam presumir a autoria da infração'. Deste modo, claro está que os institutos ora mencionados referem-se a situações específicas que não contemplam, inquestionavelmente, a situação abrangida pela Medida Provisória nº 111, de 1989, que, em ocorrendo certos delitos, prevê a possibilidade de se decretar, imediatamente, a prisão temporária do suspeito. Observa-se, portanto, que o instituto da prisão temporária encontra espaço na legislação penal adjetiva, constituindo contribuição de real valor para o aperfeiçoamento e modernização dos instrumentos jurídicos necessários para a persecução penal dos crimes que afrontam, diuturnamente, a ordem pública. Cumpre lembrar, ainda, que a Medida Provisória em apreço estabelece a separação dos suspeitos mantidos sob prisão temporária. Este preceito garante a preservação da integralidade dos presos temporários, posto que, obrigatoriamente, não terão contato com outros detentos. 3. Da Constitucionalidade. Considerando que a prisão temporária constitui forma de prisão cautelar de natureza processual, sua concepção é compatível com a adoção de Medida Provisória, de vez que não agride competências privativas, em, tampouco, outros preceitos capitulados no texto constitucional, relativos aos direitos individuais. 4. Da Técnica Legislativa. Sob o enfo-

nº 111/1989 foi convertida em lei, passando, então, a vigorar a Lei nº 7.960/89, publicada em 21 de dezembro de 1989; circunstância que fulminou – pela perda de objeto – a Ação Direita de Inconstitucionalidade proposta pela Ordem dos Advogados do Brasil.[16]

No entanto, embora o infrutífero ataque à constitucionalidade da prisão temporária, este não se restringiu apenas ao vício formal e de iniciativa: "defeito genérico" na expressão de AURY LOPES JR.[17] Passados alguns anos, mais precisamente, em 2 de dezembro de 2004, o Partido Social Liberal (PSL), e, em 15 de julho de 2008, o Partido Trabalhista Brasileiro (PTB), ingressaram perante o Supremo Tribunal Federal com nova Ação Direta Inconstitucionalidade à Lei nº 7.960/89, agora apontando, em síntese, sua inconstitucionalidade material diante da ofensa ao artigo 5º, incisos LIV, LVII, LXI, LXIII, LXVI, e § 3º, da CF.[18] Até o ano de 2020, contudo, as ações não tiveram o mérito julgado, embora questões envolvendo a prisão temporária tenham sido, em várias oportunidades,[19] analisadas pela Suprema Corte; inclusive, aliás, com a declaração de constitucionalidade do artigo 283 do CPP.[20]

---

que da técnica legislativa, foram constatadas no art. 1º, e no § 3º, do art. 2º, impropriedades que serão corrigidas no Projeto de Lei de Conversão. A rigor, trata-se, respectivamente, de enumerar as alíneas do art. 1º, e no § 3º, do art. 2º, corrigir a expressão 'corpo delito' para 'corpo de delito'. 5. Conclusão. Considerando que a Medida Provisória nº 111, de 1989, constitui instrumento de natureza processual imprescindível à modernização do arsenal jurídico destinado ao combate da criminalidade; a precariedade do prazo de sua vigência, não obstante os cuidados relativos aos direitos individuais; e, ainda, que não se registrou vício quanto a sua constitucionalidade ou juridicidade, somos pela Aprovação da Medida Provisória nº 111, de 1989, nos termos do Projeto de Lei de Conversão que ora apresentamos".

[16] Dessa maneira, cf.: ADI 162, Relator: Min. MOREIRA ALVES, Tribunal Pleno, julgado em 02/08/1993.

[17] Assim, v. LOPES JR., Aury. *Direito processual...*, cit., p. 902. A expressão também é utilizada por MELO, Marcelo Peixoto de. *Prisão temporária...*, cit., p. 118.

[18] Respectivamente, cf.: ADI nº 3.360, Relatora: Min. CARMEM LÚCIA, última conclusão em 10-08-2006. ADI nº 4.109, Relatora: Min. CARMEM LÚCIA, última conclusão em 28-11-2013. O trâmite das ações já havia sido apontado por ANDRADE, Daniela Patrícia dos Santos. "A inconstitucionalidade da prisão temporária". *Revista da ESMESE*. nº 12, (2009), [pp. 227-249], p. 227; e por RIGHETTO, Luiz Eduardo Cleto. "A prisão temporária e o princípio da presunção de inocência". *Revista Bonijuris*. ano XXV, nº 591, (fev. 2013), [pp. 25-33], pp. 31-32.

[19] Sobre o assunto, dentre outros, v. STF, HC 174092, Relator: Min. MARCO AURÉLIO, Primeira Turma, julgado em 18/02/2020; STF, HC 105833, Relator: Min. MARCO AURÉLIO, Primeira Turma, julgado em 09/08/2011; STF, HC 102974, Relator: Min. ELLEN GRACIE, Segunda Turma, julgado em 14/12/2010; STF, HC 80494, Relator: Min. CELSO DE MELLO, Segunda Turma, julgado em 06/11/2001.

[20] O Supremo Tribunal Federal decidiu pela constitucionalidade do artigo 283 do CPP através das ADCs 43, 44 e 54, embora o julgamento, em seu núcleo, tenha limitado-se à análise da possibilidade ou não da execução da pena tão logo esgotadas as instâncias ordinárias.

1.1.1. *Da inconstitucionalidade formal*

Com inspiração na Constituição italiana,[21] a Constituição Federal de 1988, ao dispor sobre o processo de formação das leis, em seu artigo 62, previu a possibilidade de o Presidente da República – em competência extraordinária e em caso de "relevância e urgência" – adotar o instrumento da medida provisória para, "com força de lei", regrar situações em que se faz necessária rápida ação estatal inalcançável segundo as regras ordinárias do processo legislativo. Diante de um fundado receio de danos graves ao interesse público, evita-se, pois, a consumação de um perigo na demora do retardamento legiferante, tornando eficaz a prestação legislativa do Estado. Efetivamente, outorgou-se poder geral de cautela ao chefe do Poder Executivo para disciplinar situação excepcional que impõe ao poder público a adoção de imediatas providências.

Nesses termos, nas hipóteses em que o Presidente da República viesse a utilizar o instrumento, constava no texto original da Constituição de 1988 que a medida provisória perderia a eficácia desde a edição caso não fosse convertida em lei pelo Congresso Nacional no prazo de 30 dias, a partir de sua publicação. Ademais, o Congresso Nacional teria a responsabilidade de regrar as relações jurídicas decorrentes.[22] Até a Emenda Constitucional nº 32/2001, nada mais era disciplinado, sequer existia vedação de sua edição a determinadas matérias.[23]

De qualquer maneira, mesmo sem regramento obstaculativo expresso, a medida provisória não era instrumento que possibilitava ao presidente da República dispor em desobediência aos regramentos e

---

[21] Dispõe a Constituição da República Italiana em seu artigo 77: "Il Governo non può, senza delegazione delle Camere, emanare decreti che abbiano valore di legge ordinaria. Quando, in casi straordinari di necessità e d'urgenza, il Governo adotta, sotto la sua responsabilità, provvedimenti provvisori con forza di legge, deve il giorno stesso presentarli per la conversione alle Camere che, anche se sciolte, sono appositamente convocate e si riuniscono entro cinque giorni. I decreti perdono efficacia sin dall'inizio, se non sono convertiti in legge entro sessanta giorni dalla loro pubblicazione. Le Camere possono tuttavia regolare con legge i rapporti giuridici sorti sulla base dei decreti non convertiti".

[22] Assim dispunha o artigo 62 da CF: "Art. 62. Em caso de relevância e urgência, o Presidente da República poderá adotar medidas provisórias, com força de lei, devendo submetê-las de imediato ao Congresso Nacional, que, estando em recesso, será convocado extraordinariamente para se reunir no prazo de cinco dias. Parágrafo único. As medidas provisórias perderão eficácia, desde a edição, se não forem convertidas em lei no prazo de trinta dias, a partir de sua publicação, devendo o Congresso Nacional disciplinar as relações jurídicas delas decorrentes".

[23] Com a Emenda Constitucional nº 32/2001, o instituto da Medida Provisória sofreu drástica alteração. Em linhas gerais, primeiro, quanto ao prazo para apreciação, passou para 45 dias. Segundo, no que se refere à impossibilidade de sucessivas reedições. Terceiro, quanto à vedação de sua utilização para regrar certas matérias. Hoje, a título exemplificativo, consta na alínea "b" do inciso I do § 1º do artigo 62 da CF ser vedada a edição de medidas provisórias sobre matéria relativa ao direito penal e ao processual penal.

princípios que norteavam a própria Constituição Federal, entre eles a legalidade ínsita às matérias pertinentes ao direito penal e ao direito processual penal, especialmente quando, nesta última hipótese, atinge a liberdade dos cidadãos.[24]

Sem esquecer as pilastras de cristais que alicerçaram os critérios de *relevância* e de *urgência* esboçados na casuística exposição de motivos da Medida Provisória nº 111, de 1989,[25] e que propiciam um arrefecimento da importância da matéria, bem como da necessidade urgente na positivação então diagnosticada pelo Presidente da República – eis por que a questão já se encontrava em "discussão" por mais de 15 anos no Congresso Nacional[26] –, cumpre afirmar que as medidas provisórias não se equiparam às leis, mas apenas ostentam transitoriamente "força de lei" suficiente à eficácia equivalente.

E é por isso que se afirma que as medidas provisórias, mesmo antes da Emenda Constitucional nº 32/2001, não poderiam incursionar-se em qualquer área sujeita ao domínio normativo das leis. Primeiramente, porque não é dado ao Poder Executivo usurpar competência legislativa; e, em segundo lugar, pelo fato de que, em se tratando de norma que restringe o *status libertatis*, seja de cunho material ou processual, ela é passível apenas de elaboração legislativa pelo parlamento, e não por ato unilateral e solitário – mesmo que enobrecido pela *relevância e urgência* da matéria a ser regrada – do Presidente da República.

Nessa perspectiva, portanto, apenas o debate dos representantes eleitos pelo povo, caracterizado pela diversidade de opiniões dos vários segmentos sociais que compreendem o parlamento, justifica a edição de norma que venha a ferir a liberdade, estado natural do indivíduo.[27] Ato individual, nesse sentido, não escaparia, seja qual for o critério utilizado, ao arbítrio, até porque a transitoriedade de sua edição

---

[24] Embora sob ótica diferente, [v. STF, ADI 1910 MC, Relator: Min. SEPÚLVEDA PERTENCE, Tribunal Pleno, julgado em 22/04/2004], em 1999, o Supremo Tribunal Federal já havia afirmado a impossibilidade da edição de medida provisória que venha a alterar prazos processuais.

[25] Nesse sentido, v. nota 9, Mensagem nº 250, de 1989 – CN (nº 836, na origem), por ocasião do encaminhamento da Medida Provisória nº 111/1989 ao Congresso Nacional. A apontar também a ausência dos critérios de relevâncias e urgência, v. TÁVORA, Nestor; ALENCAR, Rosmar Rodrigues. *Curso de direito processual penal*. 9ª ed., 2ª tiragem, Pituba: JusPodivm, 2014, p. 745; GIACOMOLLI, Nereu José. *Prisão, liberdade...*, cit., p. 128. Soma-se ainda a assertiva de BRUNO TEIXEIRA LINO ao dizer que a prisão temporária foi instituída em período em que a elite socioeconômica brasileira encontrava-se aterrorizada com os crimes de extorsão mediante sequestro perpetrado contra o publicitário Luiz Salles – em 31 de julho de 1989 – e o empresário Abílio Diniz – em 11 de dezembro de 1989 –, ambos na cidade de São Paulo. Cf.: LINO, Bruno Teixeira. *Prisão temporária*. lei n. 7.960 de 21 de dezembro de 1989. Belo Horizonte: Mandamentos, 2001, p. 43.

[26] Assim, cf.: GRECO FILHO, Vicente. *Manual de processo penal*. 10ª ed., São Paulo: Saraiva, 2013, p. 308.

[27] Sobre o tema, v. MINAGÉ, Thiago M. *Prisões e medidas cautelares à luz da constituição*. Rio de Janeiro: Lumen Juris, 2013, p. 105; FIGUEIREDO DIAS, Jorge de. *Direito penal*: parte geral. tomo I, 2ª ed., 2ª reimpr., Coimbra: Coimbra Editora, 2012, p. 179; CARVALHO, Américo Taipa de.

não pode relacionar-se com a irreversibilidade das situações geradas por normas que venham a restringir a liberdade individual.[28]

Sendo assim, diante da impossibilidade de o chefe do Poder Executivo utilizar medida provisória para legislar sobre matérias que atingem o *status libertatis*, o vício não é apagado com a posterior ratificação do Congresso Nacional convertendo-a em lei.[29] Há vício de origem, com contágio incurável na lei convertedora.

Pensamento diverso equipararia todas as medidas provisórias convertidas em lei, em sentido estrito, subvertendo os limites de competência e os princípios estruturais que regem a própria Constituição Federal a ponto de colocar em risco o Estado de Direito. Hipoteticamente, bastaria, nesse ponto, a maioria partidária do parlamento para que o Poder Executivo, ao seu capricho, regulasse qualquer matéria para ficar incólume aos vícios materiais e formais de eventual medida provisória editada.[30]

Há, portanto, inconstitucionalidade formal na origem da prisão temporária,[31] em que pese manifestação do Supremo Tribunal

---

In AA.VV. *Constituição portuguesa anotada*. tomo I, (org. Jorge Miranda e Rui Medeiros). 2ª ed., Coimbra: Coimbra Editora, 2010, [pp. 667-676], p. 672.

28 Desse modo, v. SANGUINÉ, Odone. *Prisão cautelar, medidas alternativas e direitos fundamentais*. Rio de Janeiro: Forense, 2014, pp. 67-68; MORAES, Alexandre de. *Direito constitucional*. 21ª ed., São Paulo: Atlas, 2015, pp. 716-717.

29 Sobre o assunto, v. STF, ADI 691 MC, Relator: Min. SEPÚLVEDA PERTENCE, Tribunal Pleno, julgado em 22/04/1992. Consta no acórdão: "Não prejudica a ação direta de inconstitucionalidade material de medida provisória a sua intercorrente conversão em lei sem alterações, dado que a sua aprovação e promulgação integrais apenas lhe tornam definitiva a vigência, com eficácia *ex tunc* e sem solução de continuidade, preservada a identidade originária do seu conteúdo normativo, objeto da arguição de invalidade". No mesmo sentido, v. STF, ADI 4048 MC, Relator: Min. GILMAR MENDES, Tribunal Pleno, julgado em 14/05/2008; STF, ADI 3330, Relator: Min. AYRES BRITTO, Tribunal Pleno, julgado em 03/05/2012; STF, ADI 2736, Relator: Min. CEZAR PELUSO (Presidente), Tribunal Pleno, julgado em 08/09/2010. Na doutrina, v. AMARAL JÚNIOR, José Levi Mello do. In CANOTILHO, J. J. Gomes; MENDES, Gilmar F; SARLET, Ingo W.; STRECK, Lenio L. (coord.). *Comentários à Constituição do Brasil*. 1ª ed., 6ª tiragem, São Paulo: Saraiva/Almedina, 2014, p. 1153.

30 Nesses termos, cf.: FRANCO, Alberto Silva. *Crimes hediondos*. 7ª ed., São Paulo: RT, 2011, pp. 624-625.

31 Essa é a manifestação de boa parte da doutrina. Cf.: DELMANTO JÚNIOR, Roberto. *As modalidades de prisão provisória e seus prazos de duração*. 2ª ed., Rio de Janeiro: Renovar, 2001, p. 151; CINTRA JUNOR, Dyrceu Aguiar Dias. "Prisão temporária". *Revista brasileira de ciências criminais*. ano 3, nº 9, (jan./mar. 1995), [pp. 186-188], p. 186; SANTOS, Cleopas Isaías. "A prisão temporária no projeto de reforma total do Código de Processo Penal (PLS 156/09)". *Revista Bonijuris*. ano XXII, nº 558, (maio 2010), [pp. 05-10], p. 05; RANGEL, Paulo. *Direito processual penal*. 22ª ed., São Paulo: Atlas, 2014, pp. 843-844; KARAM, Maria Lúcia. "Prisão e liberdade processuais". *Revista brasileira de ciências criminais*, ano 1, nº 2, (abr./jun.1993), [pp. 83-93], p. 89; FRANCO, Alberto Silva. *Crimes hediondos...*, cit., p. 624-625; COÊLHO, Marcus Vinicius Furtado. "Prisão temporária...", cit., p. 40; LOPES JR., Aury. *Direito processual...*, cit., p. 902; MINAGÉ, Thiago M. *Prisões e medidas...*, cit., pp. 105 e 109-110; GIACOMOLLI, Nereu José. *Prisão, liberdade...*, cit., p. 128; TÁVORA, Nestor; ALENCAR, Rosmar Rodrigues. *Curso de direito...*, cit., p. 745. A afirmar a inconstitucionalidade superveniente em razão da Emenda Constitucional nº 32, de 2001, v. ANDRADE, Daniela Patrícia dos

Federal[32] e maciça aplicação atual pelos tribunais, o que vem a desviar, também, pelo menos em sede jurisprudencial, a inconstitucionalidade material do instituto.

1.1.2. *Da inconstitucionalidade material*

Embora a farta aceitação pelos tribunais superiores,[33] diante do modo e dos critérios de aplicação, bem como das finalidades dessa especialíssima prisão, não há como passar despercebido que a medida de constrição pessoal em caráter temporário, e destinada apenas à investigação criminal, também atinge a Constituição diante do princípio da presunção de inocência.

Nesses termos, parafraseando PAULO RANGEL, é inadmissível, em um Estado Democrático de Direito, que se lance mão de um modo de segregação pessoal – embora por tempo determinado [longo tempo, diga-se de passagem, como será visto] – para investigar um delito e sua autoria. Prende-se primeiro para investigar depois;[34] período em que, aliás, o investigado fica à livre disposição da polícia sem qualquer ingerência da autoridade judicial, muitas vezes, inclusive, em alcova existente na própria delegacia de polícia.

E não se diga que, para a decretação da medida, já existem fundados elementos indiciários. Ora, efetivamente, a prática forense ensina que, não raras vezes, as representações firmadas pela autoridade policial apenas alicerçam-se em tênues indicativos de autoria, até porque, se existissem elementos mais concretos, o inquérito encontrar-se-ia

---

Santos. "A inconstitucionalidade da prisão...", cit., pp. 239-246. Em sentido contrário, a apontar que antes da Emenda Constitucional nº 32 não havia vedação de edição de medidas provisórias que tratassem de matéria pertinente ao direito processual penal, v. CAMPOS, Ricardo Ribeiro. "A prisão temporária e a justiça federal". *Revista Síntese*. ano 57, nº 378, (abr. 2009), [pp. 115-130], p. 117; GONÇALVES, Alexandre Fernandes. "A prisão temporária e seus critérios controversos". *Revista de doutrina e jurisprudência*. nº 37, Brasília, (out./dez. 1991), [pp. 78-86], p. 84. Sustentando que a atual carta política impõe a apreciação do Congresso Nacional das medidas provisórias editadas – ao contrário da antiga Constituição –, fato que não propicia grande repercussão do vício apontado, v. LANFREDI, Luís Geraldo Sant'Ana. *Prisão temporária* – Análise e perspectivas de uma releitura garantista da Lei n. 7960, de 21 de dezembro de 1989. São Paulo: Quartier Latin, 2009, pp. 115-118.

[32] Por maioria – oito votos a dois –, o Supremo Tribunal Federal acolheu, embora em apreciação de medida liminar, a tese da constitucionalidade da Lei nº 7.960/89, ratificando o voto condutor do Min. MOREIRA ALVES. Cf.: STF, ADI 162 MC, Relator: Min. MOREIRA ALVES, Tribunal Pleno, julgado em 14/12/1989.

[33] Dentre outros, cf.: STF, HC 118672 MC, Relator: Min. GILMAR MENDES, julgado em 17/07/2013; STJ, HC 296.003/MG, Rel. Ministro FELIX FISCHER, Quinta Turma, julgado em 04/11/2014.

[34] Assim, cf.: RANGEL, Paulo. *Direito processual...*, cit., p. 844. A reproduzir as afirmações do autor, v. FRANCO, Alberto Silva. *Crimes hediondos...*, cit., p. 626.

apto ao oferecimento de denúncia;[35] e, se a situação fática exigir, com representação pela prisão preventiva, desde que demonstrada a necessidade da segregação cautelar.

Determinar a prisão, mesmo de seja de pessoas suspeitas [indiciadas], para acautelar o êxito investigativo em inquérito policial é, efetivamente, medida odiosa, até porque os elementos informativos coletados durante a tramitação da investigativa – sem sua judicialização e sem o crivo do contraditório – auxiliam apenas a *opinio delicti;* não servindo, jamais, para sustentar, sozinha, qualquer decreto condenatório.[36]

Não há, portanto, como afirmar que a segregação temporária – do modo em que se encontra – tem por finalidade tutelar os meios e os fins do processo.[37] E isso se deve a dois aspectos. Em primeiro lugar, porque o inquérito policial não pode ser percebido como meio processual, mas como mero procedimento administrativo, de caráter pré-processual,

---

[35] Desse modo, v. RANGEL, Paulo. *Direito processual...*, cit., p. 844. Nas palavras de MARIA LÚCIA KARAM, "se a ação condenatória não é proposta, se as investigações desenvolvidas no inquérito policial ainda não estão concluídas e se faz necessário seu prosseguimento, só pode ser porque ainda não existem provas suficientes para demonstrar a probabilidade de ocorrência da prática do crime e sua provável autoria, não se revelando, pois, a aparência do alegado direito do Estado fazer valer seu poder punitivo. E se essa aparência não está revelada, falta o *fumus boni iuris* indispensável à imposição da prisão provisória". Cf.: KARAM, Maria Lúcia. *Escritos sobre a liberdade*: liberdade, presunção de inocência e prisões provisórias. vol. 6, Rio de Janeiro: Lumen Juris, 2009, p. 11.

[36] Consoante se observa em precedentes do Supremo Tribunal Federal as provas colhidas durante o inquérito policial podem influenciar o convencimento do juiz, desde que complementadas por outros indícios ou provas produzidas sob o crivo do contraditório. Assim, v. STF, HC 119315, Relatora: Min. CÁRMEN LÚCIA, Segunda Turma, julgado em 04/11/2014; STF, RHC 118516, Relator: Min. LUIZ FUX, Primeira Turma, julgado em 22/04/2014; STF, HC 114592, Relator: Min. RICARDO LEWANDOWSKI, Segunda Turma, julgado em 12/03/2013. Aliás, nesses termos é o que preconiza o artigo 155 do CPP com a alteração dada pela Lei nº 11.690/2008: "O juiz formará sua convicção pela livre apreciação da prova produzida em contraditório judicial, não podendo fundamentar sua decisão exclusivamente nos elementos informativos colhidos na investigação, ressalvadas as provas cautelares, não repetíveis e antecipadas". Consigna-se, por outro lado, a peculiar situação no cenário brasileiro da decisão de pronúncia que, consoante entendimento jurisprudencial – embora não uniforme –, pode basear-se em provas exclusivas do inquérito, pois remetido ao plenário popular todo o processo, e os jurados decidem pelo princípio da livre convicção. Nesse último sentido, v. STJ, AgRg no HC 578.458/RN, Rel. Ministro REYNALDO SOARES DA FONSECA, Quinta Turma, julgado em 16/06/2020; STJ, AgRg nos EDcl no AREsp 1613816/MT, Rel. Ministro JORGE MUSSI, Quinta Turma, julgado em 09/06/2020; STJ, AgRg no AREsp 1530763/GO, Rel. Ministro JOEL ILAN PACIORNIK, Quinta Turma, julgado em 22/10/2019. Em sentido contrário: STJ, AgRg no AREsp 1363973/MT, Rel. Ministro RIBEIRO DANTAS, Quinta Turma, julgado em 23/04/2019; STJ, HC 341.072/RS, Rel. Ministra MARIA THEREZA DE ASSIS MOURA, Sexta Turma, julgado em 19/04/2016. Na doutrina, sobre a possibilidade do conselho de sentença basear a condenação em provas exclusivas do inquérito policial, v. SALIM, Alexandre Aranalde. In AA.VV. *Teoria e prática dos procedimentos penais e ações autônomas de imputação.* (org. Charles Emil Machado Martins e Alexandre Anaralde Salim). Porto Alegre: Livraria do Advogado, 2009, p. 43; FELDENS, Luciano; SCHMIDT, Andrei Zenkner. *Investigação criminal e ação penal.* 2ª ed., Porto Alegre: Livraria do Advogado, 2007, p. 51.

[37] Nesses termos, v. FREITAS, Jayme Walmer de. *Prisão temporária...*, cit., p. 102; KARAM, Maria Lúcia. "Prisão e liberdade...", cit., p. 89.

a subsidiar a atuação persecutória do Ministério Público;[38] o inquérito possui, dessa maneira, caráter informativo.[39] Em segundo, porque a tutela-fim não é alcançada com as "provas" investigativas – mesmo que todas elas indiquem a existência do fato e a autoria delitiva –, mas apenas quando alicerçada pela judicialização criminal sob o crivo do contraditório.

Não fosse isso, ao que se percebe, com a instituição da prisão temporária, parece que se buscou – exigindo-se elementos mais tênues e menos complexos – uma prisão com requisitos não tão sólidos quanto aqueles exigidos para a decretação da prisão preventiva. A lei, nesse sentido, disfarçadamente, atenuou os pressupostos cautelares, desvirtuando o *periculum libertatis* e o *fumus comissi delicti*[40] a ponto de lesar o estado de inocência inserto ao cidadão.

A propósito, se se devem presumir todas as pessoas como inocentes antes do trânsito em julgado da sentença penal, com muito mais razão dir-se-á – com tênues elementos indicativos e sequer aptos a sustentar a prisão preventiva – que a prisão temporária é medida de difícil aceitação constitucional, isso para não utilizar as palavras de TOURINHO FILHO, que a considera "supinamente inconstitucional".[41]

Há, pois, com a decretação da prisão temporária – prisão para investigar – lesão ao princípio da presunção de inocência; princípio este arrefecido apenas quando existirem elementos de convicção aptos a colocar o cidadão em situação de desvantagem frente à normalidade comunitária e a afirmar que aquela determinada pessoa causa perigo ao correto desvendar fático ou ao êxito da função penal repressora do Estado.

Antecipar a cautelaridade apenas para investigar – ainda em fase administrativa e sem fortes elementos de autoria – é fazer com que a medida assecurativa não seja instrumento de cautela, mas instrumento

[38] Assim, v. STF, HC 94173, Relator: Min. CELSO DE MELLO, Segunda Turma, julgado em 27/10/2009.

[39] Desse modo, v. STF, HC 99936, Relator: Min. ELLEN GRACIE, Segunda Turma, julgado em 24/11/2009, STJ, HC 264.088/SP, Rel. Ministra MARIA THEREZA DE ASSIS MOURA, Sexta Turma, julgado em 21/10/2014; STJ, HC 241.889/ES, Rel. Ministro JORGE MUSSI, Quinta Turma, julgado em 15/05/2014. Sobre o valor probatório dos atos do inquérito policial, v. LOPES JR., Aury; GLOECKNER, Ricardo Jacobsen. *Investigação preliminar no processo penal*. 6ª ed., São Paulo: Saraiva, 2014, p. 322.

[40] Assim, v. FREITAS, Jayme Walmer de, *Prisão temporária...*, cit., p. 148; SANGUINÉ, Odone. *Prisão cautelar...*, cit., p. 102; KARAM, Maria Lúcia. *Escritos sobre a liberdade*: liberdade, presunção de inocência e prisões provisórias..., cit., pp. 11-12. Em sentido contrário, a afirmar a incompatibilidade constitucional da argumentação, v. LANFREDI, Luís Geraldo Sant'Ana. *Prisão temporária...*, cit., pp. 184-185.

[41] TOURINHO FILHO, Fernando da Costa. *Processo penal*. vol. 3, 35ª ed., São Paulo: Saraiva, 2013, p. 535.

com finalidades espúrias e com traços inquisitoriais[42] já defenestrados pelo direito processual e pelo constitucionalismo moderno.[43]

Jamais a prisão – ainda que cautelar – deve sobrepor-se ao *jus libertatis*, pois ela não é o único meio para salvaguardar a sociedade dos graves crimes que a acomete.[44] Aliás, prender para investigar não diminui a criminalidade violenta; pelo contrário: traz insegurança à sociedade e viola o estado natural do cidadão, fazendo dele mero objeto da tentativa repreensão do Estado.

E, se há quem doutrine a constitucionalidade da constrição pessoal, uma vez que a Constituição Federal, no artigo 5°, inciso LXI, condiciona a prisão à ordem escrita e fundamentada da autoridade competente,[45] cumpre afirmar que, em termos práticos, não é incomum – após a decretação da prisão temporária e ultrapassado o prazo da segregação – a remessa do inquérito com os mesmos elementos existentes antes da representação da prisão, o que se dá pela ausência de efetiva investigação ou pela inércia do investigado em "colaborar" com os órgãos de persecução penal na solução investigativa.[46] Há casos em que o aprisionado é sequer indiciado como autor do fato.

Faticamente, portanto, além da prisão temporária apresentar poucos resultados práticos a ensejar a prisão do cidadão sem elementos cautelares aptos a sustentar a efetiva necessidade de uma medida para o bom andamento do inquérito e futuro processo, inegavelmente ela está sendo utilizada pelo Estado, dentro da realidade brasileira, apenas como resposta rápida ao populismo social do "necessário e imprescindível" combate incondicional à criminalidade.

---

[42] Desse modo, v. MINAGÉ, Thiago M. *Prisões e medidas...*, cit., p. 113.

[43] Assim, cf.: MELO, Marcelo Peixoto de. *Prisão temporária...*, cit., pp. 118- 129.

[44] Ainda existem visões distorcidas da realidade constitucional a ponto de esbravejar a superveniência do *jus puniendi*. Nesses termos, JAYME WALMER DE FREITAS, equivocadamente, menciona: "Repisa-se que na contenda entre o *jus libertatis* e o *jus puniendi*, apesar dos equívocos ocorrentes e que sempre acontecerão, dada a fragilidade do homem, há que preponderar este último, como único meio de salvaguarda contra crimes que atormentam a sociedade". Cf.: FREITAS, Jayme Walmer de. *Prisão temporária...*, cit., p. 102.

[45] A apregoar a constitucionalidade material da prisão temporária, v. GRINOVER, Ada Pellegrini. *O processo em evolução*. 2ª ed., Rio de Janeiro: Forense, 1998, pp. 90-91; FREITAS, Jayme Walmer de. *Prisão temporária...*, cit., pp. 101-104; LANFREDI, Luís Geraldo Sant'Ana. *Prisão temporária...*, cit., pp. 113-121.

[46] Nesse sentido, nas palavras de PAULO RANGEL: "A autoridade policial representa pela prisão do *suspeito* a fim de investigar os fatos. O juiz decreta a prisão e quando os autos do inquérito voltam a juízo nada foi feito. Sequer laudos são anexados. Depoimentos, em regra, do indiciado que '*confessa*' e da vítima, quando viva, ou de seus parentes, é o máximo que se consegue. Porém, a polícia prendeu, mas em juízo, recaindo o ônus da prova sobre o MP, nada se consegue para se comprovar a culpa do acusado que, agora, nega os fatos. Resultado: a absolvição por falta de provas é medida de justiça, fazendo com que a sociedade desacredite mais ainda no papel da justiça. Por isso a música: 'a polícia prende, a justiça solta'". Cf.: RANGEL, Paulo. *Direito processual...*, cit., p. 844.

Seja como for, ainda que flagrantemente inconstitucional diante da ausência de seus pressupostos formais ou materiais, a medida "acautelatória" temporária passou a ser diariamente utilizada no cenário nacional, alçando seu ápice em 2011, com a publicação da Lei nº 12.403/2011, oportunidade em que o próprio Código de Processo Penal fez previsão expressa da prisão temporária como uma das espécies de prisões cautelares previstas na legislação brasileira.[47] No entanto, a observar seus requisitos específicos, e ultrapassando os entraves previstos na própria Constituição, sua aplicação é tão restrita que se torna medida de difícil aplicação prática, ainda mais quando se observa a utilização do instituto para servir de alicerce à obtenção de vantagens estatais indevidas, muitas vezes, a tratar o indivíduo como mero objeto de anseios sociais.

1.2. A presunção da inocência

Consagrada em 1789,[48] na Declaração dos Direitos do Homem e do Cidadão, como "direito natural, inalienável e sagrado do homem", apesar de algumas críticas advindas e desenvolvidas nos anos que se passaram,[49] a presunção de inocência[50] insere-se hoje como garantia

[47] Assim estabelece o artigo 283 do CPP: "Ninguém poderá ser preso senão em flagrante delito ou por ordem escrita e fundamentada da autoridade judiciária competente, em decorrência de sentença condenatória transitada em julgado ou, no curso da investigação ou do processo, em virtude de prisão temporária ou prisão preventiva".

[48] Assim dispõe o artigo 9º da Declaração dos Direitos do Homem e do Cidadão de 1789: "Todo o acusado se presume inocente até ser declarado culpado e, se se julgar indispensável prendê-lo, todo o rigor não necessário à guarda da sua pessoa, deverá ser severamente reprimido pela Lei".

[49] Nesses termos, Enrico FERRI e Vincenzo MANZINI são considerados como os maiores expoentes da escola denominada *positivista* a tecerem considerações à presunção de inocência apregoada pela *escola clássica*. Afirmava-se, em termos gerais, que a presunção de inocência enfraqueceria o poder punitivo do Estado. Sobre o tema, v. FERRI, Enrico. *Princípios de direito criminal*: o criminoso e o crime. 2ª ed., Campinas: Bookseller, 1999, pp. 53-54; MANZINI, Vincenzo. *Trattato di diritto processuale penale italiano*. 1º vol., 4ª ed., Torino: Editrice Torinese, 1952, p. 203; GAROFOLI, Vincenzo. "Presunzione d'innocenza e considerazione di non copevolezza. La fungibilità delle due formulazione". *Rivista italiana di diritto e procedura penale*. anno XLI, fasc. 4, (ottobre-dicembre 1998), [pp. 1168-1200], p. 1175; BATIA, Giovanna; PIZZO, Alessandro. *La tutela dell'imputato*: saggio storico – concettuale, p. 19. GOMES FILHO, Antônio Magalhães. *Presunção de inocência e prisão cautelar*. São Paulo: Saraiva, 1991, pp. 12-17. Aliás, segundo as palavras de MANZINI a presunção de inocência é "nulla di più goffamente paradossale e irrazionale. Basti pensare ai casi custodia preventiva, alla segretezza dell'istruttotia e al fatto stesso dell'imputazione. Dado che quest'ultima ha per presupposto sufficienti indizî di reità [...] essa dovrebbe costituire, se mai, una presunzione di colpevo lezza. come ammettere dunque che equivalga invece al suo opposto, cioè a una presunzione d'innocenza? del resto la pratica dei giudizî ha fatto e va facendo giustizia sommaria di si strana assurdità escogitata in Francia, dove, alla apparente genialità o perspicuità d'un motto espressivo, si sacrifica volentieri l'esatta nozione dell'intima essenza delle cose". Cf.: MANZINI, Vincenzo. *Trattato di diritto...*, cit., p. 203.

[50] Oportuno lembrar que a palavra inocência deriva do latim *inno + cens*, ou seja, que não faz mal, que não faz maldade ou que é inofensivo. Desse modo, cf.: SILVA, De Plácido e. *Vocabulário jurídico*.

fundamental em parâmetros constitucionais[51] e em convenções internacionais[52] – não porquanto simples axioma individual e humanitário em favor do investigado, mas também como um postulado do próprio direito punitivo e de interesse público ao equitativo desenrolar processual penal.[53]

Ganha relevo o princípio da presunção de inocência quando em análise medidas cautelares privativas de liberdade ou restritivas de direitos em razão do nível de cognição empregada: principalmente no exame do *fumus comissi delicti*, já que o *periculum libertatis* goza de aprofundamento mais sincero e pleno na constatação do efetivo perigo de lesão.

Nesses termos, a constrição, em qualquer de suas formas, especialmente na prisão temporária regrada no direito brasileiro, é modelada pelo tom de gravíssima medida que atenta contra a liberdade individual antes da sentença definitiva; aliás, antes, inclusive, do início do processo.

Diante desse fato e da constitucionalização da presunção de inocência – artigo 5º, inciso LVII, da CF – até parece que não poderia ser

---

vol. II, Rio de Janeiro: Forense, 1967, p. 831. Ainda, há quem advogue objeções de ordem técnica ao termo "presunção", ao preferir "princípio de inocência", pois relacionado ao estado jurídico do investigado. A propósito, "*antes* del fallo que declare la culpabilidade del imputado, éste *es inocente*. Tal es su *estado jurídico*". Cf.: VÉLEZ MARICONDE, Alfredo. *Derecho procesal penal*. tomo I, 2ª ed., Buenos Aires: Lerner, 1969, pp. 323-325; GOMES FILHO, Antônio Magalhães. *Presunção de inocência...*, cit., pp. 37-38 e 42.

[51] O princípio da presunção de inocência é admitido e várias cartas constitucionais e declarações internacionais. Nesses termos, artigo 5º, inciso LVII, da Constituição Federal Brasileira: "ninguém será considerado culpado até o trânsito em julgado de sentença penal condenatória". Artigo 32.2 da Constituição da Portuguesa: "Todo o arguido se presume inocente até ao trânsito em julgado da sentença de condenação, devendo ser julgado no mais curto prazo compatível com as garantias de defesa". Artigo 24.2 da Constituição Espanhola: "Asimismo, todos tienen derecho al Juez ordinario predeterminado por la ley, a la defensa y a la asistencia de letrado, a ser informados de la acusación formulada contra ellos, a un proceso público sin dilaciones indebidas y con todas las garantías, a utilizar los medios de prueba pertinentes para su defensa, a no declarar contra sí mismos, a no confesarse culpables y a la presunción de inocencia. La ley regulará los casos en que, por razón de parentesco o de secreto profesional, no se estará obligado a declarar sobre hechos presuntamente delictivos". Artigo 27.2 da Constituição Italiana: "L'imputato non è considerato colpevole sino alla condanna definitiva".

[52] Assim, artigo 11 da Declaração Universal dos Direitos Humanos (DUDH): "Todo o homem acusado de um ato delituoso tem o direito de ser presumido inocente até que a sua culpabilidade tenha sido provada de acordo com a lei, em julgamento público no qual lhe tenham sido asseguradas todas as garantias necessárias a sua defesa". Artigo 6.2 da Convenção Europeia dos Direitos do Homem (CEDH): "Qualquer pessoa acusada de uma infracção presume-se inocente enquanto a sua culpabilidade não tiver sido legalmente provada". Artigo 14.2 do Pacto Internacional dos Direitos Civis e Políticos (PIDCP): "Toda pessoa acusada de um delito terá direito a que se presuma sua inocência enquanto não for legalmente comprovada sua culpa". Artigo 26 da Declaração Americana de Direitos e Deveres do Homem: "Parte-se do princípio que todo acusado é inocente, até provar-se-lhe a culpabilidade". Artigo 8.2 da Convenção Americana de Direitos Humanos (CADH) – Pacto de San José da Costa Rica: "Toda pessoa acusada de um delito tem direito a que se presuma sua inocência, enquanto não for legalmente comprovada sua culpa".

[53] Sobre o tema, v. GOMES FILHO, Antônio Magalhães. *Presunção de inocência...*, cit., pp. 22-23.

admitida qualquer restrição provisória da liberdade se se observasse o rigor verbal da locução de que ninguém pode ser considerado culpado[54] antes do trânsito em julgado da decisão final, máxime encontrando-se a situação, repita-se, ainda nas tênues searas investigativas inconclusas.[55]

E, se o rigorismo da interpretação não fosse defenestrado pela própria Constituição – artigo 5º, inciso LXI[56] – ou pelo sentido dado por parte dos integrantes do Tribunal Constitucional Brasileiro[57] a tornar

---

[54] Não há sincronia entre as terminologias empregadas nas disposições constitucionais e nas declarações internacionais. Ora utiliza-se a expressão *inocente* [positiva: presunção de inocência], ora emprega-se *culpa* ou *culpabilidade* [negativa: presunção de não culpabilidade]. Há quem diga, nesse contexto, que o termo "presunção de inocência" traz em seu âmago aspectos relativos ao convencimento judicial, enquanto a presunção de não culpabilidade importa privilegiar o tratamento jurídico – político – que a todos deve ser alcançado. Assim, cf.: SABATINI, Giuseppe. *Principii costituzionali del processo penale*. Napoli: Jovene, 1976, p. 49. No entanto, contraproducente é a diferenciação das fórmulas, uma vez que ambas exaltam a condição de pureza humana em seu estado natural, o que prevalece desde seu nascimento até que o Estado afaste, definitivamente, essa condição. Desse modo, a apregoar a fungibilidade das expressões, v. GIACOMOLLI, Nereu José. *O devido processo penal*: abordagem conforme a Constituição Federal e o Pacto de São José da Costa Rica. São Paulo: Atlas, 2014, pp. 92-94; LIMA, Renato Brasileiro de. *Nova prisão cautelar*: doutrina, jurisprudência e prática. 2ª ed., Niterói: Impetus, 2012, p. 14; KARAM, Maria Lúcia. *Escritos sobre a liberdade:* Liberdade, presunção de inocência e direito à defesa, vol. 5, Rio de Janeiro: Lumen Juris, 2009, p. 1. Da mesma forma, a considerar que se tratam de expressões sinônimas a revelar um equilíbrio entre indivíduo e o Estado, bem como a dizer que a presunção de inocência compreenderia um princípio de ordem ética e de impacto ideológico, ao passo que a presunção de não culpabilidade teria um significado normativo de afirmação do primeiro; v. GAROFOLI, Vincenzo. "Presunzione d'innocenza...", cit., pp. 1169-1170, 1184-1188 e 1195. A jurisprudência dos tribunais superiores inadvertidamente também utiliza as expressões como sinônimas: Presunção de inocência: STF, HC 152919 AgR, Relator: Min. RICARDO LEWANDOWSKI, Segunda Turma, julgado em 06/12/2019; STJ, HC 263.671/SP, Rel. Ministro ROGERIO SCHIETTI CRUZ, Sexta Turma, julgado em 02/10/2014. Presunção de não culpabilidade: STF, RE 1174005 AgR, Relator: Min. MARCO AURÉLIO, Primeira Turma, julgado em 22/06/2020; STJ, AgRg no RHC 125.105/CE, Rel. Ministro SEBASTIÃO REIS JÚNIOR, Sexta Turma, julgado em 23/06/2020.

[55] Nesses termos, já afirmava FERRAJOLI que, em sendo a jurisdição atividade necessária para colher a prova, nenhum juízo de culpa pode ser observado sem os trâmites regulares. Cf.: FERRAJOLI, Luigi. *Direito e razão*: teoria do garantismo penal. São Paulo: RT, 2002, p. 441.

[56] Estabelece o artigo 5º, inciso LXI, da CF: "ninguém será preso senão em flagrante delito ou por ordem escrita e fundamentada de autoridade judiciária competente, salvo nos casos de transgressão militar ou crime propriamente militar, definidos em lei".

[57] O Supremo Tribunal Federal, no ano de 2016, arrefeceu o princípio de presunção de inocência ao possibilitar o início de execução da pena privativa de liberdade antes mesmo do trânsito em julgado da decisão, pois, na época, segundo seu peculiar entendimento: "a execução provisória de acórdão penal condenatório proferido em grau de apelação, ainda que sujeito a recurso especial ou extraordinário, não compromete o princípio constitucional da presunção de inocência afirmado pelo artigo 5º, inciso LVII, da Constituição Federal". Cf.: STF, HC 126292, Relator: Min. TEORI ZAVASCKI, Tribunal Pleno, julgado em 17/02/2016. Passado algum tempo, no entanto, em 07/11/2019, no julgamento das ADCs 43/DF, 44/DF e 54/DF, foi restabelecida a única interpretação constitucional possível. Na ocasião, o Tribunal, por maioria, julgou procedente assentou a constitucionalidade do art. 283 do CPP, na redação dada pela Lei nº 12.403/2011 – vencidos o ministro Edson Fachin, que julgava improcedente a ação, e os ministros Alexandre de Moraes, Roberto Barroso, Luiz Fux e Cármen Lúcia, que a julgavam parcialmente procedente para dar interpretação conforme – para considerar a possiblidade do início da execução da pena apenas após o trânsito em julgado da sentença penal condenatória, considerando a garantia estabelecida no artigo 5º, inciso LVII, da CF.

a fórmula da presunção de inocência uma expressão quase vazia, inclusive com tendências a induzir presunções de culpabilidade[58] antes mesmo da finalização da investigação, ainda ficaria a análise da incompatibilidade lógica e sociológica entre os institutos.

No entanto, se, durante todo o transcorrer investigativo, bem como no decorrer do processo, ninguém pode ser visto ou atingido por considerações de presunção de culpa,[59] certo é que se possibilitam, em situações excepcionais, mecanismos de cunho acautelatório aptos a garantir a permanência hígida da estrutura social; mesmo que sempre marcados pelo gênero da indispensabilidade, da precariedade e da excepcionalidade – mecanismos esses regidos pela característica da "exceção das exceções"[60] a fulminar o *status libertatis*.[61]

Nesses termos, seja como (a) regra *estrutural da justiça* [que impossibilita edição normativa que impute presunções de culpabilidade[62]], seja como (b) *regra de tratamento* [que deve considerar o investigado/indiciado/acusado como inocente dentro e fora do processo; não podendo ser submetido, pois, a equiparações de culpabilidade que lhe acarretem efeitos negativos que possam decorrer exclusivamente da imputação[63]],

---

[58] O questionamento também é traçado por PATRÍCIO, Rui. *O Princípio da presunção de inocência do arguido na fase do julgamento no actual processo penal português (alguns problemas e esboço para uma reforma do processo penal português)*. Lisboa, A.A.F.D.L., 2000, p. 16.

[59] A presunção de inocência encontra-se alicerçada como o primeiro postulado do processo penal e inclusa em um núcleo duro dos direitos fundamentais. Assim, v. VIVES ANTÓN, Tomás. "El proceso penal de la presunción de inocencia". In AA.VV. *Jornadas de direito processual penal e direitos fundamentais.* (coord.: Maria Fernanda Palma). Coimbra: Almedina, 2004, [pp. 27-39], pp. 30-31.

[60] A expressão é utilizada por NEREU JOSÉ GIACOMOLLI para delinear a extrema excepcionalidade da medida. Cf.: GIACOMOLLI, Nereu José. *O devido processo...*, cit., p. 95.

[61] Já se afirmou que a prisão acautelatória qualifica-se como uma fatal necessidade: "fatale aux individus et fatale à la société, fatale aussi à la justice puisqu'elle frappe, innocent ou coupable, l'homme qui n'est pase encore jugé". Cf.: ORTOLAN, Joseph Louis Elzear. *Éléments de droit penal.* tome second, 5ª ed., Paris: Plon, 1886, § 2212, pp. 506-507. Do mesmo modo, ao citar o autor, v. GARCIA, Basileu. *Comentários do Código de Processo Penal.* vol. III, Rio de Janeiro: Forense, 1945, p. 144.

[62] Visto como "princípio-garantia" por CANOTILHO, atribui-se a ele "densidade de autêntica norma jurídica" e com "força determinante, positiva e negativa". Trata-se de "princípio em forma de norma jurídica", ficando "o legislador estreitamente vinculado na sua aplicação". Assim, cf.: CANOTILHO, J. J. Gomes. *Direito constitucional e teoria da constituição.* 7ª ed., 13ª reimpr., Coimbra: Almedina, s/d, p. 1167.

[63] Sobre o assunto, v. CORDÓN AGUILAR, Julio César. *Prueba indiciaria y presunción de inocencia en el proceso penal.* San Sebastián: IVADP, 2012, pp. 91-95; ALBUQUERQUE, Paulo Pinto de. *Comentário do Código de Processo Penal*: à luz da Constituição da República e da Convenção Europeia dos Direitos do Homem. 4ª ed., Lisboa: Universidade Católica, 2011, p. 354; GIACOMOLLI, Nereu José. *O devido processo...*, cit., p. 99-95. Nesses termos, os últimos autores citam vários precedentes do TEDH: Butkvicius *vs.* Lituânia, de 2002; Lavents *vs.* Letônia, de 2002; Y.B. e outros *vs.* Turquia, de 2004; e Ismoilov *vs.* Russia, de 2008. Chama atenção case of ALLENET DE RIBEMONT *vs.* FRANCE [Application no. 15175/89], Judgement, Strasbourg, 10 February 1995, até porque situação que não foge ao que se vê em alguns programas sensacionalistas brasileiros. Consigna-se, por outro lado, que a cada dia, o estado de inocência – embora o aumento da criminalidade – vem

ou ainda, seja como (c) *regra de juízo fático*[64] no momento da prolação da sentença [hipótese em que o princípio de presunção de inocência se encontra articulado com o princípio do *in dubio pro reo*, seu corolário acerca do modo como deve ser o pronunciamento judicial na valoração probatória,[65] aspectos que verdadeiramente se entrelaçam e complementam-se], a presunção de inocência deve ser observada a ponto de tornar-se uma demonstração de valoração da condição humana, e não como mero elemento a ser ultrapassado a fim de considerar o indivíduo como objeto dos anseios repressores do Estado.

Embora a enunciação do princípio não produza efeitos nos comportamentos nem nas presunções sociais, e dado que todos estão cotidianamente em perigo pela ameaça de crimes – especialmente pela criminalidade violenta das grandes cidades –, o arrefecimento do princípio da presunção de inocência abriria as portas a procedimentos e a penas arbitrárias, o que traria tanta insegurança social quanto os crimes que se tentam repreender. A propósito, como assentou MONTESQUIEU: "quando a inocência dos cidadãos não é garantida, a liberdade também não o é".[66]

---

sendo exaltado pelo Supremo Tribunal Federal e pelo Superior Tribunal de Justiça. Nesse sentido, pode-se verificar a edição de enunciados – inclusive vinculantes aos tribunais do país – que enaltecem o princípio da presunção de inocência, o que pode ser percebido (a) no enunciado da Súmula Vinculante nº 11 que disciplina o uso de algemas apenas naquelas situações de risco à integridade física própria ou de terceiros, ou ainda em caso de risco de fuga; aliás, essa regra já era enfatizada pela doutrina; (b) na inviabilidade de considerar como maus antecedentes inquéritos e ações penais ainda em andamento sem o trânsito em julgado; (c) na impossibilidade de recolhimento à prisão antes da decisão definitiva, mesmo que os recursos aos tribunais superiores sejam desprovidos de efeitos suspensivos.

64 Dentro dessa vertente, o princípio da presunção de inocência ou seu corolário – princípio do *in dubio pro reo* – não é aplicável ao âmbito da interpretação das leis, mas apenas sobre juízos fáticos. Havendo divergências de opiniões, deve-se pautar o tribunal – diante das formas de interpretação normativa – por aquela que entende mais correta. Nesse sentido, v. ROXIN, Claus. *Derecho procesal penal*. 1ª ed., 2ª reimpr., Buenos Aires: Editores Del Puerto, 2003, p. 114; SOUSA MENDES, Paulo de. *Lições de processo penal*. Coimbra: Almedina, ePub, 2013, p. 209; PATRÍCIO, Rui. *O princípio da presunção...*, cit., p. 30. Do mesmo modo e ainda a afirmar a não aplicação do instituto à subsunção de um fato à lei, v. ALBUQUERQUE, Paulo Pinto de. *Comentário do Código de Processo Penal...*, cit., p. 354. No mais, sobre a restrição às matérias de fato, mas sem esquecer que a violação ao princípio do *in dubio pro reo* pode integrar matéria de direito quando a decisão condenatória balizar-se na dúvida, v. ANTUNES, Maria João. *Direito processual penal*. reimpr., Coimbra: Almedina, 2016, pp. 172-171.

65 Desse modo, e inclusive a afirmar que o princípio do *in dubio pro reo* traz em seu âmago a premissa a inviabilidade de decisão *non liquet*, devendo neste caso sempre favorecer réu, v. PATRÍCIO, Rui. *O princípio da presunção...*, cit., pp. 30-31. Nesse último sentido, a afirmar que o princípio *in dubio pro reo* deve ser observado depois de valoradas as provas revestidas das garantias fundamentais, v. ARMENTA DEU, Teresa. *Lecciones de derecho procesal penal*. 7ª edición, Madrid: Marcial Pons, 2013, p. 243; ALBUQUERQUE, Paulo Pinto de. *Comentário do Código de Processo Penal...*, cit., p. 61; ROXIN, Claus. *Derecho procesal...*, cit., p. 111. Na jurisprudência portuguesa, v. Ac. do TRP de 25 de mar. 2015 (Relator: MARIA DOLORES SILVA E SOUSA), processo nº 696/12.0PDPRT.P1.

66 Cf.: MONTESQUIEU. *Do espírito das leis*. 1º vol., São Paulo: Difusão Europeia, 1962, livro XII, capítulo II, p. 212. A assertiva é também citada por FERRAJOLI, Luigi. *Direito e razão...*, cit., p. 441, e corroborada por LOPES JR., Aury. *Direito processual...*, cit., pp. 217-218.

A presunção de inocência, portanto, deve ser revelada tanto como aspiração coletiva de maior segurança contra o arbítrio punitivo quanto, individualmente, como uma garantia à liberdade de cada cidadão na qual se vela, qualitativa e quantitativamente, pela conservação de um estado natural.

As medidas cautelares de caráter pessoal, nesse sentido, apenas encontram suporte e compatibilidade com o princípio da presunção de inocência quando se mostram aceitáveis de serem aplicadas a um inocente,[67] quando se mostram aptas a um sacrifício excepcional e especial[68] na estrita medida da legalidade, da necessidade, da adequação, da proporcionalidade, da subsidiariedade e da precariedade; isso sem alusão isolada à culpabilidade, mas nitidamente vinculada aos fins cautelares que são atribuídos. A tratar-se, pois, de um juízo cautelar, não se presume alguém culpado, mas apenas e precariamente perigoso à lisura probatória e processual. Essa é a fórmula.

Não observada desse modo – tal qual, infelizmente, vem sendo diagnosticada em legislações que visam a combater a criminalidade econômica e a criminalidade organizada,[69] bem como na forma da interpretação dada por muitos tribunais –, a prisão cautelar atinge dimensões imensuráveis a ponto de enfraquecer o princípio da presunção de inocência, tratando o estado natural do ser como uma "camuflagem" a finalidades punitivas,[70] inclusive com prognósticos de patologias sociais, o que se dá tanto pelo esquecimento dos pressupostos e fundamentos sobre a matéria, quanto pelas consequências catastróficas quando no sistema prisional.[71]

---

[67] Nesses termos, cf.: FIGUEIREDO DIAS, Jorge de. "Sobre os sujeitos processuais no novo Código de Processo Penal". In AA.VV. *Jornadas de direito processual penal. O novo Código de Processo Penal.* Coimbra: Almedina, 1992, [pp. 1-34], p. 27. Com igual precisão, v. ANTUNES, Maria João. *Direito processual...*, cit., p. 137.

[68] Desse modo, v. HASSEMER, Winfried. *Crítica al derecho penal de hoy.* 2ª ed., 1ª reimpr., Buenos Aires: Ad-Hoc, 2003, p. 116.

[69] Sobre o tema v. ROXIN, Claus. *Derecho procesal...*, cit., p. 112.

[70] Assim, cf.: PALAZZO, Francesco C. *La recente legislazione penale.* Padova: CEDAM, 1980, p. 99. Do mesmo modo, v. ILLUMINATI, Giulio. *La presunzione d'innocenza dell'imputato*, Bologna: Zanichelli, 1984, pp. 39-49.

[71] O uso excessivo de prisões preventivas, corroborado pelo longo percurso processual e inadequado gerenciamento dos processos, tem sido diagnosticado como causa de colaboração, na visão de HANS-JÖRG ALBERCHT, para o caos no sistema carcerário no cenário de vários países. Cf.: ALBRECHT, Hans-Jörg. "Prision Overcrowding. Finding Effective Solutions. Strategies and Best Practices Against Overcrowding in Correctional Facilities", p. 30. In *XVI Congreso Internacional de la Sociedad Internacional de Defensa Social: Política Criminal Internacional en la era de la Declaración del Milenio de las Naciones Unidas. 1ª Jornada: La globalización del crimen y la armonización internacional del derecho penal a través de las convenciones y tratados internacionales.* Panel 1 – Prevención del delito, derechos humanos y delincuencia organizada, pp. 25 e segs. Sobre o assunto, v. também SOUZA, Bernardo de Azevedo e. *O monitoramente eletrônico como medida alternativa à prisão preventiva.* Rio de Janeiro: Lumen Juris, 2014, pp. 2-3 No mesmo modo, v. Recurso em Sentido Estrito nº 70056502867, Terceira Câmara Criminal, Tribunal de Justiça do RS, Relator: NEREU JOSÉ

1.3. A dignidade da pessoa humana

Prevista no artigo 1º, inciso III, da Constituição Federal como pilar e um dos fundamentos da República, a dignidade da pessoa humana produz consequências jurídicas em vários ramos das ciências humanas enquanto parâmetro e limite às atividades desenvolvidas pelo Estado. Entretanto, como logo se verá, apesar do eloquente sinal de que *tudo* deve conformar-se e resignar-se à dignidade da pessoa humana, é perceptível que a observação não foi considerada pelo legislador quando da inserção da prisão temporária no cenário nacional, muito menos é valorada pelos tribunais que continuam a aplicá-la sem o supedâneo constitucional.

Nas razões apresentadas na exposição de motivos da Lei nº 7.960/89, bem como nos diagnósticos desenhados para permanência da prisão temporária no direito brasileiro, percebem-se fortes traços de inquietude social a exigir sacrifícios de direitos à satisfação de interesses investigativos. Nesse sentido, mesmo sem culpa formada e com tênues indicativos de autoria, passou-se a considerar, em campo aberto, a necessidade de aprisionamento por certo e determinado período quando "constatado" ser o cárcere imprescindível para investigação policial. Com efeito, não se consegue dimensionar fatos – fundamentos e requisitos – concretos que chancelem a afirmação do que podem ser consideradas "fundadas razões" ou o caráter "imprescindível para as investigações do inquérito policial" sem que a ação estatal acarrete grave lesão à dignidade da pessoa humana.

Reconhecida como "princípio dos princípios"[72] a constituir um valor supremo e fundante da República, a ponto de estruturar todo o ordenamento jurídico – embora não seja possível alcançar qualquer precisão conceitual, conteúdo normativo fechado[73] ou dimensão uni-

---

GIACOMOLLI, julgado em 05/06/2014. O acórdão também é citado no Boletim do IBCCRIM, nº 263, ano 22, out. 2014, jurisprudência, p. 1796.

[72] Assim, NOVAIS, Jorge Reis. *A dignidade da pessoa humana*. vol. I – Dignidade e direitos fundamentais. Coimbra: Almedina, 2015. p 20. Na mesma linha, afirma JORGE MIRANDA tratar-se a dignidade da pessoa humana de "princípio axiológico fundamental e limite transcendente do poder constituinte, dir-se-á mesmo um *metaprincípio*". MIRANDA, Jorge. *Manual de direito constitucional*. tomo IV, 5ª ed., Coimbra: Coimbra Editora, 2012, p. 222.

[73] A dignidade da pessoa humana não alcança clareza em seu conteúdo; entretanto, tal afirmativa pode ser considerada como a chave de seu sucesso. Embora exista "acordo na incorporação do conceito", há "também *acordo no desacordo*, ou seja, um acordo cuidadosamente estipulado em não arbitrar o desacordo, em não definir a dignidade" [...] Interpretar a dignidade humana segundo uma orientação compreensiva e *fechada* pressuporia considerar que, por exemplo, a nossa Constituição, quando acolheu o conceito, teria aderido a uma visão ou concepção particular do princípio, ainda que reconhecidamente controversa, não consensualmente partilhada".[...] "Identificada tão somente com uma única visão filosófica, com uma concepção do mundo, com uma ideologia ou com uma confissão religiosa particulares, a dignidade da pessoa humana estaria essencialmente inibida de desempenhar a sua função de princípio constitucional de Estado de

versal[74] –, a dignidade da pessoa humana vem a significar o reconhecimento da pessoa[75] como sujeito independentemente do seu *status*, das suas características particulares ou dos seus comportamentos dignos ou indignos, lícitos ou ilícitos.[76] Trata-se de valor absoluto,[77] de atributo intrínseco, de qualidade contemporânea inerente à pessoa considerada em si e por si.

É, além disso, estado incondicional, instransponível, inalienável, irrenunciável[78] e imperdível, o que torna inadmissível qualquer tratamento que venha a denegrir essa essência, qual seja, a de colocar o sujeito como mero *instrumento* suscetível de uso, como *meio* para objeção

---

Direito". Cf.: NOVAIS, Jorge Reis. *A dignidade da pessoa humana*. vol. I..., cit., pp. 23-25. No mesmo sentido, a afirmar que a dignidade da pessoa humana não alcança conceituação 'fixista' e que sua "concretização se faz histórico-culturalmente", v. respectivamente, SARLET, Ingo Wolfgang. *Dignidade (da pessoa) humana e direitos fundamentais na Constituição Federal de 1988*. 10ª ed., terceira tiragem, Porto Alegre: Livraria do Advogado, 2019, pp. 50 e 66; e MIRANDA, Jorge. *Manual de direito constitucional...*, cit., p. 222.

[74] Em permanente processo de construção e desenvolvimento, deve-se ater, sempre, aos padrões sociais e convencionais de cada sociedade, de modo que as pessoas têm o direito de não serem tratadas fora de sua cultura. "Toda a sociedade civilizada tem padrões e convenções que definem essas indignidades, que diferem conforme o lugar e a época em que se manifestam" sem que isso desconsidera a importância "sagrada" de suas vidas. Cf.: DWORKIN, Ronald. *Domínio da vida*: aborto, eutanásia e liberdades individuais. 2ª e., São Paulo: Editora WMF Martins Fontes, 2009, pp. 334 e 339-340. Sobre o assunto, também v. SARLET, Ingo Wolfgang. *Dignidade (da pessoa) humana...*, cit., pp. 59-60 e 66.

[75] A dignidade da pessoa humana deve ser vista como atributo da(s) pessoa(s) concretamente considerada(s) dentro da comunidade ou do grupo em que vive, pois não há lesão ou atentado, há dignidade da pessoa em abstrato. A imagem do homem, nesse sentido, deve ser projetada e consagrada como real, concreta e imersa em suas necessidades. Assim, cf.: SARLET, Ingo Wolfgang. *Dignidade (da pessoa) humana...*, cit., p. 62; MIRANDA, Miranda; e CORTÊS, António. In AA.VV. *Constituição portuguesa anotada...*, cit., [pp. 71-92], pp. 80-82. Não há de se esquecer, todavia, que o homem real é uma unidade dialética, tal qual se verifica na precisa lição de CASTANHEIRA NEVES: "o *homem real* é a unidade dialéctica de duas relativas autonomias, a autonomia do seu *eu social* (aquele comum da existência comunitária que consubstancia como membro de uma família, representante de uma classe, membro de uma comunidade) e de um *eu pessoal* (aquele próprio de existência pessoal que ele concretamente singulariza) – a unidade dialética, se quisermos, da objectividade e da sujectividade humana". Cf.: CASTANHEIRA NEVES, A. "A revolução e o direito". In *Digesta*: escritos acerca do direito, do pensamento jurídico, da sua metodologia e outros. vol. 1º. Coimbra: Coimbra Editora, 2010, p. 167.

[76] Desse modo, a exaltar a impossibilidade de qualquer contemporarização sobre o modo de vida, v. SILVA, José Afonso da. "Da dignidade da pessoa humana como valor supremo da democracia". *Revista de Direito Administrativo*. vol. 212, (abr./jun. 1998), [pp. 89-94], p. 93.

[77] Nesse sentido, ao analisar o pensamento kantiano, assenta MICHAEL J. SANDEL: "Pessoas são seres racionais. Não têm apenas um valor relativo: têm muito mais, têm um valor absoluto, um valor intrínseco. Ou seja, os seres racionais têm dignidade". Cf.: SANDEL, Michael J. *Justiça* – O que é fazer a coisa certa. 12ª ed., Rio de Janeiro: Civilização Brasileira, 2013, p. 154

[78] Embora o consentimento ou o acordo do lesado, a dignidade da pessoa humana, em certos pontos, não admite renúncia. E isso se dá quando é atingido seu núcleo essencial, "um núcleo material mínimo de dignidade pessoal, indissociavelmente ligado à autonomia individual e ao direito ao livre desenvolvimento da personalidade, que deve constituir uma garantia irredutível num Estado de Direito". Cf.: NOVAIS, Jorge Reis. "Renúncia a direitos fundamentais". In AA.VV. *Perspectivas Constitucionais* – Nos 20 anos da Constituição de 1976. vol. I, (org. Jorge Miranda). Coimbra. Coimbra Editora, 1996 [pp. 263-335], pp.329-330.

de qualquer fim ou como *objeto*[79] posto nas mãos do Estado para atingir determinada finalidade a ponto de humilhar, degradar, denegrir ou faltar com respeito e agir com desconsideração à condição da pessoa. Pelo contrário, ao invés da coisificação do ser humano, a dignidade da pessoa humana deve ser estabelecida como aspecto norteador, no sentido de ter o Estado a obrigação de promover, de respeitar e de proteger.[80]

Dado o seu conteúdo, a dignidade da pessoa humana assenta-se em valores insuscetíveis de cedência, de ponderação ou de limitação, com força imperativa e envolta por núcleo reconhecidamente irredutível.[81] E mais. Nas situações concretas, é considerada como "*trunfo*"[82]

---

[79] Em clara inspiração kantiana (cf. KANT, Immanuel. *A metafísica dos costumes*. 2ª ed., Lisboa: Calouste Gulbenkian, 2011, ns° 331, 435 e 462, pp. 208, 367 e 413), não há vozes contrárias à impossibilidade da degradação pessoal, transformando-a ao nível de coisa ou de objeto de eventual ação estatal. Aliás, antes mesmo, já dizia BECCARIA que "não existe liberdade todas as vezes que as leis permitem que em alguns dos casos o homem deixe de ser pessoa e se torne *coisa*.". Cf.: BECCARIA, Cesare. *Dos delitos e das penas*. 4ª ed., Lisboa: Calouste Gulbenkian, 2014, n° XX, p. 105. Sobre o assunto, modernamente, v. FERRY, Luc. *Aprender a viver*: filosofia para os novos tempos. Rio de Janeiro: Objetiva, 2007, p. 156 e especificamente sobre a "*fórmula do objeto*", v. NOVAIS, Jorge Reis. *A dignidade da pessoa humana*. vol. II – Dignidade e inconstitucionalidade. Coimbra: Almedina, 2016. pp. 111-121. Do mesmo autor, *Os princípios constitucionais estruturantes da República Portuguesa*. reimpr., Coimbra: Coimbra Editora, 2011, pp. 57-58.

[80] Desse modo, cf.: NOVAIS, Jorge Reis. *Direitos fundamentais e justiça constitucional em estado de direito democrático*. 1ª ed. Coimbra: Coimbra Editora, 2012, p. 45. Do mesmo modo, v. SARLET, Ingo Wolfgang. *Dignidade (da pessoa) humana...*, cit., p. 51.

[81] Assim, v. NOVAIS, Jorge Reis. *Direitos fundamentais e justiça constitucional em estado de direito democrático*. Coimbra: Coimbra Editora, 2012, p. 46. Certamente que não se está aqui a tratar de casos difíceis e extraordinários em que a dignidade da pessoa humana, por muitos, é considerada como passível de ponderação ou de relativização, tal qual discutida, exemplificativamente, em situações extremas como no caso dos "homens-bomba"; na possiblidade de lançar ameaças de tortura, como descritas no caso *Daschner*, na admissibilidade ou não de intervenção corporal como ocorreu caso *Jalloh* [v. *JALLOH* v. GERMANY (Application no. 54810/00) Judgment Strasbourg, 11 July 2006]; ou ainda no julgamento da *Lei de segurança da aviação* editada pelo governo alemão [*BVerfGE* 115, 118]. Isso sem esquecer a lei brasileira que prevê medida de destruição de aeronaves consideradas hostis ou suspeitas de tráfico de drogas [Lei n° 7.565/86 regulada pelo Decreto n° 5.144/2004] ou até mesmo no antigo e doutrinário caso *Trolley*. Sobre o assunto, especificamente quanto à utilização da tortura em detrimento da dignidade da pessoa humana, v. SILVA DIAS, Augusto. "Torturando o inimigo ou libertando da garrafa o gênio do mal? Sobre a tortura em tempos de terror". In AA.VV. *Estudos em homenagem ao prof. Doutor Jorge de Figueiredo Dias*. vol. 1, (org. Manuel da Costa Andrade, Maria João Antunes, Susana Aires de Sousa). Coimbra: Coimbra Editora, 2009, [pp. 207-254]. GRECO, Luís. "As regras por trás da exceção – Reflexões sobre a tortura nos chamados 'casos de bomba – relógio'". *Revista Brasileira de Ciências Criminais*. n° 78, v. 17, (maio/jun., 2009), [p. 7–40]. Esmiuçando exaustivamente o caso *Daschner*, o julgamento da *Lei de segurança da aviação* alemão e a situação *Trolley*, v. NOVAIS, Jorge Reis. *A dignidade da pessoa humana*. vol. II..., cit., pp. 201-240. Sobre a matéria, relativamente quanto ao caráter absoluto ou não da dignidade da pessoa humana, v. SARLET, Ingo Wolfgang. *Dignidade (da pessoa) humana...*, cit., pp. 149-177.

[82] Recorre-se aqui à conhecida metáfora de DWORKIN, para quem posições jurídicas individuais – e aqui referindo-se à dignidade da pessoa humana – podem ser utilizadas como *trunfos* contra a pretensão de políticas estatais. Cf.: DWORKIN, Ronald. "Rights as trumps". *Theories of Rights*. (Org. Jeremy Waldron). Oxford: Oxford University, 1984, [pp.153-167]. Sobre o assunto, dentre outros, v. NOVAIS, Jorge Reis. *Direitos fundamentais: trunfos contra a maioria*. Coimbra. Coimbra editora, 2006. Aliás, digna de reprodução é a passagem do autor: "O princípio da dignidade da

contra todos, porque, mesmo diante da intenção da maioria, não há possiblidade da quebra da dignidade da pessoa humana, sendo oponível, como armadura, às conclusões e aos anseios coletivos.[83] Como norma base em que se edifica todo o arcabouço constitucional, ou como alicerce da consagração dos direitos fundamentais, o valor supremo da dignidade da pessoa humana ostenta um escudo, independentemente do prejuízo estatal de inibição das maiorias frente ao direito individual.[84]

O Estado não pode, portanto, em nome da necessidade, recrudescer e justificar exigências comunitárias impondo às pessoas medidas que visem a sacrifícios individuais de magnitude elevada,[85] seja hierarquizando valores, diferenciando atributos pessoais,[86] seja utilizando o sujeito como instrumento, meio ou objeto *qualificado* à vontade do Estado,[87] tudo sob pena da violação ser considerada como a mais grave

---

pessoa humana acaba, assim, por constituir o fundamento da concepção dos direitos como trunfos, porque é dessa igualdade de todos que resulta o direito de cada um conformar autonomamente a existência segundo as suas próprias concepções e planos de vida que têm, à luz do Estado de Direito fundado na dignidade da pessoa humana, o mesmo valor de quaisquer outras concepções ou planos de vida, independentemente da maior ou menor adesão social que concitem. Daí resulta a inadmissibilidade de a maioria política, mesmo quando formada democraticamente, impor ao indivíduo concepções ou planos de vida com que ele não concorde, por mais valiosas que essas concepções sejam tidas pela maioria. Essa tentativa seria, não apenas moral e politicamente inaceitável, como, sobretudo, e para o que aqui nos importa, juridicamente vedada, já que constituiria uma restrição do livre desenvolvimento da personalidade inadmissível à luz do princípio da dignidade da pessoa humana e, enquanto tal, constitucionalmente rejeitada.

À luz do Estado de Direito fundado na dignidade da pessoa humana, a opinião de cada um, e a possibilidade de a exprimir, de lutar por ela e de viver segundo os próprios padrões, é tão valiosa quanto a opinião de outro. Cada um tem, garantida pelo Estado de Direito, uma esfera de autonomia e liberdade individual que a maioria não pode comprimir ou restringir pelo simples facto de ser maioria, pelo simples facto de a autonomia individual se orientar num sentido rejeitado ou hostilizado pela maioria. É como concretização e expressão dessa ideia que, em nosso entender, a imagem do trunfo cobra pleno sentido: a decisão democrática de muitos, da maioria, não quebra o direito fundamental de um; o trunfo que lhe é dado pelo direito fundamental, o que aqui equivale a dizer, que lhe advém do respeito pelo princípio da dignidade da pessoa humana, trunfa o interesse individual e dá-lhe uma especial força de resistência, de armadura, perante a qual se detém e cede a decisão democrática da maioria". Cf.: NOVAIS, Jorge Reis. *Direitos fundamentais...*, cit., pp. 30-31.

[83] Expressivo, nesse sentido, o pensamento, por muitos já reproduzido, de CASTANHEIRA NEVES, ao dizer: "a dimensão pessoal postula o valor da pessoa humana e exige *respeito incondicional a sua dignidade*. [...] Será por isso inválido, e inadmissível, o sacrifício desse seu valor e dignidade pessoal a benefício simplesmente da comunidade, do grupo, da classe". Cf.: CASTANHEIRA NEVES, A. "A revolução e o direito". In *Digesta...*, cit., p. 215.

[84] NOVAIS, Jorge Reis. *As restrições aos direitos fundamentais não expressamente autorizadas pela constituição.* 2ª ed., Coimbra: Coimbra Editora, 2010, pp. 602-603.

[85] Assim, v. NOVAIS, Jorge Reis. *Direitos fundamentais e justiça constitucional em estado de direito democrático*. Coimbra: Coimbra Editora, 2012, pp. 37-38.

[86] Sobre o assunto, v. NOVAIS, Jorge Reis. *A dignidade da pessoa*. vol. I..., cit., p. 62.

[87] Nas palavras Christoph ENDERS, "a relação do ser humano com o poder estatal não deve ser uma relação de sujeição unilateral sob o poder superior do Estado, e sim uma relação de direitos e deveres mútuos, uma relação jurídica". Cf.: ENDERS, Christoph. "A dignidade humana segundo

das inconstitucionalidades no Estado de Direito, impedindo, inclusive, qualquer contra-argumentação racional.[88]

É verdade que nem todas as restrições a direitos fundamentais afetam diretamente a dignidade da pessoa humana. No entanto, esse diagnóstico não pode ser confirmado quando se verifica – como no caso da prisão temporária – a utilização da pessoa como instrumento para fins do inquérito e da persecução criminal, tal qual pode ser percebido, a título exemplificativo, quando o aprisionamento se dá para fins de reconhecimento pessoal, com o intento de realizar o interrogatório[89] ou com outras intenções obscuras no sentido de apenas intimidar, desvalorizar ou fragilizar o indiciado,[90] acarretando, pois, a um só passo, a degradação da pessoa. E mais. Não passa despercebido que, em muitos casos, sequer há oferecimento de denúncia, chegando-se à conclusão de que o cárcere não passou de mera presunção especulativa.

Quando a prisão temporária é utilizada para um desses fins, especialmente para finalidade de interrogatório, está-se violando decisão do Supremo Tribunal Federal [ADPF 444[91]] que determinou a impossibilidade de conduções coercitivas com esse propósito, exacerbando, inclusive, entre outros fatores, o desrespeito ao princípio da dignidade da pessoa humana. Nada mais correto afirmar que nessas situações o indiciado é levado, tal qual consta no acórdão, "eminentemente para demonstrar sua submissão à força".[92]

E não se diga que a decisão não faz referência à prisão temporária, nem que a matéria julgada pela Suprema Corte se encontra restrita

---

o artigo 1 da Constituição da República Federal da Alemanha como 'superdireito fundamental' a um bom ordenamento: a mudança de um princípio orientador". *Revista da Ajuris*. n. 144, v. 45, (jun. de 2018), [pp. 515-527], pp. 519.

88 Assim, v. NOVAIS, Jorge Reis. *A dignidade da pessoa*. vol. I..., cit., pp. 20-21. Aliás, refere expressamente o autor: "É um exemplo típico da força de impacto demolidor do argumento, ou seja, de alegação que encerra um debate, põe fim a conversa (*conversation stopper*): argumento cujo impacto letal *arruma* uma controvérsia de uma vez por todas, não admitindo possível contra-argumentação racional". Cf.: *A dignidade da pessoa*. vol. I..., cit., p. 21.

89 Fartamente encontram-se na jurisprudência exemplos em que o indiciado é utilizado como instrumento para investigação, o que pode ser percebido quando o aprisionamento ocorre para realização de reconhecimento, interrogatório ou intenções que visem apenas fragilizar o indiciado. Desse modo, a título exemplificativo, v. STJ, HC 503.205/SP, Rel. Ministro JOEL ILAN PACIORNIK, Quinta Turma, julgado em 24/09/2019; STJ, RHC 100.248/SP, Rel. Ministro FELIX FISCHER, Quinta Turma, julgado em 21/08/2018; STJ, HC 400.390/SP, Rel. Ministro ROGERIO SCHIETTI CRUZ, Sexta Turma, julgado em 22/05/2018; STJ, AgRg no RHC 78.432/SP, Rel. Ministro JOEL ILAN PACIORNIK, Quinta Turma, julgado em 28/03/2017; STJ, HC 103.144/SP, Rel. Ministro FELIX FISCHER, Quinta Turma, julgado em 21/08/2008.

90 Nesse sentido, v. STF, HC 105833, Relator: Min. MARCO AURÉLIO, Primeira Turma, julgado em 09/08/2011.

91 STF, ADPF 444, Relator: Min. GILMAR MENDES, Tribunal Pleno, julgado em 14/06/2018

92 O assunto será melhor abordado infra, no item 2.2.3: "Fundadas razões de autoria e de participação do indiciado".

à condução coercitiva. Apenas olhos míopes, diante da fundamentação guia do ministro relator, não percebem seu alcance. Além disso, utilizar-se de outro instrumento – o subterfúgio da prisão temporária – apenas para driblar decisão judicial do Supremo Tribunal Federal não é algo digno sequer de comentários.

Na prisão temporária, pois, a dignidade da pessoa humana não é respeitada, seja através de um processo intencional, seja através de uma negligente coisificação; hipótese na qual o sujeito deixa de ser considerado como ser concretamente provido de dignidade humana. Na verdade, a pessoa é degradada, com fundadas razões de autoria e para fins de investigação, a algo fungível e utilizado tão só como instrumento ou simples meio de realização aos interesses de apuração administrativa policial. A propósito, não se poderia deixar de referir, ao finalizar este tópico, a conhecida assertiva de KANT: "A justiça deixa de existir como tal quando dela se abre mão por qualquer preço que seja".[93]

1.4. A prisão provisória em tempos midiáticos

Nos tempos atuais, apesar de as diretrizes constitucionais estarem alicerçadas na presunção de inocência e na dignidade da pessoa humana, três fatores acarretam mudanças nos hábitos do Poder Judiciário.

O primeiro deles, decorrente do crescimento vertiginoso da criminalidade de média e de grave intensidade, tem gerado um aumento exacerbado do número de medidas acautelatórias e de processos; o que, na escassez de recursos públicos para melhoramento da máquina judiciária, somado à falta de operadores qualificados aptos a gerenciar a máquina administrativa, vem provocar uma verdadeira massificação das decisões, inclusive nas searas penais.

O segundo fator, a saber, o tempo de duração processual, que é um reflexo do primeiro, prolonga-se[94] diante da falta de material e de pessoal para condução de presos, das pautas de audiências sobrecarregadas e do tempo despendido para dar conta dos diários despachos de mero expediente, das decisões interlocutórias e das sentenças de mérito.

O terceiro, por fim, fruto dessa convivência desarmônica entre tempo e processo, são os fatores externos à administração que tendem

---

[93] KANT, Immanuel. *A metafísica dos costumes...*, cit., nº 332, p. 209.

[94] A morosidade na finalização dos processos é apontada como o grande problema do Poder Judiciário. Sobre o tema, v. AGUIAR NETO, Ruy Rosado de. *Estatísticas básicas aplicadas à administração judiciária*. Porto Alegre: Tribunal de Justiça do Estado do Rio Grande do Sul, 2010, pp. 18-21. Especialmente, a abordar causas internas e externas da morosidade, v. STUMPF, Juliano da Costa. *Poder Judiciário*: morosidade e inovação. Porto Alegre: Tribunal de Justiça do Estado do Rio Grande do Sul, 2009, pp. 15 e segs.

a impulsionar, para não dizer pressionar, rapidez nas decisões diante do aumento da criminalidade e da demora processual.

Desse modo, a prisão cautelar já ponderada como necessária pela comunidade, inclusive para infrações consideradas de menor potencial ofensivo, passa a ser tratada – diante das mazelas do Poder Judiciário e da administração em geral – com imprescindível para convivência harmônica em um verdadeiro *apartheid* entre pessoas dignas de viver em sociedade e aquelas outras que precisam ser "enjauladas" para que não ocasionem a destruição da estruturação social mantida pelo esforço individual e coletivo de efetivos exercícios de cidadania. E mais. Passa a ser desejável a ação estatal como uma tutela imediata, sem respeito aos mais elementares direitos individuais.

Nesse cenário, a situação é agravada quando se constata que fatores midiáticos influenciam na manifestação comunitária, ficando os investigados – ainda que não acusados formalmente – à mercê das interpretações desprovidas de conhecimento técnico e que tentam fazer, através dos meios de comunicação de massa, um espetáculo diário e repetitivo das agruras da vida; não raro apresentando o investigado como efetivamente culpado e, de preferência, com a penalidade já estabelecida.[95]

Não se precisa ir tão longe, nem ficar limitado às informações repassadas pelo público em geral. Percebe-se a utilização da mídia por parte de órgãos com específico conhecimento sobre o assunto, não se encontrando outra justificativa senão pressionar julgamentos que confortem sua pretensão. Aliás, já foi retratado pelo ministro Gilmar Mendes, no julgamento da ADPF 444,[96] a espetacularização de investigações, de construções e de narrativas acusatórias realizadas por policiais e membros do Ministério Público, os quais, não raro, afirmam a existência de culpa formada em pessoas que sequer foram ouvidas. Agindo dessa maneira, sem conteúdo informativo neutro, e empregando atitudes incompatíveis com o exercício da função, tanto os policiais quanto os membros do Ministério Público destroçam os princípios da presunçao de inocência e da dignidade da pessoa humana.

Consta no acórdão, inclusive, que, ao apreciar casos semelhantes, a Corte Europeia de Direitos Humanos firmou entendimento no sentido de que "a liberdade de expressão, garantida pelo artigo 10º

---

[95] Desse modo, v. ALMEIDA, Náiber Pontes de. "Prisão temporária em tempos midiáticos". In AA.VV. *I Jornada de estudos*: direito processual penal. (coord.: Hilton Queiroz). Escola da Magistratura Federal da 1ª Região, Brasília: Esmaf, 2009, [pp. 173-178], p. 173. No mesmo sentido, CUNHA, Luana Magalhães de Araújo. "Mídia e processo penal: a influência da imprensa nos julgamentos dos crimes dolosos contra a vida à luz da Constituição de 1988". *Revista brasileira de ciências criminais*. ano 20, vol. 20, (jan./fev. 2012), [pp. 199-237], p. 205.

[96] STF, ADPF 444, Relator: Min. GILMAR MENDES, Tribunal Pleno, julgado em 14/06/2018.

(artigo 10) da Convenção, inclui a liberdade de receber e transmitir informações. O artigo 6º, § 2º (artigo 6-2) não pode, portanto, impedir que as autoridades informem ao público sobre investigações criminais em andamento, mas exige que elas o façam com toda a discrição e circunspecção necessárias para que a presunção de inocência seja respeitada".[97]

De qualquer maneira, em se tratando de prisão provisória, permanece sempre um saldo de incompreensão quando a decisão não restringe a liberdade da pessoa. A comunidade já frustrada e influenciada pelo "clamor midiático" das taxas de criminalidade e do crescimento descontrolado da violência – todos os dias noticiados pelos meios televisivos – interpreta a ação estatal como um ato de impunidade, facilitado por leis penais benevolentes; tudo isso fruto de um laxismo penal ou de um sistema genericamente dito como corrompido.[98]

Efetivamente, são os fatores midiáticos irresponsáveis – veiculados com expressões genéricas, sensacionalistas e de mau gosto, desprovidas de qualquer objetividade, imparcialidade e impropriamente utilizadas para alavancar audiências, causar impacto à população, chocar a opinião pública[99] e pressionar decisões de repressão – que impulsionam a efetiva degradação e degeneração do processo penal, ocasionando graves motivos de desordem e de vulneração dos direitos individuais. Embora ao legislador e ao juiz não seja cabível nem conveniente ficarem alheios aos anseios sociais, deve-se aperfeiçoar a difícil tarefa de ignorar os clamores apresentados pela comunicação de massa[100] que, às vezes, tentam influenciar as diretrizes, a necessidade

---

[97] Assim, cf.: case of ALLENET DE RIBEMONT v. FRANCE [Application no. 15175/89], Judgment Strasbourg, 10 February 1995.

[98] A propósito, afirma FREDERICO ISASCA que "quando os meios de comunicação social noticiam que determinado cidadão foi preventivamente preso (*v.g.*, no decurso de um inquérito), logo se forma na comunidade a convicção de que foi condenado e inversamente, isto é, de que foi absolvido, quando o Juiz da Instrução Criminal, não ordena a prisão preventiva do cidadão detido em flagrante. E a convicção social é exactamente a mesma quando a notícia refere que o Tribunal da Relação confirmou ou infirmou a aplicação ou a manutenção da prisão preventiva a determinado arguido". Cf.: ISASCA, Frederico. "A prisão preventiva e restantes medidas de coacção". In AA.VV. *Jornadas de direito processual penal e direitos fundamentais...*, cit., [pp. 99-218], p. 108.

[99] Assim, v. SOUZA, Luciano Anderson; FERREIRA, Regina Cirino Alves. "Discurso midiático penal e exasperação repressiva". *Revista brasileira de ciências criminais*. ano 20, vol. 20, (jan./fev. 2012), [pp. 363-382], p. 366.

[100] A propósito, não há como deixar de reproduzir as palavras sempre lúcidas de CARNELUTTI: "A toga, sem dúvida, convida ao recolhimento. Infelizmente hoje sempre mais, sob este aspecto, a função judiciária está ameaçada pelos opostos perigos da indiferença ou do clamor: indiferença pelos processos pequenos, clamor pelos processos célebres. Naqueles a toga parece um instrumento inútil; nestes se assemelha, lamentavelmente, a uma veste teatral. A publicidade do processo penal, a qual corresponde não somente à ideia do controle popular sobre o modo de administrar a justiça, mas ainda, e mais profundamente, ao seu valor educativo, está, infelizmente, degenerada em um motivo de desordem. Não tanto o público que enche os tribunais ao inverossímil, mas a invasão da imprensa, que precede e persegue o processo com imprudente indiscrição e não raro

e o acautelamento como se as segregações privativas de liberdade gozassem de necessidade antecipatória, até porque "apurado e decidido" pelos meios jornalísticos. E os exemplos que confirmam a gravidade da situação não são incomuns, pois brotam das folhas e das telas avermelhadas dos meios de comunicação.[101]

1.5. Os efeitos decorrentes do encarceramento provisório

Não há constatação mais sensata do que a afirmação de que todo o efeito de determinado ato ou fato foi impulsionado por uma causa. Engrandece-se, portanto, o estudo quando se observa que nem toda a causa oportuniza consequências controláveis e derivadas das conclusões individuais do próprio ato ou fato motor. O efeito estende-se no tempo, emoldurando-se em nova causa acarretando novos resultados; tudo isso em um verdadeiro "efeito borboleta" a influenciar toda vida comunitária que deu origem à causa.

Longe de buscar alicerces na teoria do caos, ainda assim não há como passar despercebido que todo ato estatal que venha a restringir direitos fundamentais causa graves consequências – a curto, médio e longo prazo – diretamente ao indivíduo na sua seara material ou nas suas extensões psicológica e social.

Mas não tão só. Mesmo em se tratando de segregações provisórias por curtos períodos, os efeitos estendem-se aos enlaces familiares, desdobrando-se no seio comunitário diante da estigmatização provocada pelo aprisionamento individual.

E é essa uma das razões que sustenta a afirmação de que a prisão cautelar é um dos institutos mais polêmicos, críticos e difíceis do sistema penal. Além da extraordinária tensão existente entre a garantia da efetividade imaculada do processo penal e os direitos fundamentais do cidadão – este, por sua vez, enaltecido pela ingerência mais grave na liberdade individual sem que ainda exista decisão condenatória que a justifique –, não há como fugir da conclusão de que sua aplicação afeta

descaramento, aos quais ninguém ousa reagir, tem destruído qualquer possibilidade de juntar-se com aqueles aos quais incumbe o tremendo dever de acusar, de defender, de julgar. As togas dos magistrados e dos advogados, assim, se perdem na multidão [...]". Cf.: CARNELUTTI, Francesco. *As Misérias do processo penal*. 2ª ed., Campinas: Bookseller, 2002, pp. 21-22.

[101] E são inúmeros os exemplos. Assim, na comunidade brasileira, em 1992, o caso *Daniela Peres*; em 1994, o caso da *Escola de Base*; no ano de 2002, o caso *Suzane von Richthofen*; em 2008, o caso *Eloá Cristina Pimentel*; no mesmo ano, o caso *Isabela Nardoni*. Por fim, dentre uma multidão de exemplos, no ano de 2014, o caso *Bernardo*. Todos eles, diga-se de passagem, já julgados pela imprensa antes da apuração probatória pelo crivo do contraditório. Sobre alguns casos referidos, v. SOUZA, Luciano Anderson; FERREIRA, Regina Cirino Alves. "Discurso midiático penal...", cit., pp. 371-378. No mesmo sentido, quanto ao caso da Escola de Base, v. STJ, REsp 1215294/SP, Rel. Ministro RICARDO VILLAS BÔAS CUEVA, Terceira Turma, julgado em 17/12/2013.

de modo ímpar a vida do cidadão presumidamente inocente e a comunidade.

Nessa perspectiva, mesmo em se tratando de aprisionamento por "curto" e delimitado espaço de tempo – entre 5 ou 30 dias, em caso de prisão temporária, abstraídas aqui as possibilidades de renovação e de extensão do período de segregação –, permite-se concluir, interdisciplinarmente, os inarredáveis efeitos nocivos do encarceramento, seja no enfoque individual presente, seja nas consequências futuras e indiretas ocasionadas pela prisão;[102] estas últimas não intencionais e consideradas como "funções latentes negativas".[103]

Com efeito, a prisão individualmente considerada não consiste apenas no isolamento da pessoa da convivência social e familiar, impedindo o exercício do trabalho e o esplendor da vida cotidiana. Com a prisão, há efetiva lesão à intimidade e à privacidade. Existe, ainda, a desestruturação da identidade e a indevida subtração dos direitos políticos em que pese, nesse último sentido, a disposição constitucional em contrário;[104] isso sem esquecer a perversa e quase inevitável estigmatização imposta aos detentos e aos egressos do sistema penal.

Além disso, no cárcere, diante da convivência em recintos fechados com outros reclusos que aguardam apenas o tempo para alcançar a liberdade, não há espaço para as reservas íntimas inexoráveis à vida digna. O compartilhamento de objetos, a proximidade com outras pessoas, os olhares permanentemente fiscalizatórios, a vigilância

---

102 Nesses termos, assinala-se que há muito tempo a prisão provisória recebe críticas. Primeiro, porque não permite trabalho de ressocialização diante do seu *status* diferente do preso comum. Segundo, pelo fato de criar risco ao contágio criminológico. Terceiro, em razão de incrementar custos de instalação e manutenção carcerária. Quarto, pelo motivo de dificultar a absolvição do sujeito. Cinco, porque gera efeitos estigmatizantes. Cf.: SANGUINÉ, Odone. "Efeitos perversos da prisão cautelar". *Revista brasileira de ciências criminais*. ano 18, nº 86, (set./out. 1995), [pp. 289-335], p. 295.

103 Com efeito, ODONE SANGUINÉ assinala a distinção entre funções *manifestas* e *latentes*. A primeira resulta das conclusões perseguidas, declaradas e reconhecidas da ação. Já a segunda, refere-se às consequências não buscadas e não reconhecidas, mas que, algumas vezes, podem ser necessárias para superveniência do sistema. Cf.: SANGUINÉ, Odone. *Prisión provisional y derechos fundamentales*. Valencia: Tirant lo blanch, 2003, p. 249.

104 Há previsão expressa, no artigo 15, inciso III, da CF, de que a suspensão dos direitos políticos dar-se-á apenas enquanto durar os efeitos da sentença criminal transitada em julgado. Assim estabelece a disposição constitucional: "É vedada a cassação de direitos políticos, cuja perda ou suspensão só se dará nos casos de: [...] III – condenação criminal transitada em julgado, enquanto durarem seus efeitos". No entanto, a disposição não é aplicada, embora os termos constitucionais e as resoluções do Tribunal Superior Eleitoral regulamentem o direito a voto do preso provisório. No Brasil, consigna-se, raramente, que o preso provisório exerce direito ao voto diante dificuldades operacionais e burocráticas alegadas pela Justiça Eleitoral. No entanto, o quadro vem sofrendo alterações, embora a passos curtos. Assim, v. FELIPPE, Kenarik Boujikian. "Presos ainda Cidadãos: direito de votar é garantido a presos provisórios". *Consultor Jurídico*. 02 de dezembro de 2009. Por outro lado, quanto aos diversos argumentos invocados e que dificultam o direito ao voto do preso provisório, v. PUGGINA, Rodrigo Tönniges. "O direito de voto do preso". *Revista da Ajuris*. nº 144, ano XXXIII, (dez. de 2006), [pp. 277-299], pp. 286-288.

exercida, a imposição de hábitos e a disciplina fazem com que a intimidade e a privacidade sejam esquecidas durante o aprisionamento, tudo isso acrescido das péssimas condições carcerárias caracterizadas pela superlotação, alimentação precária,[105] falta de higiene e de assistência médica.

E mais. Todos os indivíduos que, de forma voluntária ou forçada, têm sua vida modificada – especialmente em sistemas carcerários degradantes – passam por mecanismos de "recodificação da existência"[106] às novas condições que o contexto lhes impõe,[107] tanto as que vêm a ser estabelecidas pelo Estado como aquelas impostas pela massa carcerária, ambas sem qualquer possibilidade de questionamento.

Nesses termos, silenciosamente, durante o período segregacional, os hábitos individuais – inclusive os involuntários – que determinam a identidade do ser, corrompem-se na medida da uniformização imposta pela administração da casa prisional e pelos costumes carcerários, o que vem a anular a personalidade exercida em suas relações comunitárias extramuros.[108]

E a realidade parece ser mais drástica ainda. A prisão propicia sérios riscos de proliferação de doenças – curáveis e incuráveis – e implica grave contágio criminológico,[109] uma vez que dá ensejo ao preso provisório – não reincidente – contato direto com outros segregados já egressos do sistema penal ou delinquentes habituais,[110] o que oportuniza

---

[105] Há um estudo sobre a alimentação distribuída no então denominado Presídio Central do Estado do Rio Grande do Sul, a qual é destinada a presos provisórios da Região Metropolitana de Porto Alegre, considerando-a adequada às necessidades básicas do indivíduo. Assim, v. RUDNICKI, Dani. "Comida e Direitos Humanos no Presídio Central de Porto Alegre". *Revista Direito GV*. vol. 7 nº 2, São Paulo, (jul.-dez.de 2011), [pp. 515-538], pp. 515-38.

[106] A "recodificação da existência", diante do poder disciplinar exercido dentro da prisão, é uma das disposições apontadas por FOUCAULT que vai além da pura privação jurídica da liberdade. Cf.: FOUCAULT, Michel. *Vigiar e punir*: nascimento da prisão. 39ª ed., Petrópolis: Vozes, 2011, p. 222.

[107] Assinala ANA GABRIELA MENDES BRAGA que o bem-estar daquele que se encontra segregado depende de como se relaciona com a ordem prisional e como gerencia sua vida dentro do cárcere. Cf.: BRAGA, Ana Gabriela Mendes. *Preso pelo Estado e vigiado pelo crime*. as leis do cárcere e a construção da identidade na prisão. Rio de Janeiro: Lumen Juris, 2013, pp. 15, 161-166

[108] É a própria barreira edificada nas "instituições totais", existentes entre o segregado e a sociedade extramuros, que assinala a primeira mutilação do eu. Cf.: Cf.: GOFFMAN, Erving. *Manicômios, prisões e conventos*. São Paulo: Perspectiva, 1974, p. 24. A propósito, assevera ZAFFARONI, trata-se do efeito que se denomina prizionização, o qual submerge a pessoa "à cultura da jaula", que nada se iguala à vida em liberdade. Cf.: ZAFFARONI, Eugenio Raúl. *En busca de las penas perdidas*: deslegitimación y dogmática jurídico-penal. Segunda reimpresión, Buenos Aires. Ediar, 1998, p. 140.

[109] Sobre o tema, v. BITENCOURT, Cezar Roberto. *Falência da pena de prisão*: causas e alternativas. 4ª ed., São Paulo: Saraiva, 2011, pp. 133-134.

[110] Observa-se que o artigo 3º da Lei nº 7.960/89 não estabelece isolamento, mas unicamente que os presos temporários sejam, obrigatoriamente, separados dos demais detentos não temporários.

o aprendizado da subcultura carcerária,[111] além da descoberta do mundo delitivo.

Os efeitos mais perversos do cárcere, ainda que provisório, não se encontram nos efeitos diretos da segregação; até porque estes, em sua grande maioria, são inseparáveis da medida privativa de liberdade imposta. O que efetivamente mais causa perplexidade é a estigmatização[112] – como uma pena eterna – imposta ao recluso e a seus familiares.

Mesmo que a prisão dure pouco tempo, e que, posteriormente, o preso seja reconhecido como inocente,[113] ele não mais goza de uma plena aceitação social.[114] As possibilidades de emprego e a rejeição comunitária decorrentes de olhares melindrosos e incrédulos da "recuperação" tornam-se efeitos devastadores do aprisionamento[115] a ponto de não se chegar a outro caminho senão à delinquência absorvida e lembrada dos tempos da prisão.[116] Nessas condições, as prisões acabam se transformando em casas de rotatividade.[117]

---

[111] No sistema carcerário brasileiro, os estabelecimentos penais – mesmo aqueles destinados a presos provisórios – encontram-se dominados por facções criminosas, fazendo com que, em troca de segurança, o segregado saia do local com dívidas resultantes do período em que esteve encarcerado. Dentro desse círculo vicioso imposto, o detento, agora em liberdade, passa a ter o dever ajudar, solidariamente, os demais presos, os quais ainda se encontram segregados, o que acaba obrigando-o a retornar à criminalidade. Nesse sentido, v. BRAGA, Ana Gabriela Mendes. *Preso pelo Estado...*, cit., pp. 166-173. Essa perspectiva não é considerada – pelo menos em certos delitos – quando se tenta restringir o modo de vida criminoso à capacidade de autodeterminação. Sobre o último enfoque, v. PESSI, Diego; SOUZA, Leonardo Giardin de. *Bandidolatria e democídio*: ensaio sobre o garantismo penal e criminalidade no brasil. São Luiz: Resistência Cultural, 2017, pp. 26-33.

[112] Assinala GOFFMAN que a estigmatização é aquilo que pode ser chamado de "aceitação". "Aqueles que têm relações com ele não conseguem lhe dar o respeito e a consideração que os aspectos não contaminados de sua identidade social os haviam levado a prever e que eles haviam previsto receber [...]". Cf.: GOFFMAN, Erving. *Estigma*: notas sobre a manipulação da identidade deteriorada. 4ª ed., Rio de Janeiro: LTC, 2008, p. 11. A estigmatização de presos não é conceito atual ou fruto da sociedade moderna. Há muito já se colocavam marcas no corpo dos criminosos para possível identificação social. Desse modo, v. GOFFMAN, Erving. *Estigma...*, cit., p. 5; BRAGA, Ana Gabriela Mendes. *Preso pelo Estado...*, cit., p. 16. JOSÉ ALBERTO CAMPOS BRAZ ainda faz menção à existência de mutilação e à impressão de tatuagem para chancelar o estigma de ex-detentos. Assim, cf.: BRAZ, José Alberto Campos. *Investigação Criminal*: a organização, o método e a prova. Os desafios da nova criminalidade. 3ª ed., Coimbra: Almedina, ePub, 2013, pp. 25-29.

[113] Já afirmava ZAFFARONI que "cabe consignar que la carga estigrnática no la provoca la condena formal, sino el simples contacto con el sistema penal". Cf.: ZAFFARONI, Eugenio Raúl. *En busca de las penas...*, cit., p. 138. Nesse mesmo sentido, v. SANGUINÉ, Odone. "Efeitos perversos da prisão...", cit., p. 295.

[114] Pesquisa divulgada pelo Instituto Index aponta que, no Estado do Rio Grande do Sul, das 1.200 pessoas entrevistadas, 32,3% não dariam oportunidade de trabalho ao preso. Fonte: Jornal Zero Hora, Ano 51, nº 18.026, de 19 de fev. 2015, p. 15.

[115] No que se refere ao descarte de ex-detentos que se encontram à procura de emprego, bem com possíveis reflexos no seio familiar, v. WACQUANT, Loïc. *As prisões da miséria*. 2ª ed., Rio de Janeiro, Zahar, 2011, pp. 93 e 127-130.

[116] Sobre o tema, v. BARATTA, Alessandro. *Criminologia crítica e crítica do direito penal*: introdução à sociologia do direito penal. 6ª ed., Rio de Janeiro: Renavan, 2011, pp. 183-186.

[117] Assim, v. STRECK, Lenio. *Somos todos medo*. Fonte: Jornal Zero Hora. Ano 51, nº 18.027, de 20 de fev. 2015, p. 27.

De qualquer maneira, o caminho a ser trilhado não se restringe a equacionamentos singulares e decorrentes da legislação e sua aplicação. Na verdade, requer-se mais. Exige-se, além do manejo correto das medidas menos lesivas à liberdade, alterações efetivas e profundas no modo de pensar coletivo,[118] alicerçando a dignidade da pessoa humana como efetivo fundamento de um Estado de Direito e princípio supremo da República.

1.6. Princípios gerais e orientadores das prisões cautelares

Todas as medidas cautelares, e especialmente aquelas que venham a restringir a liberdade do cidadão – aqui, na forma da prisão temporária –, devem ser submetidas a princípios que orientem a atuação dos órgãos do Estado, bem como limitem a atuação da atividade jurisdicional na apreciação das representações ou dos requerimentos que buscam a decretação do cárcere provisório. E é apenas com essa orientação que se poderá observar a possível coexistência entre a necessidade de adoção de providências que venham restringir direitos fundamentais, o princípio da presunção de inocência e o princípio da dignidade da pessoa humana.

Mas não é só. Apesar da existência cada vez mais intensa de combate ao crime organizado, reforçando diuturnamente inclusive a utilização de métodos que venham a restringir direitos e garantias fundamentais, apenas com a análise correlacional entre os princípios que regem as medidas cautelares, sua regulamentação e a forma de aplicação das restrições impostas, poderá ser observado, tal qual aponta ROXIN, se o Estado é ou não efetivamente de direito; Estado este, aliás, alicerçado na dicotomia entre o asseguramento da ordem através da persecução penal e a proteção da liberdade individual.[119]

Nesses termos, passa-se à apresentação e à análise, mesmo que perfunctoriamente, de alguns dos princípios basilares que servirão de norte para o equacionamento constitucional e legal das medidas caute

[118] Nesses termos, já apontava BARATTA que, antes de se pretender modificar os "excluídos", é preciso modificar a sociedade, "raiz do mecanismo de exclusão". Cf.: BARATTA, Alessandro. *Criminologia crítica...*, cit., p. 186.

[119] Nos exatos termos, salienta ROXIN que "a ordem interna de um Estado se revela no modo em que está regulada essa situação em conflito: os Estados totalitários, sob a antítese errônea Estado-cidadão, exageraram facilmente a importância do interesse estatal na realização, o mais eficaz possível, do procedimento penal. Em um Estado de Direito, ao contrário, a regulação dessa situação de conflito não é determinada através da antítese Estado-cidadão; o Estado mesmo está obrigado por ambos os fins: asseguramento da ordem através da persecução penal e proteção da esfera de liberdade do cidadão". Cf.: ROXIN, Claus. *Derecho procesal...*, cit., p. 258. Do mesmo modo, v. STF, HC 91524, Relator: Min. GILMAR MENDES, Segunda Turma, julgado em 18/03/2008; STF, HC 91386, Relator: Min. GILMAR MENDES, Segunda Turma, julgado em 19/02/2008.

lares a serem aplicadas por ocasião da análise da prisão temporária, especialmente quando a matéria de fundo, em termos legais, oportuniza o encarceramento cautelar por amplo período antes mesmo da sentença definitiva; ou melhor dizendo: antes mesmo da existência do processo, apenas a fim de alicerçar finalidades investigativas.

Elegeu-se, desse modo, a jurisdicionalidade, a fundamentação das decisões, a acessoriedade, a provisoriedade, a provisionalidade, a preferibilidade, a excepcionalidade, a referibilidade, a homogeneidade e a proporcionalidade como elementos marcantes e indispensáveis para análise das peculiaridades da prisão temporária, ainda mais quando o uso do cárcere provisório nos tempos modernos cada vez mais reveste-se de características inquisitoriais, opressivas e intimidatórias típicas de um Estado policialesco.[120]

1.6.1. *Princípios da jurisdicionalidade e da fundamentação da decisão judicial*

Como garantia de proteção efetiva aos direitos individuais, a Constituição Federal, em seu artigo 93, inciso IX, impõe que todas as decisões judiciais[121] – sejam elas quais forem[122] – devem ser fundamentadas, sob pena de nulidade. Aliás, no artigo 5º, inciso LXI, da Carta Constitucional também se encontra a asserção de que a prisão de qualquer pessoa

---

[120] Sobre o uso e o abuso do cárcere preventivo, v. FERRAJOLI, Luigi. *Direito e razão...*, cit., pp. 623-624.

[121] Já se afirmou [v. nota 36] a peculiaridade do sistema do Tribunal do Júri em que as decisões – tomadas pela maioria de votos e em resposta à quesitação – não oportunizam motivações. Julga-se pelo princípio da livre convicção. A propósito, consoante apregoa FERRAJOLI, as maiores resistências à implementação da motivação das decisões judiciais deram-se no sistema anglo-saxão de tradição acusatória, "também por causa da discutível ideia da incompatibilidade entre a motivação técnica e o veredicto dos jurados". Cf.: FERRAJOLI, Luigi. *Direito e razão...*, cit., p. 497. Nesse sentido, MOURAZ LOPES, sobre o tema, refere antigas manifestações do TEDH em que se afirmava que as respostas aos quesitos [sim ou não] formariam "uma rede onde se funda a decisão do júri e, nessa medida, a precisão das questões formuladas permite compensar adequadamente a abstenção das respostas lacônicas do júri". No entanto, no ano de 2009, o próprio TEDH reviu posição anterior no case of TAXQUET vs. BELGIUM [Application no. 926/05], Judgment Strasbourg, 16 November 2010. Nessa ocasião, o TEDH considerou, por unanimidade, que houve violação ao artigo 6º, § 1º, da Convenção por conta da falta de fundamentação constante da decisão do tribunal de origem, assentando que tanto o acusado como a sociedade devem ser capazes de entender a decisão, salvaguarda vital contra a arbitrariedade. Sobre o tema, cf., também, LOPES, José António Mouraz. *A fundamentação da sentença no sistema penal português*: legitimar, diferenciar, simplificar. Coimbra: Almedina, 2011, pp. 117-120.

[122] Certamente quando se diz que todas as decisões judiciais devem ser fundamentadas, não se está a afirmar que os despachos de mero expediente – atos ordenatórios de impulso processual – necessitam de fundamentação. E isso se afirma porque não causam prejuízo aos figurantes do processo, muito menos restringem garantias individuais. Assim, v. LOPES, José António Mouraz. *A fundamentação da sentença...*, cit., pp. 91-92. Do mesmo modo, v. STJ, RHC 27.601/RS, Rel. Ministro LUIS FELIPE SALOMÃO, Quarta Turma, julgado em 06/04/2010.

é condicionada à ordem escrita e *fundamentada* da *autoridade judiciária competente.*[123] Tais considerações legais, portanto, comportam a afirmação da existência de um dever-legal-constitucional dos órgãos judiciais em fundamentar atos que atingem esferas individuais e coletivas, bem como estabelecem a imposição de uma verdadeira relativização na liberdade de decidir, sendo esta submissa à exposição das razões pelas quais o juiz – e apenas ele – adotou tal postura.

A dimensão constitucional na qual foram erigidas a reserva de jurisdição e a fundamentação das decisões judiciais faz emergir a conclusão de que se tratam de estruturas fundamentais do Estado – uma condicionada à sobrevivência da outra. Irmãs siamesas que tornam dependente todo e qualquer ato que venha a impor restrições ou privações de direitos à ordem escrita e fundamentada da autoridade judiciária – juiz – competente.[124]

E é apenas devido ao fato de a reserva de jurisdição e a necessidade de fundamentação andarem juntas que o Estado consegue almejar que todas as decisões judiciais venham lapidadas com equidistância, com características de equilíbrio, imparcialidade e objetividade, além de encontrarem-se blindadas das influências governamentais – comuns, diga-se de passagem – em órgãos administrativos sem independência funcional de seus agentes.

---

[123] A necessidade da fundamentação das decisões judiciais encontra-se em várias cartas constitucionais. É o que pode ser observado no artigo 205º, 1, da Constituição da República Portuguesa: "As decisões dos tribunais que não sejam de mero expediente são fundamentadas na forma prevista em lei". No artigo 120.3 da Constituição Espanhola: "Las sentencias serán siempre motivadas y se pronunciarán en audiencia pública". E no artigo 111.6 da Constituição Italiana: "Tutti i provvedimenti giurisdizionali devono essere motivati". As cartas internacionais também espelham esta realidade. Assim, artigo 7.4 do CADH: "Toda pessoa detida ou retida deve ser informada das razões da detenção e notificada, sem demora, da acusação ou das acusações formuladas contra ela". Artigo 6.1 do CEDH: " Qualquer pessoa tem direito a que a sua causa seja examinada, equitativa e publicamente, num prazo razoável por um tribunal independente e imparcial, estabelecido pela lei, o qual decidirá, quer sobre a determinação dos seus direitos e obrigações de carácter civil, quer sobre o fundamento de qualquer acusação em matéria penal dirigida contra ela. O julgamento deve ser público, mas o acesso à sala de audiências pode ser proibido à imprensa ou ao público durante a totalidade ou parte do processo, quando a bem da moralidade, da ordem pública ou da segurança nacional numa sociedade democrática, quando os interesses de menores ou a protecção da vida privada das partes no processo o exigirem, ou, na medida julgada estritamente necessária pelo tribunal, quando, em circunstâncias especiais, a publicidade pudesse ser prejudicial para os interesses da justiça".

[124] Com essa afirmação, não se pode defenestrar a possibilidade da prisão em flagrante pela autoridade policial ou até mesmo por qualquer do povo. No entanto, mesmo assim, a prisão deverá ser imediatamente comunicada à autoridade judiciária competente, e, dentro do prazo de 24 horas, ser remetido o auto de prisão em flagrante contendo todas as peças necessárias para apreciação judicial da legalidade da prisão e do procedimento adotado, bem como verificação acerca da necessidade da permanência da segregação. Observa-se, com isso, que a restrição da liberdade fica condicionada também ao comando judicial. A prisão em flagrante, pois, é feita apenas para formalizar o procedimento necessário à análise da prisão cautelar.

E tal esplendor é encontrado apenas na atividade judicial[125] fundamentada, na qual o julgador – juiz de sua consciência –, albergado por todas as garantias constitucionais criadas em benefício social [vitaliciedade, inamovibilidade e irredutibilidade de subsídios], encontra-se apto a proferir decisão neutra e independente;[126] sempre lembrando a restrita obediência à reserva do juiz natural, princípio pelo qual se tornam inofensivas eventuais ingerências e direcionamentos à apreciação do fato por tribunais ou juízes de exceção[127]. A propósito: nada pode ser subtraído do juiz natural.[128] E, se a reserva de jurisdição não é o bastante para garantir a lhaneza do pronunciamento judicial, a fundamentação das decisões judiciais complementa o alicerce esperado da decisão do Estado.

Com efeito, trata-se de princípio efetivamente estruturante do exercício funcional do Poder Judiciário,[129] ou como prefere MOURAZ LOPES, "núcleo do princípio da jurisdição",[130] a ponto de não se imaginar o conceito de jurisdição sem a obrigação incondicional da fundamentação.[131] Trata-se de parte integrante, indispensável e indissociável da decisão judicial, inclusive a ponto de os próprios titulares dos direitos atingidos não poderem dispor da devida fundamentação, pois decorre da própria ordem constitucional.[132]

As implicações da fundamentação das decisões são tais que não se reportam apenas à sua funcionalidade judicial. Condicionam inclusive

---

[125] Assim, v. ISASCA, Frederico. "A prisão preventiva e restantes medidas de coacção". In AA.VV. *Jornadas de direito processual penal e direitos fundamentais...*, cit., p. 105.

[126] Desse modo, v. MENDES Gilmar Ferreira; STRECK, Lenio Luiz. In CANOTILHO, J. J. Gomes; MENDES, Gilmar F; SARLET, Ingo W.; STRECK, Lenio L. (coord.). *Comentários à Constituição...*, cit., pp. 1331-1332.

[127] Sobre assunto, v. GIMENO SENDRA, Vicente. *Derecho procesal penal*. Madri: Civitas, 2012, pp. 80-84. A tecer comentários sobre a equivalência dos termos "Juiz Natural", "Juiz Legal" e "Juiz Competente", v. TUCCI, Rogério Lauria. *Direitos e garantias individuais no processo penal brasileiro*. 4ª ed., São Paulo: RT, 2011, p. 102; FERNANDES, Antônio Scarance. *Processo penal constitucional*. 7ª ed., São Paulo: RT, 2012, p. 135.

[128] Assim, cf.: BELING, Ernst. *Derecho procesal penal*. Barcelona: Editorial Labor S.A., 1943, p. 34.

[129] Nesses termos, CANOTILHO elenca o princípio da fundamentação das decisões judiciais entre os "princípios jurídico-organizatórios e funcionais". Cf.: CANOTILHO, J. J. Gomes. *Direito constitucional...*, cit., pp. 666-667. Seu grau de importância é tamanho, aliás, que não se refuta a afirmação de ser considerado como direito fundamental do cidadão. Cf.: MENDES Gilmar Ferreira; STRECK, Lenio Luiz. In CANOTILHO, J. J. Gomes; MENDES, Gilmar F; SARLET, Ingo W.; STRECK, Lenio L. (coord.), *Comentários à Constituição...*, cit., p. 1324.

[130] Assim, cf.: LOPES, José António Mouraz. *A fundamentação da sentença...*, cit., p. 89.

[131] Desse modo, v. COLOMER HERNANDEZ, Ignácio. *La motivación de las sentencias*: sus exigências constitucionales y legales. Valência: Tirant lo Blanch, 2003, p. 31. Há quem vincule, inclusive, a fundamentação das decisões judiciais ao princípio da dignidade da pessoa humana, inserindo-a dentre os direitos fundamentais. Assim, v. NASSIF, Aramis. *Sentença penal*: o desvendar de Themis. Rio de Janeiro: Lumen Juris, 2005, p. 33.

[132] Desse modo, cf.: LOPES, José António Mouraz. *A fundamentação da sentença...*, cit., p. 94.

o órgão legiferante na elaboração das leis, sendo inimaginável e conclusivamente inconstitucional a manifestação legislativa que dispuser de modo diferente ou que venha a considerar como disponível o ato de fundamentar; em que pese a elaboração das leis não ficar engessada a formalismos demasiadamente exigidos, podendo simplificar ou atenuar a forma dos atos processuais[133] – e sua decorrente fundamentação – de acordo com as exigências do procedimento a ser seguido, mas nunca excetuar o necessário ato de fundamentar.[134]

E não poderia ser diferente. Ao se buscar as razões e as finalidades de tamanho grau de zelo para justificar a inclusão da fundamentação das decisões judiciais na seara constitucional, inclusive com seus reflexos em todo o arcabouço legislativo ordinário, verifica-se que suas bases são encontradas tanto em diretrizes estabelecidas dentro do certame processual como também fora das dimensões do processo a fim de contornar, inadvertidamente, decisões arbitrárias.[135]

E como razão primária à necessidade de fundamentação das decisões judiciais – despida a afirmação de qualquer trocadilho de importância – não há como fugir da conclusão de que se encontra espelhada na dimensão *endoprocessual*, pois possibilita aos figurantes do processo o conhecimento dos motivos de convencimento que levaram o julgador a tomar a decisão; isso sem esquecer o controle direto, motivando eventuais questionamentos aos tribunais superiores. A fundamentação, pois, garante a impugnação concretizada no exercício do direito acusatório ou no de defesa, os quais podem apenas ser exercidos uma vez utilizados métodos claros de justificação.

A propósito, o exercício do direito da acusação e da defesa é concretizado apenas de forma eficaz quando se sabem os motivos que levaram o julgador a adotar determinada posição, estabelecendo-se

---

[133] Nesse sentido, o TEDH já se manifestou que a fundamentação pode variar de acordo com a natureza da decisão à luz das circunstâncias do caso. Cf.: Case of GARCÍA RUIZ vs. SPAIN [Application no. 30544/96], Judgment, Strasbourg, 21 January 1999. Da mesma forma, v. MENDES Gilmar Ferreira; STRECK, Lenio Luiz. In CANOTILHO, J. J. Gomes; MENDES, Gilmar F.; SARLET, Ingo W.; STRECK, Lenio L. (coord.), *Comentários à Constituição...*, cit., p. 1324.

[134] Dessa maneira, v. LOPES, José António Mouraz. *A fundamentação da sentença...*, cit., pp. 95-96; LOPES, José António Mouraz. "A decisão judicial: o processo de fundamentação". In AA.VV. *Linguagem, argumentação e decisão judicial*. (coord. Rui do Carmo). Coimbra: Coimbra Editora, [pp. 139-147], 2012, p. 141. Também, no mesmo sentido, é a afirmação do Tribunal Constitucional de Portugal: cf.: Ac. do TC nº 680/1998, de 02 de dezembro de 1998 (Relatora: MARIA DOS PRAZERES PIZARRO BELEZA), processo nº 456/1995.

[135] As razões da fundamentação das decisões judiciais decorrem a partir dos séculos das luzes, de uma situação política concreta advinda com a Revolução Francesa e que estabeleceram grandes modificações nas codificações europeias – da necessidade de contornar decisões arbitrárias a ponto de legitimar o exercício de poder confiado pela sociedade. Sobre o tema, v. TARUFFO, Michele. *La motivazione della sentenza civile*. Padova: CEDAM, 1975, p. 326; LOPES, José António Mouraz. *A fundamentação da sentença...*, cit., p. 132.

contrapontos ao arrazoado.[136] Do contrário, a decisão, despida dos motivos de convencimento, lembraria processo de inspiração kafkiana, tornando inútil qualquer oposição argumentativa dos figurantes do processo.

Mas não é só. O controle posterior realizado pelos tribunais superiores sobre a decisão e seu conteúdo só pode ser efetuado uma vez fundamentado o ato judicial impugnado, seja para analisar a legalidade dos meios probatórios utilizados pelos órgãos judiciais de origem, seja para constatar a racionalidade do juiz na discricionariedade[137] de sua utilização.[138] É nesse momento que são verificadas as razões e as justificativas utilizadas para a decisão tomada, a qual é exposta através de processos de argumentação, sempre lembrando que o puro respeito à lei não garante, isoladamente, a racionalidade da decisão.

No entanto, dentro dos fatores *endoprocessuais* que justificam a necessidade da fundamentação das decisões, não confortaria à Constituição a afirmação de que as decisões despidas de recurso – muitas delas proferidas em tribunais superiores – não exigem justificação. Há de se notar que, sempre e necessariamente, haverá indisponibilidade do dever de fundamentar – independentemente do interesse dos destinatários da decisão possuírem mecanismos de controle[139] – ainda mais

[136] Nesses termos, assevera JOSÉ AUGUSTO FERREIRA SILVA que a fundamentação das decisões traz consigo a garantia do direito ao recurso. E questiona: "como pode recorrer a parte condenada ou vencida, se não sabe exatamente por que o foi? Como formou o tribunal sua convicção? Que provas valorou e quais as que deixou de valorar? Que sentido e alcance atribuiu a dado documento e a dado depoimento? Porque considerou provado um facto e não provado outro?" Cf.: SILVA, José Augusto Ferreira da, "Decisão judiciária: processo de elaboração e fundamentação". In AA.VV. *Linguagem, argumentação...*, cit., [pp. 125-137], p. 133.

[137] Nesses termos, já assentava MALATESTA a necessidade de estabelecer um controle direto sobre a motivação das decisões, pois "sabe-se como a cultura superior e a flexibilidade do engenho de um homem, como o magistrado, habituado à contínua ginástica intelectual, tornam possível, narrando fatos e provas, dar, a uns e outros, uma natureza e um valor não correspondentes à realidade. A motivação, [...] serve de controle por parte da magistratura superior, na hipótese de vários graus de jurisdição". Cf.: MALATESTA, Nicola Framarino Dei. *A lógica das provas em matéria criminal*. 2ª ed. Campinas: Bookseller, 2001, p. 105.

[138] Assim, v. TARUFFO, Michele. *La prueba de los hecho*. 2ª ed., Madri: Editorial Trotta, 2005, p. 436; LOPES, José Antônio Mouraz. *A fundamentação da sentença...*, cit., p. 138. Aliás, nos termos em que apregoa FERRAJOLI, "compreende-se, após tudo quanto foi dito até aqui, o valor fundamental desse princípio. Ele exprime e ao mesmo tempo garante a natureza cognitiva em vez da natureza potestativa do juízo, vinculando-o, em direito, à *estrita legalidade*, e, de fato, *à prova*, das hipóteses acusatórias. É por força da motivação que as decisões judiciárias resultam apoiadas, e, portanto, legitimadas, por asserções, enquanto tais verificáveis e falsificáveis ainda que de forma aproximada; que a 'validade' das sentenças resulta condicionada à 'verdade', ainda que relativa, de seus argumentos; que, por fim, o poder judiciário não é o 'poder desumano' puramente potestativo da *justiça de cádi*, mas fundado no 'saber', ainda que só opinativo e provável, mas exatamente por isso refutável e controlável tanto pelo imputado e sua defesa como pela sociedade". Cf.: FERRAJOLI, Luigi. *Direito e razão...*, cit., p. 497.

[139] Consigna-se a existência no direito brasileiro, há muito já preconizada pelos tribunais, da inexistência de nulidade diante da ausência de fundamentação quanto à dosimetria da pena venha alcançar, na análise do artigo 59 do CP, o mínimo legal. Assim, v. STJ, HC 200.760/SP, Rel. Mi-

quando em causa estar-se-ão a cumprir também suas finalidades *extra-processuais*.[140]

Nesse sentido, encontrando-se os Estados democráticos a permitir um controle da administração da justiça,[141] a fundamentação das decisões judiciais não poderia ficar oculta ao conhecimento da sociedade, o que torna necessária a publicidade[142] de seus atos para informação de todos.[143] Aqui se encontra em causa não um "auditório restrito", mas um "auditório universal" uma vez que atinge não apenas os destinatários diretos da decisão "como também o auditório geral constituído pela opinião pública, pelo povo como entidade ou razão fundamental e legitimadora do exercício da função judicial".[144]

A publicidade, já assinalava BENTHAM, "é a alma da justiça".[145] Sem ela de nada adiantaria a fundamentação das decisões se a própria atividade jurisdicional não pudesse ser sindicada. Não fosse assim, o público externo ficaria privado do conhecimento das razões pelas quais se chegou a determinado pronunciamento judicial, ficando mitigada

---

nistra LAURITA VAZ, Quinta Turma, julgado em 13/08/2013 e Apelação Crime nº 286072103, Quarta Câmara Criminal, Tribunal de Alçada do RS, Relator: JOSÉ EUGÊNIO TEDESCO, julgado em 10/12/1986.

140 Assim v. LOPES, José António Mouraz. *A fundamentação da sentença...*, cit., pp. 93-94. Do mesmo modo, LOPES, José António Mouraz. A decisão judicial: o processo de fundamentação". In AA.VV. *Linguagem, argumentação...*, cit., p. 140.

141 Dessa maneira, cf.: CANOTILHO, J. J. Gomes. *Direito constitucional...*, cit., p. 667.

142 Para que a fundamentação das decisões alcance seu desiderato de mecanismo de controle da atividade jurisdicional, efetivamente, deve ser pública. Com isso, não se retiram, de forma excepcional, limitações e restrições à sua publicidade, ainda mais quando vier a resguardar interesse de ordem também constitucional, em especial, quando existam lesões a direitos e garantias fundamentais. Desse modo, cf.: LOPES, José António Mouraz. *A fundamentação da sentença...*, cit., pp. 101-103. Com efeito, a publicidade das decisões judiciais ganha relevo especialmente na análise da dimensão extraprocessual da fundamentação das decisões, influenciando, inclusive, o ato de melhor fundamentar situações de repercussão social. Não é por menos que MALATESTA já apontava a necessidade de julgamentos públicos, a dizer: "Entre aquelas mil cabeças sem nome, da multidão que se espalha pela sala do juízo, o juiz temerá sempre a superioridade de um observador mais atento e uma inteligência mais aguda, prontos a observar e julgar melhor que ele. Entre mil cabeças sem nome, o juiz temerá sempre uma consciencia mais serena e lucidamente justa, pela qual ele, juiz, poderá ser julgado e condenado. E o juiz, sob a influência salutar deste temor, por-se-á em guarda contra suas possíveis prevenções, defender-se-á das suas próprias fraquezas, será circunspeto no cumprimento de seus deveres e só procurará ter em vista a verdade e a justiça". Cf.: MALATESTA, Nicola Framarino Dei. *A lógica das provas...*, cit., p. 106.

143 Certamente que nem todos os atos processuais devem e podem ser públicos, principalmente quando atingem direitos invioláveis, como a intimidade, a vida privada, a honra e a imagem das pessoas.

144 Assim, cf.: LOPES, José António Mouraz. *A fundamentação da sentença...*, cit., p. 142. Sobre a responsabilidade social dos juízes e o controle popular sobre a justiça, v. FERRAJOLI, Luigi. *Direito e razão...*, cit., pp. 481-482.

145 Cf.: BENTHAM, Jeremías. *Tratado de las pruebas judiciales*. vol. I, Buenos Aires: EJEA, 1969, p. 140. Do mesmo modo v. FERRAJOLI, Luigi. *Direito e razão...*, cit., p. 493.

qualquer análise sobre a independência jurisdicional dos juízes, bem como abusos e arbitrariedades por eles praticados.[146]

Emerge, portanto, que decisão judicial seja "transparente" tanto no que concerne à sua estrutura como ao modo em que é proferida, a ponto de tornar possível que o público em geral fiscalize a atividade própria do Estado e, ao mesmo tempo, tome conhecimento das interpretações dadas pelos tribunais na aplicação da lei.[147]

Com efeito, ao se conhecer a fundamentação das decisões, enaltece-se a legitimidade do ato jurisdicional a ponto de ser possível constatar, através da análise argumentativa, a "correta" aplicação da norma ao fato, suas vicissitudes, somada à apreciação e ao diagnóstico – mesmo que proferido por leigos[148] – da imparcialidade e da independência do ato de julgar; isso sem que se esqueça – de outro modo – a prestação de contas própria do poder público no exercício da atividade jurisdicional.

É verdade que não raro a decisão judicial – principalmente quando do indeferimento de pedidos de segregação provisória – foge às críticas; todas elas, diga-se de passagem – mesmo que destrutivas – concretizadoras de um fator legitimador da própria fundamentação desenvolvida.[149] Ademais, por agir dessa forma, a sociedade está nada mais nada menos do que legitimando a necessidade primordial da fundamentação das decisões, bem como modelando futuros modos de decidir.[150]

Dessa maneira, a fundamentação das decisões – alicerçada em sua completude – é fonte única de interpretação e de valoração da ativida-

---

146 E acrescenta BENTHAM: "Los efectos de la publicidad llegan a su másimum de importancia cuando se consideran en relación a los jueces, ya sea para asegurar su probidad, ya sea para otogar a sus sentencias la confianza pública. Esta publicidad les es necesaria como estímulo, en una carrera llena de penosos deberes, en la que se requieren todas las faculdades de la inteligencia y toda la actividad del espíritu; en la que cada día de abandono significa un triunfo para la injustiça y una prolongación del sufrimento para el inocente. Les es necesaria como freno en le ejercicio de un poder del que es tan fácil abusar". Cf.: BENTHAM, Jeremías. *Tratado de las pruebas...*, cit., p. 140.

147 Cf.: LOPES, José António Mouraz. *A fundamentação da sentença...*, cit., pp. 144-146.

148 Não raro, o pronunciamento social veiculado através da imprensa – televisiva e impressa – distorce a realidade fático-jurídica. Isso se dá, primeiro, pela ausência de conhecimento técnico. Segundo, pela falta de conhecimento de todos dos elementos do processo. Terceiro, e principal, pela falta de fundamentação adequada, pois, do contrário, expondo o conhecimento técnico e as provas existentes, diminuiriam críticas consideráveis às decisões judiciais.

149 Como bem assentou JOSÉ AUGUSTO FERREIRA DA SILVA, não se pode exigir que a decisão traga conforto simultâneo a todos os figurantes do processo ou que agrade a comunidade. Efetivamente, pode ocorrer, inclusive, que todos discordem da decisão. O que não pode existir são dúvidas sobre a lisura do caminho percorrido para a formação da convicção. Cf.: SILVA, José Augusto Ferreira da. "Decisão judiciária: processo de elaboração e fundamentação". In AA.VV. *Linguagem, argumentação...*, cit., p. 132.

150 Assim, v. LOPES, José António Mouraz. *A fundamentação da sentença...*, cit., p. 144.

de judicial. Fonte, aliás, de conhecimento e de controle pelos figurantes processuais, bem como da sociedade.

Observa-se que, em se tratando de prisão temporária – inserta a um procedimento investigativo e com finalidades restritas à investigação criminal –, inexiste qualquer controle prévio – *ex ante* – firmado pelo contraponto dos elementos de provas até então existentes. Dessa maneira, a fundamentação da decisão judicial, ao restringir a liberdade do cidadão, mesmo que temporariamente, engrandece-se de valor diante da exclusiva possibilidade posterior de controle – *ex post* – exercida não só pelos tribunais sobre as razões apresentadas pelo julgador,[151] como também pela sociedade.

No entanto, com isso não se quer dizer que a decisão que restrinja a garantia constitucional da liberdade antes do trânsito em julgado da sentença penal seja exaustiva a ponto de demonstrar o convencimento definitivo do julgador acerca da existência do fato e de sua autoria antes mesmo dos elementos informativos serem submetidos ao crivo do contraditório. A fundamentação, nesse sentido, deve ser completa,[152] mas também apenas necessária, clara, coerente, suficiente[153] e concisa

[151] Nesse sentido, v. TARUFFO, Michele. *La prueba...*, cit., p. 435.

[152] Quanto ao princípio da completude da decisão, deve-se afirmar que o documento pelo qual se justifica a decisão deve ser autossuficiente, completo em si mesmo para ser compreendido do pelos figurantes do processo e pela comunidade. Assim, v. LOPES, José António Mouraz. *A fundamentação da sentença...*, cit., p. 97. Pertinentes ao debate, vêm a ser as decisões *per relationem* aceitas largamente nos tribunais superiores do Brasil [v. STF, RE 599104 AgR, Relator: Min. CELSO DE MELLO, Segunda Turma, julgado em 02/12/2014], mas invariavelmente repreendidas pela doutrina em razão das dificuldades de compreendê-las dentro da necessária dimensão extraprocessual, ainda mais quando – em regra – o público desconhece o texto reportado. Desse modo, cf.: GOMES FILHO, Antônio Magalhães. *A motivação das decisões penais*. 2ª ed., São Paulo: RT, 2013, p. 164; TARUFFO, Michele. *La motivazione della sentenza...*, cit., nota 224, p. 425. Em Portugal, a fundamentação através de remissão também vem sendo aceita pelo seu Tribunal Constitucional: cf.: Ac. do TC nº 147/2000, de 21 de março de 2000 (ARTUR MAURÍCIO), processo nº 56/2000. Com isso, não se quer confundir motivação com prolixidade da fundamentação, mas apenas afirmar que as decisões judiciais devem ser claras e suficientemente compreensíveis, sem retirar a objetividade e a concisão necessárias ao ato jurisdicional. Sobre o assunto, na jurisprudência portuguesa, v. Ac. do TRP, de 09 mar. 2011 (JOAQUIM ARMÉNIO CORREIA GOMES), processo nº 329.09.2PBVRL.P1, *in* CJ nº 229, tomo II/2011; e Ac. do TRL de 05 de fev. 2009 (Relator: FÁTIMA MATA-MOUROS), processo nº 11232/2008-9.

[153] O conceito indeterminado de fundamentação suficiente funciona, na visão de MOURAZ LOPES, como um "conceito operacional operativo". E continua: "o que está em causa, na fundamentação suficiente, é a exigência imposta ao juiz para concretizar as opções efectuadas no contexto da decisão de modo que essa justificação seja compreendida por quem é destinatário directo ou indirecto da sentença". Cf.. Assim, v. LOPES, José António Mouraz. *A fundamentação da sentença...*, cit., p. 214. No entanto, sem que isso signifique, tal qual já se pronunciou o TEDH, resposta detalhada para cada argumento utilizado, pois tal atitude poderá variar conforme a natureza da decisão. Cf.: case of GOROU *vs*. GREECE [Application no. 12686/03] Judgment, Strasbourg, 10 March 2009. Aliás, já se afirmou em Portugal que, quando o juiz reexamina a prisão preventiva, é suficiente a fundamentação que se limita a dizer que não foram alterados os pressupostos que determinaram outrora a medida de coação. Cf.: Ac. do TRE de 14 de jul. 2009 (Relator: ALBERTO BORGES), processo nº 413/06.4JAFAR-A.E1.

a fim de demonstrar,[154] de forma sucinta e pública, os requisitos necessários e concretos à cautela; tudo com o objetivo de justificar a imprescindibilidade da ação do Estado com a segregação pessoal.[155] Não há espaço, portanto, para satisfazer meras argumentações fictícias, genéricas ou que reproduzam apenas os dispositivos legais supostamente incidentes à espécie.

Infelizmente, na prática judiciária, diante do exacerbado número de processos para cada juiz no Poder Judiciário brasileiro – o que não justifica, muito menos conforta, a ausência de fundamentação –, tem-se visto um elevado número de decisões reformadas pelos tribunais superiores[156] a apontarem que a decisão apenas fez considerações abstratas ou reprisou as disposições legais, sem a necessária análise dos fatos concretos que oportunizariam ou não o acautelamento temporário. A propósito, nota de destaque, tal qual faz TARUFFO ao ordenamento jurídico italiano, é que raramente as decisões espelham motivações adequadas sobre os critérios de valoração dos fatos. As motivações, regra geral, reduzem-se a afirmações genéricas, com reprodução probatória, sem que se possam extrair as razões críticas sobre a valoração dos fatos.[157]

Na verdade, o que se deve fazer a fim de sustentar um princípio de tal envergadura é encontrar um equilíbrio de tal forma a não onerar demasiadamente os tribunais em despender tempo exagerado no convencimento dos figurantes do processo e da sociedade, bem como – e do mesmo modo – não lesar individualmente os destinatários diretos e a sociedade da correta e fundamental possibilidade fiscalizatória contra as decisões judiciais arbitrárias.

A fundamentação das decisões judiciais – especialmente quando em análise decisões que determinam aprisionamentos provisórios – seja em sua faceta *endoprocessual*, seja na sua dimensão *extraproces-*

---

[154] Tal qual assinala TARUFFO, que não se exclui que o discurso carregue consigo caráter "retórico-persuasivo", característica secundária e não essencial, mas o necessário é que a motivação justifique racionalmente a decisão. Cf.: TARUFFO, Michele. "Considerazioni su prova e motivazione". *Revista de processo*. ano 32, nº 151 (set. 2007), [pp. 229-240], p. 237.

[155] Registra-se que o Supremo Tribunal Federal já se posicionou no sentido de que a fundamentação exigida no artigo 93, inciso IX, da CF não oportuniza análise sobre estar ou não correta a decisão. Assim, v. STF, HC 125400 AgR, Relator: Min. CÁRMEN LÚCIA, Segunda Turma, julgado em 16/12/2014.

[156] Assim, v. STJ, RHC 106.559/RJ, Rel. Ministra LAURITA VAZ, Sexta Turma, julgado em 19/11/2019; STJ, RHC 35.788/MG, Rel. Ministra MARIA THEREZA DE ASSIS MOURA, Sexta Turma, julgado em 18/11/2014; STJ, HC 286.981/MG, Rel. Ministra LAURITA VAZ, Quinta Turma, julgado em 18/06/2014; STJ, AgRg no HC 142.301/SP, Rel. Ministro ROGERIO SCHIETTI CRUZ, Sexta Turma, julgado em 20/03/2014.

[157] Assim, cf.: TARUFFO, Michele. *La prueba...*, cit., pp. 436-437. Do mesmo modo, assevera NEREU JOSÉ GIACOMOLLI não ser suficiente mera demonstração dos fatos existentes nos autos, mas demonstração racional e argumentativa da situação jurídico-criminal posta. Cf.: GIACOMOLLI, Nereu José. *O devido processo...*, cit., p. 214.

sual – traz consigo elementos de legitimação indispensável ao sistema jurídico e que vem fortalecer os Estados democráticos modernos, bem como o próprio princípio da presunção de inocência. Não há como esquecer que a fundamentação deve ser sempre construída com amparo nas situações concretas da vida e nas necessidades impostas pelo contexto social, justificadamente.[158]

1.6.2. *Princípio da acessoriedade*

Uma das desilusões do estudo dos provimentos cautelares no processo penal é a constatação de que não há construções ou conhecimentos adquiridos de forma autônoma e livre, orelhano das raízes civilistas. Buscaram-se sempre – e ainda se faz menção – conceitos arraigados e alheios ao processo penal, o que acarreta dificuldade de compreensão dada a facilidade de imiscuir institutos reconhecidamente diferentes. E isso se dá, efetivamente, com a acessoriedade dos provimentos cautelares.

Sabe-se que as medidas cautelares penais buscam garantir – assegurar – o desenvolvimento de algo. E aqui, especificamente, em se tratando de prisão temporária, buscam garantir o inquérito. Não almejam assegurar o "bem da vida" diante do – não raro – lento tramitar procedimental. Desejam, sim, assegurar algum resultado ileso, importante e *imprescindível* a uma situação matriz que depende dos meios assecuratórios para sua sobrevivência ou, por que não, para sua eficiência.[159]

Portanto, não existem medidas cautelares autônomas e desvinculadas de um corpo principal a ponto de gerar um processo assecurativo isolado. Tais medidas fazem necessariamente parte de uma estrutura procedimental matriz e subsistem enquanto durar a situação que as geraram[160] a fim de alicerçar a lisura e o desempenho hígido de sua fonte principal.[161]

---

[158] O juiz, assevera RUI PORTANOVA, "é um agente político do Estado e do Poder. Foi estabelecido nessa função por critérios estabelecidos na Constituição e mediante forma legal. O Juiz deve ser a expressão da democracia. Diante disto, não há razão para enclausurar o julgador em cubículos formais de procedimento, sem liberdade de movimentação, e com pouquíssima liberdade criativa [...]. Fragmentar o fato, atribuindo-lhe repercussão unicamente jurídica, afronta a concepção de Estado, pois ao tratar cada problema como questão isolada acaba-se por fragmentar também a função regulatória do Poder [...]. Aqui, a imparcialidade do Juiz é vista juntamente com a completa independência a ponto de não ficar sujeito, no julgamento, a nenhuma autoridade superior: 'no exercício da jurisdição, o Juiz é soberano. Não há nada que a ele se sobreponha. Nem a própria lei, embora esta procure fazer limitações ao poder de julgar' [...]". Cf.. PORTANOVA, Rui. *Motivações ideológicas da sentença*. 4ª ed., Porto Alegre: Livraria do Advogado, 2000, pp. 122-123.

[159] A luta prematura contra a criminalidade esquece a acessoriedade dos provimentos cautelares, não respeita o princípio da presunção de inocência e trata provimentos de segregação como antecipação da pena. Nesse sentido, v. HASSEMER, Winfried. *Crítica al derecho...*, cit., p. 119.

[160] Não há espaço à afirmação de que existe processo cautelar autônomo. O que há são medidas cautelares acessórias em que se buscam pretensões assecutarórias. Sobre o tema, v. SANGUINÉ,

Trata-se, com efeito, de provimento incidental, acessório, instrumental,[162] auxiliar, sem vida extrauterina e com higidez determinante apenas às situações de perigo criadas pelo próprio imputado em desconsideração – e, muitas vezes, com desdém até – ao curso da investigação, em se tratando aqui – de forma específica –, da prisão temporária.

Nunca é demais enfatizar que as medidas cautelares, independentemente da perspectiva pela qual forem analisadas, sempre serão assecurativas, acessórias e limitadas às necessidades do desenrolar incólume de algo ainda não desenvolvido em sua plenitude, mas de seu interesse.

1.6.3. Princípios da provisoriedade e da provisionalidade

As medidas cautelares, além de possuírem aspecto acessório ao processo de conhecimento – e aqui especificamente ao inquérito –, possuem vigência apenas por um determinado período de tempo [provisoriedade] e enquanto permanecerem hígidas as circunstâncias fáticas e situacionais que autorizam o aprisionamento cautelar [provisionalidade/contemporaneidade].

Por natureza, as medidas cautelares são provisórias e provisionais,[163] estabilizando-se apenas e enquanto perdurar sua função acautelatória instrumental particularizada ao bom andamento investigativo ou do processo.[164] São, dessa forma, submissas à precariedade[165] desenvolta na regra *rebus sic stantibus.*

Odone. *Prisão cautelar...*, cit., p. 695; LOPES JR., Aury. *Direito processual...*, cit., pp. 806-807; ISASCA, Frederico. "A prisão preventiva e restantes medidas de coacção". In AA.VV. *Jornadas de direito processual penal e direitos fundamentais...*, cit., p. 108; FERNANDES, Antônio Scarance. *Processo penal...*, cit., pp. 285-286.

[161] Sobre a necessária vinculação da prisão temporária ao inquérito policial, v. STJ, RHC 79.894/RJ, Rel. Ministra MARIA THEREZA DE ASSIS MOURA, Sexta Turma, julgado em 03/08/2017.

[162] Nesses termos, refere TERESA ARMENTA DEU que a prisão provisória ostenta traços de instrumentalidade, evitando-se que a prisão acautelatória seja um fim em si mesma e "obriga a configurá-la como mero instrumento para fazer efetivos os fins cuja obtenção a justifica". Cf.: ARMENTA DEU, Teresa. *Lecciones de derecho...*, cit., p. 179. Do mesmo modo, v. ASENCIO MELLADO, José Mª. *Derecho procesal penal.* 6ª edición, Valencia: Tirant lo blanch, 2012, pp. 197-198.

[163] A terminologia empregada – provisória e provisional – não se equipara. A provisoriedade refere-se ao limite temporal da medida coercitiva pessoal, ao passo que a provisionalidade diz respeito ao caráter precário da segregação realçada pela situação acautelanda. Sobre a diferenciação do princípio da provisoriedade e da provisionalidade v. WEDY, Miguel Tedesco. *Eficiência e prisões cautelares.* Porto Alegre: Livraria do Advogado, 2013, pp. 68-70.

[164] Nas palavras de NEREU JOSÉ GIACOMOLLI, "as medidas cautelares são situacionais, sustentáveis enquanto a situação fática continuar integrando a motivação legal". Cf.: GIACOMOLLI, Nereu José. *Prisão, liberdade...*, cit., p. 32. Sobre o princípio da provisoriedade v. LOPES JR., Aury. "Fundamento, requisito e princípios gerais das prisões cautelares". *Revista da Ajuris.* nº 72, ano XXV, (março de 1998), [pp. 219-238], pp. 229-235

[165] A instabilidade da decisão é elemento marcante da prisão provisória. Aliás, ao falar sobre a prisão preventiva, MANUEL CAVALEIRO DE FERREIRA já apontou que "a prisão preventiva

Pode-se perceber, com isso, que intimamente ligada à provisionalidade encontra-se a atualidade do perigo. Ora, para ser possível a constrição cautelar pessoal exige-se a contemporaneidade dos motivos diagnosticados como relevantes ao aprisionamento. Não há, portanto, espaço à prisão quando estão em análise situações de longa data à representação, ao requerimento ou à decisão que vierem examinar a necessidade do cárcere provisório e que não justifiquem riscos que se pretenda evitar.[167] Na verdade, por se tratar de medida cautelar que assegura o resultado útil da investigação para posterior oferecimento de denúncia, devem-se resguardar riscos atuais e decorrentes do *status libertatis* do suspeito/indiciado a fim de conservar um estado de fato existente à época em que se requer o pronunciamento judicial cautelar. Nesse sentido, quanto mais tempo passar entre a data do comportamento inadequado e observado como apto ao encarceramento, mais desnecessária mostrar-se-á a prisão.

Não se está a observar, no entanto, quando se fala em provisionalidade/contemporaneidade, uma taxatividade decorrente do simples transcurso cronológico do tempo entre a época do fato, a situação diagnosticada como justificadora e a data da decisão que vier a decretar a segregação cautelar. Deve-se analisar, diante dos elementos apresenta-

---

é, portanto, por natureza precária". Cf.: FERREIRA, Manuel Cavaleiro de. *Curso de processo penal*. vol. 1º, Lisboa: Editora Danubio LDA., 1986, p. 248. A apontar a precariedade como uma das características das medidas de coação v. OLIVEIRA, Odete Maria de. "As medidas de coacção no novo Código de Processo Penal". In AA.VV. *Jornadas de direito processual penal. O novo...*, cit., [pp. 195-190], p. 169; ISASCA, Frederico. "A prisão preventiva e restantes medidas de coacção". In AA.VV. *Jornadas de direito processual penal e direitos fundamentais...*, cit., p. 108.

166 Desse modo, cf.: GIMENO SENDRA, Vicente. *Derecho procesal...*, cit., p. 560; ASENCIO MELLADO, José Maria. *Derecho procesal...*, cit., p. 198; SANGUINÉ, Odone. *Prisão cautelar...*, cit., p. 695; AVENA, Norberto. *Processo penal*: esquematizado, 5ª ed., Rio de Janeiro: Forense, 2013, p. 832. Na jurisprudência do Brasil, v. STJ, RHC 37.377/SP, Rel. Ministra MARIA THEREZA DE ASSIS MOURA, Sexta Turma, julgado em 09/12/2014. Em Portugal, as decisões não fogem ao enunciado: v. Ac. do TRC de 05 de jun. 2013 (Relator: MARIA JOSÉ NOGUEIRA), processo nº 203/10.0JELSB-A.C1. Não se chega, no entanto, a afirmar que a decisão se encontra blindada pela imutabilidade na forma disciplinada pela jurisprudência do país coirmão ao estabelecer que "em caso algum pode o juiz, sem alteração dos dados de facto ou de direito, 'repensar' o despacho anterior ou, simplesmente, revogar a anterior decisão" [cf.: Ac. do TRL de 13 de out. 2009 (Relator: JOSÉ ADRIANO), processo nº 117/08.3SHLSB-A.L2-5], pois o pronunciamento judicial "adquire força de caso julgado" [cf. Ac. do TRL de 23 de jan. 2009 (Relator: MARIA DO CARMO FERREIRA), processo nº 2210/12.9TASTB-L.L1-9]. Sobre o tema, v. também, Ac. do TRG de 12 de jan. 2015 (Relator: ANTÓNIO CONDESSO), processo nº 93/10.2TAMDL-A.G1; e Ac. do TRE de 13 de ago. 2010 (Relator: JOÃO NUNES), processo nº 48/10.7PATNV-A.E1. Na doutrina, v. ANTUNES, Maria João. *Direito processual...*, cit., pp. 141-142.

No entanto, em se tratando de provimento cautelar – sem análise de mérito –, salvo melhor juízo, nada inibe a retratação da decisão ao acolherem-se os argumentos defensivos, ainda mais quando pende cotidianamente sobre a cabeça do ser humano a espada da falibilidade.

167 Nesse sentido, v. STJ, HC 574.582/RJ, Rel. Ministro SEBASTIÃO REIS JÚNIOR, Sexta Turma, julgado em 23/06/2020; STJ, AgRg no RHC 122.687/SP, Rel. Ministro NEFI CORDEIRO, Sexta Turma, julgado em 16/06/2020; STJ, HC 553.029/MG, Rel. Ministro SEBASTIÃO REIS JÚNIOR, Sexta Turma, julgado em 02/06/2020.

dos, se ainda há efetivo receio de um ileso desenrolar processual e, no caso da prisão temporária, de um desdobrar investigativo. Há de se verificar, portanto, se permanecem hígidas as circunstâncias situacionais que autorizam o aprisionamento cautelar ou sua manutenção. Deve-se constatar se há relação de *atualidade* na postura do indiciado apta a servir de supedâneo à segregação cautelar.[168]

Em se tratando de prisão temporária – e até mesmo da prisão preventiva –, não podem ser analisados unicamente os elementos retrospectivos com olhares prospectivos. Deve ser verificada com periodicidade, e já ultrapassado certo transcurso de tempo,[169] a atualidade, ou seja, se ainda persistem os elementos de outrora [provisionalidade/contemporaneidade] principalmente quando a segregação ocorreu para fins do inquérito policial.[170]

Dentro dessa dinâmica, portanto, as medidas cautelares estabelecidas, a qualquer momento, podem ser revogadas, modificadas [com imposições mais severas – cumuladas ou não – ou atenuadas] ou ainda novamente decretadas caso a situação acautelanda superveniente exigir. Sempre lembrando, ainda assim, em caso de agravamento ou decretação de nova medida cautelar, a necessidade de provocação da autoridade policial ou do representante do Ministério Público.[171]

Consigna-se que as medidas cautelares não se estendem – em se tratando de prisão temporária, tal qual a sentença definitiva em que se estabelece uma barreira intransponível à situação a acautelar – para além do oferecimento da denúncia, pois medida pertinente apenas ao desfecho investigativo nos exatos termos previstos na Lei nº 7.960/89.

---

[168] A mera cronologia de tempo entre a data do fato e a decretação da prisão não é elemento considerado pela jurisprudência do Superior Tribunal de Justiça, devendo ser analisada, diante da situação concreta, se a cautelaridade ainda é pertinente. Cf.: STJ, HC 479.227/MG, Rel. Ministro NEFI CORDEIRO, Sexta Turma, julgado em 12/03/2019; STJ, AgRg no HC 561.005/SP, Rel. Ministro ANTONIO SALDANHA PALHEIRO, Sexta Turma, julgado em 16/06/2020; STJ, HC 554.475/SP, Rel. Ministro JOEL ILAN PACIORNIK, Quinta Turma, julgado em 16/06/2020; STJ, HC 563.798/RJ, Rel. Ministro NEFI CORDEIRO, Sexta Turma, julgado em 09/06/2020; STJ, HC 573.453/DF, Rel. Ministro ANTONIO SALDANHA PALHEIRO, Sexta Turma, julgado em 19/05/2020; STJ, HC 491.784/CE, Rel. Ministro NEFI CORDEIRO, Sexta Turma, julgado em 02/04/2019.

[169] A depender do fato concreto, não se deve estabelecer um lapso temporal certo e determinado para análise da permanência da contemporaneidade da medida. No entanto, agora com a nova redação do artigo 316, parágrafo único, do CPP, incluído pela Lei nº 13.964/2019, há caminho a ser seguido, recomendando a análise dos decretos prisionais, mesmo que pendentes de cumprimento, nesse período, ou outro tempo determinado na unidade jurisdicional. O que não parece correto é manter a expedição de mandado de prisão sem análise periódica das circunstâncias contemporâneas da ordem.

[170] Sobre o assunto, v. STJ, HC 383.855/PB, Rel. Ministro NEFI CORDEIRO, Sexta Turma, julgado em 30/03/2017.

[171] Quanto ao equívoco legislativo – artigo 282, § 4º, do CPP – em possibilitar a decretação de medidas mais gravosas de ofício pelo juiz mesmo diante da quebra do princípio acusatório, da imparcialidade e da inércia da atividade jurisdicional, v. LOPES JR., Aury. *Direito processual...*, cit., p. 813.

De toda sorte, qualquer prisão mantida com desprezo à provisionalidade/contemporaneidade ou à provisoriedade, na lição de AURY LOPES JR., deve ser considerada ilegal, "não apenas pela falta de fundamento que a legitime, mas também por indevida apropriação do tempo do imputado".[172]

1.6.4. *Princípio da preferibilidade*

A primeira opção [*prima ratio*] entre as medidas cautelares a serem utilizadas deve ser aquela menos lesiva aos direitos fundamentais, desde que, e sempre, com a mesma eficiência desejada para o acautelamento da situação concretamente vivenciada e que oportunizaria a segregação provisória.

Nesse sentido, a análise deve progredir, vagarosamente, ao exame de cautelares menos rígidas, observando-se suas possibilidades, suas implicações e cumulações menos gravosas, para, só então, dispensadas as hipóteses existentes – sempre diante da análise da situação concreta[173] – utilizar medida restritiva mais drástica.[174]

Mas não é só. Uma vez verificada a possiblidade de ser aplicada uma ou mais medidas cautelares diversas da prisão, haverá necessidade de observar individualmente e já de início [se possível essa análise prospectiva] – dentro dos limites da provisoriedade e da provisionalidade – eventual tempo necessário à restrição, bem como revisar, periodicamente, os limites da acautela, sua necessidade e sua adequada permanência a cumprir a finalidade assecurativa que se pretende.

Caso não haja esse juízo *valorativo* individual, cumulativo entre as medidas cautelares diversas da prisão, bem como análise periódica da situação, e caso o juiz venha a estabelecer providência cautelar mais gravosa que a necessária aos fins que se pretende, a medida aplicada

[172] Cf.: LOPES JR., Aury. *Direito processual*..., cit., p. 812.

[173] Quando da análise da situação concreta, cabe ao juiz ter em conta não apenas as circunstâncias que oportunizam a adoção de medidas acautelatórias, mas também ponderar na sua aplicação, levando em consideração fatores subjetivos, tais como idade, situação familiar, atividade profissional, local de moradia, saúde, entre outros fatores que possam indicar os limites da restrição a ser aplicada. Desse modo, v. ISASCA, Frederico. "A prisão preventiva e restantes medidas de coacção". In AA.VV. *Jornadas de direito processual penal e direitos fundamentais*..., cit., p. 109. Ademais, na forma em que decidiu o Tribunal de Justiça do Estado do Rio Grande do Sul, "eventuais problemas administrativos, tais como falta de estrutura do Poder Judiciário, significativo trabalho cartorário e ausência de ferramenta no Sistema de Informática de controle de apresentações, não podem servir como óbice para a aplicação de medidas cautelares diversas da prisão". Cf.: Recurso em Sentido Estrito, nº 70067234724, Quinta Câmara Criminal, Tribunal de Justiça do RS, Relator: Lizete Andreis Sebben, Julgado em: 16-12-2015.

[174] Assim, v. HASSEMER, Winfried. *Crítica al derecho*..., cit., pp. 120-121.

deve ser considerada sem justa causa, vindo a caracterizar constrangimento ilegal.[175]

A preferibilidade das medidas cautelares menos lesivas decorre do princípio da proporcionalidade e relaciona-se com a excepcionalidade da prisão provisória.

1.6.5. *Princípio da excepcionalidade*

Se as medidas cautelares são *acessórias* ao procedimento principal, *provisórias e provisionais* ao tempo e aos requisitos exigidos para um desfecho equitativo, bem como regidas pelo princípio da *preferibilidade* das imposições menos gravosas, não há como fugir da conclusão de que as medidas privativas de liberdade ostentam características de *excepcionalidade*[176] a tutelarem situações concretas[177] efetivamente extraordinárias.[178] A propósito: em se tratando de prisão temporária nos moldes regidos pela legislação brasileira, a adjetivação ainda se engrandece a ponto de chegar-se à conclusão de tratar-se de medida extremamente excepcional aplicável apenas e quando imprescindível[179] à conclusão da investigação.

O alicerce da prisão temporária, por se tratar de medida drástica, encontra-se apenas como última razão, a saber, como última medida

---

[175] Desse modo, v. CAPEZ, Fernando. *Curso de processo penal.* 21ª ed., São Paulo: Saraiva, 2014, p. 351.

[176] Em várias codificações, o princípio da excepcionalidade encontra-se previsto. Assim se dá na legislação brasileira no § 6º do artigo 282: "A prisão preventiva somente será determinada quando não for cabível a sua substituição por outra medida cautelar [...]". Artigo 28º.2, da Constituição de Portugal: "A prisão preventiva tem natureza excepcional, não sendo decretada nem mantida sempre que possa ser aplicada caução ou outra medida mais favorável prevista em lei". Artigo 193º.2 do CPP Português relativamente à subsidiariedade da obrigação de permanência na habitação e da prisão preventiva: "A prisão preventiva e a obrigação de permanência na habitação só podem ser aplicadas quando se revelarem inadequadas ou insuficientes as outras medidas de coacção". Artigo 202º.1 da mesma legislação lusitana: "Se considerar inadequadas ou insuficientes, no caso, as medidas referidas nos artigos anteriores, o juiz pode impor ao arguido a prisão preventiva [...]". Da mesma forma, consta no artigo 9º.3 do Pacto Internacional dos Direitos Civis e Políticos (PIDCP) que [...] "A prisão preventiva de pessoas que aguardam julgamento não deverá constituir a regra geral [...]".

[177] Tal qual apregoa JOSÉ MARIA ASENCIO MELLADO, a excepcionalidade da prisão provisória não conduz à imposição automática ou a enunciados abstratos da necessidade da medida. Deve ser vista diante da ocorrência de individualizados e concretos motivos que justifiquem sua aplicação. Cf.: ASENCIO MELLADO, José Maria. *Derecho procesal...*, cit., p. 197.

[178] Nesse sentido, v. STF, Inq 3842 AgR-segundo-AgR, Relator: Min. DIAS TOFFOLI, Primeira Turma, julgado em 07/10/2014; STF, HC 121622 AgR, Relator: Min. CELSO DE MELLO, Segunda Turma, julgado em 08/04/2014.

[179] Acrescenta NORBERTO AVENA que a aplicação das medidas restritivas elencadas no artigo 319 do CPP não decorrem da previsão do princípio da excepcionalidade previsto no artigo 282, § 6º, do mesmo Diploma Legal, mas sim da própria imposição da imprescindibilidade da prisão temporária. Cf.: AVENA, Norberto. *Processo penal...*, cit., p. 844.

emergencial que poderá ser imposta pelo Estado para salvaguardar interesses comunitários igualmente relevantes e indispensáveis. Somente pode ser decretada, portanto, quando todas as medidas alternativas ao cárcere provisório não puderem ser aplicadas, quando todos os recursos legais para inibir o aprisionamento não forem apropriados e quando não mais existirem resquícios viáveis da manutenção da liberdade.[180]

Isso significa dizer, indiscutivelmente, que se deve apregoar e empregar o instrumento acautelatório segregacional como fator de civilidade e de fortalecimento da própria liberdade individual, ou seja, como última opção ao aprisionamento,[181] sabendo-se que este fica destinado sempre a situações em que a própria gravidade da circunstância recusa outras medidas menos agressivas.[182]

1.6.6. *Princípio da referibilidade*

Para ser possível a utilização das medidas cautelares, faz-se necessário que exista uma vinculação concreta entre o direito material e a situação vivenciada, de modo a tornar impertinente a utilização de qualquer espécie cautelar para fatos outros que não aqueles necessários ao procedimento a ele vinculado.

Dito de outro modo, não se justifica a utilização de provimentos assecurativos para acautelar outras situações vivenciadas em outras circunstâncias, tal como impor medidas cautelares diversas da prisão ou até mesmo decretar a prisão provisória de certo e determinado indivíduo – indiciado pelo crime de homicídio – para albergar situação concreta à imprescindibilidade de investigação ao crime de tráfico de drogas.[183]

A prisão deve ter por referência os exatos elementos que serviram à representação ou ao requerimento, e não outras investigações porventura em andamento. Os elementos imprescindíveis e concretos estão, pois, unicamente no fato analisado.

---

180 Há quem, como NORBERTO AVENA, subdivida o princípio da excepcionalidade em *excepcionalidade geral e excepcionalidade restrita*. A primeira decorreria da observância dos requisitos legais e da observância dos princípios constitucionais. Já a segunda, viria relacionada à supletividade do provimento privativo de liberdade diante das existências de outras medidas cautelares diversas da prisão. Cf.: AVENA, Norberto. *Processo penal...*, cit., pp. 832-834.

181 Assim, cf.: ARMENTA DEU, Teresa. *Lecciones de derecho...*, cit., p. 179.

182 Já assentou FERAJOLLI a elevação da crise e degeneração da prisão cautelar diante de sua má utilização. Cf.: FERRAJOLI, Luigi. *Direito e razão...*, cit., pp. 619-620. A propósito, no Brasil, a prisão cautelar, afirma AURY LOPES JR., encontra-se efetivamente banalizada, de tal forma que aquilo que era para ser excepcional tornou-se de uso comum e ordinário. Prende-se para tudo, principalmente como tutela de urgência para calar a opinião pública, procurando fatos, posteriormente, para sua legitimação. Cf.: LOPES JR., Aury. *Direito processual...*, cit., pp. 818-819.

183 Sobre o assunto, v. SANGUINÉ, Odone. *Prisão cautelar...*, cit., p. 695.

1.6.7. *Princípio da homogeneidade*

A medida cautelar – imprescindível – utilizada para assegurar ilesa a desenvoltura de determinada situação deve ser idônea à efetividade da tutela condenatória outorgada em eventual sentença. Assim, não há lugar para privações de liberdade provisórias quando se constata que o próprio desfecho da ação não autoriza a segregação definitiva. A medida escolhida, portanto, deve ser homogênea.

Nesse sentido, não podem ser esquecidas as hipóteses segundo as quais a própria reprimenda penal não enseja – diante das possibilidades de substituição previstas na legislação – penas privativas de liberdade.[184] O resultado do processo não pode ser inferior à medida adotada para acautelar a própria situação vivenciada.

Com efeito, se, para aplicação de medida cautelar privativa de liberdade, deve-se projetar o resultado de eventual processo, essa representação não autoriza a utilização daquilo que o próprio legislador considerou inapropriado de aplicação final. Seria um verdadeiro absurdo imaginar noutro sentido: que, antes da sentença condenatória – ou antes mesmo do oferecimento da denúncia no caso da prisão temporária –, o acusado pudesse sofrer restrição mais grave que a eventual pena aplicada, seja em termos quantitativos, seja em dimensões de intensidade.[185]

E, nesse cenário, não calham palavras que o prognóstico somente poderá ser verificado após a instrução probatória ou no momento da sentença, uma vez que não caberia ao juiz ou aos tribunais exercícios de futurologia. Ora, como se verá, fazendo-se necessário o indiciamento em um dos crimes previstos em lei, somado à análise da vida pregressa e dos antecedentes do suspeito/indiciado, dificilmente não se verificam os marcos do eventual apenamento aplicado no caso de a pretensão ministerial ser bem-sucedida. Aliás, não é segredo que qualquer juiz – sem exercícios de futurologia – faz prognósticos, embora sem exatidão, da eventual pena e do hipotético regime carcerário a serem aplicados em ocasional sentença de procedência, mesmo estando ainda nos arrabal-

---

[184] Desse modo, v. ROXIN, Claus. *Derecho procesal...*, cit., p. 114

[185] Sobre o assunto, v. SANGUINÉ, Odone. *Prisão cautelar...*, cit., pp. 696-697; RANGEL, Paulo. *Direito processual...*, cit., p. 900. Na jurisprudência, v. STF, HC 123765, Relator: Min. GILMAR MENDES, Segunda Turma, julgado em 09/12/2014; STF, HC 112731, Relator: Min. GILMAR MENDES, Segunda Turma, julgado em 25/09/2012. Acrescenta-se, ainda, que, em determinadas situações – mesmo que o resultado definitivo não oportunize pena privativa de liberdade –, há possibilidade da utilização de recursos mais gravosos. E isso se dá em situações (a) de descumprimento de medidas já impostas ou (b) em casos de medidas protetivas contra violência doméstica, acautelando, pois, a mulher e a família de eventuais agressões e seus desfechos – não raro – nada aprazíveis. Cf.: SANGUINÉ, Odone. *Prisão cautelar...*, cit., p. 697.

des prematuros das medidas de coação de cunho pessoal.[186] Ao que parece, não se trata de futurologia, mas de coerência.[187] Seja como for, o legislador não fugiu à regra do descaso à homogeneidade da segregação cautelar quando dispôs os crimes passíveis de decretação de prisão temporária. Ora, entre os vários delitos elencados na Lei nº 7.960/89, encontram-se, exemplificativamente, no artigo 1º, inciso III, os crimes contra o sistema financeiro e o crime de quadrilha ou bando – hoje associação criminosa –, hipóteses em que as penas privativas de liberdade são passíveis de substituição por penas restritivas de direitos ou, no máximo, aplicação de regime carcerário não tão gravoso quanto o fechado.

Nessa desatenção legal, possibilitar a prisão de uma pessoa para investigar suposta autoria de um determinado crime e, ao mesmo tempo, observar que muitas vezes não se oportunizará – salvo situações especiais – a prisão definitiva após o trânsito em julgado faz crer a impossibilidade da aplicação do instituto de maneira isolada para alguns dos crimes tipificados, salvo se fatores concretos – insertos a outros crimes cometidos em concurso – alicerçarem a representação da autoridade policial ou requerimento do Ministério Público.

1.6.8. Princípio da proporcionalidade

Mesmo para aqueles que apregoam a legitimidade da prisão cautelar em determinadas circunstâncias, apesar dos firmes propósitos constitucionais sobre a dignidade da pessoa humana e de que ninguém pode ser considerado culpado antes do trânsito em julgado da sentença definitiva, é necessário alicerçar essas legitimações à proporcionalidade dos objetivos almejados.[188] Isso significa dizer que qualquer limitação a direitos, a liberdades e a garantias deve ser feita de maneira adequada,

[186] O Superior Tribunal de Justiça é firme no sentido em não verificar lesão ao princípio da homogeneidade diante da impossibilidade de visualização antecipada de eventual pena e regime carcerário a ser imposto. Desse modo, v. STJ, AgRg no HC 580.216/SP, Rel. Ministro REYNALDO SOARES DA FONSECA, Quinta Turma, julgado em 23/06/2020; STJ, AgRg no HC 539.502/SP, Rel. Ministra LAURITA VAZ, Sexta Turma, julgado em 19/05/2020; STJ, HC 507.051/PE, Rel. Ministro ROGERIO SCHIETTI CRUZ, Sexta Turma, julgado em 22/10/2019; STJ, HC 398.908/MG, Rel. Ministro FELIX FISCHER, Quinta Turma, julgado em 27/06/2017.

[187] Essa coerência de que se fala é diuturnamente vivenciada em varas criminais, ainda mais quando se sabe da sobrelotação do sistema penitenciário e da Súmula Vinculante nº 56 do Supremo Tribunal Federal.

[188] Com isso, denota-se que os princípios da dignidade da pessoa humana e da presunção de inocência e o princípio da proporcionalidade têm incidências distintas no âmbito da segregação cautelar. Em determinadas hipóteses, mesmo que ultrapassadas as barreiras iniciais, a medida prisional acautelatória pode ser desproporcional ao fim de que se destina. Nesses temos, v. LLOBET RODRÍGUEZ, Javier. La reforma procesal penal: un análisis comparativo latinoamericano-alemán. San José, Costa Rica: Escuela Judicial, 1993, pp. 204-206; BONAVIDES, Paulo. *Curso de direito constitucional.* 30ª ed., São Paulo: Malheiros, 2015, p. 436.

necessária e equilibrada nos limites de uma "justa medida",[189] dentro de uma criteriosa e rigorosa análise entre os interesses em jogo a ponto de não degradar ou coisificar o indivíduo com ações fúteis e desproporcionais.[190]

Nesses termos, não só como baliza a fim de delimitar a atividade legislativa, a adoção da proporcionalidade[191] – especialmente em se tratando do aprisionamento temporário – verifica-se como um moderador de poder no momento em que o juiz, diante da situação posta em análise, faz a opção entre a adoção de uma ou outra medida que venha a restringir direitos e garantias individuais, esbarrando sua intervenção quando diagnosticada ser ação do Estado-Juiz desnecessária, excessiva ou arbitrária.[192] Deve, portanto, sem mais nem menos, ser apenas, e tão somente, proporcional.[193]

Para tanto, com intenção de promover uma aplicação justa da medida restritiva de direitos, e na tentativa de se buscar uma garantia de estabilidade, faz-se necessária a utilização de filtros – ou testes – que sucessivamente vão arrefecendo, reduzindo e eliminando críticas à discricionariedade, à indeterminação e ao subjetivismo que conduziria a aplicação do princípio.

Dentro dessa filtragem sucessiva, acentua REIS NOVAIS, vão sendo eliminados, fase a fase, "*os candidatos* relativamente aos quais o apuramento do eventual *excesso* ou *desproporcionalidade* é mais imediata e objetivamente determinável, seleccionando para a última fase só *os candidatos* que já passaram *os testes* da idoneidade e indispensabilidade".[194]

Nesses termos, ao se acomodar a lei ao caso concreto, busca-se evitar uma decisão desproporcionada, pois a simples existência do texto legal não se mostra suficiente para legitimar a intervenção judicial no âmbito dos direitos e das liberdades individuais.[195] Faz-se necessá-

---

[189] Assim, cf.: CANOTILHO, J. J. Gomes. *Direito constitucional...*, cit., pp. 266-270.

[190] Desse modo, v. NOVAIS, Jorge Reis. *As restrições aos direitos...*, cit., pp. 732-733.

[191] No direito português, o princípio da proporcionalidade em sentido amplo encontra respaldo no próprio texto constitucional ao consagrar em seu artigo 18º.2, que "a lei só pode restringir direitos, liberdades e garantias nos casos expressamente previstos na Constituição, devendo as restrições limitar-se ao necessário para salvaguardar outros direitos ou interesses constitucionalmente protegidos".

[192] Assim, cf.: GIACOMOLLI, Nereu José. *Prisão, liberdade...*, cit., p. 38.

[193] A propósito, a ideia de proporcionalidade, já assentou JORGE MIRANDA, "é conatural às relações entre as pessoas: a reação deve ser proporcional à ação. E é, por conseguinte, conatural ao direito: o direito é proporção". Cf.: MIRANDA, Jorge. *Manual de direito constitucional...*, cit., p. 302.

[194] Cf.: NOVAIS, Jorge Reis. *As restrições aos direitos...*, cit., p. 735 [registra-se que as ênfases constam no original].

[195] Desse modo, cf.: MENDES, Gilmar Ferreira. "Questões fundamentais de técnica legislativa". *Revista da Ajuris*. nº 53, ano XXVIII, (nov. de 1991), [pp. 114-138], p. 128.

rio, portanto, que as restrições impostas sejam proporcionais a atender – nos moldes perseguidos pela jurisprudência e pela doutrina contemporânea[196] – aos interesses em conflito.

1.6.8.1. A adequação e a necessidade do meio empregado

No âmbito da persecução criminal, determinadas medidas de cunho acautelatório – inadvertidamente – são consideradas necessárias para proteger e alicerçar a eficácia das investigações, sob pena de perecimento – já na sua origem – do *jus puniendi*, apesar dos princípios constitucionais e processuais-penais que disciplinam a matéria.

E já que no Brasil o cárcere temporário encontra-se instituído, cumpre-se afirmar que é nesse nodal existente entre princípios cautelares, prisão temporária, presunção de inocência e princípio da dignidade da pessoa humana que se insculpem – dentro do princípio da proporcionalidade em sentido amplo – a adequação e a necessidade/exigibilidade do meio empregado – aqui reforçado pelo requisito da imprescindibilidade – para a correta aplicação da medida de coação a fim de que se obtenha equilíbrio com a barreira constitucional da liberdade.

É sabido que, em determinadas circunstâncias, não há como observar o bom andamento de uma ação policial se desprovida de medidas acautelatórias, mesmo que estas venham arrefecer o *status libertatis*. Pode-se até afirmar que há uma inexorável interligação entre os institutos a ponto de se dizer que não raras vezes a investigação necessita de medidas restritivas de direito,[197] sempre visando à realização da justiça e à tentativa de descoberta da verdade material.

É nessa interligação – tensionada sempre pela presunção de inocência e pela dignidade da pessoa humana – que se torna necessária uma espécie de "sensibilidade" no manejo dos meios de coação encontrados à disposição na legislação a fim de que seja descoberto um equilíbrio entre a restrição imposta e a adequação/necessidade ou exigibilidade imprimida pela seara da investigação: uma balança, nas palavras de ALFREDO CASTANHEIRA NEVES, entre direitos, liberdades, garantias e exigências de prevenção.[198]

---

[196] Sobre o assunto, v. GONZALEZ-CUELLAR SERRANO, Nicolas. *Proporcionalidad y derechos fundamentales en el proceso penal*. Madrid: Colex, 1990, pp. 153 e seg.

[197] Desse modo, cf.: CASTANHEIRA NEVES, Alfredo. "Medidas de coação e figuras cautelares afins no âmbito da investigação criminal". In AA.VV. *I Congresso de processo penal*. (coord.: Manuel Monteiro Guedes Valente). Coimbra: Almedina, 2005, [pp. 130-140], p. 139.

[198] Cf.: CASTANHEIRA NEVES, Alfredo. "Medidas de coação e figuras cautelares afins no âmbito da investigação criminal". In AA.VV. *I Congresso de processo...*, cit., p. 140. Do mesmo modo, v. LANFREDI, Luís Geraldo Sant'Ana. *Prisão temporária...*, cit., p. 87.

Nesses termos, é sabido que toda a medida de natureza cautelar pessoal, e em especial a prisão temporária, não se presta para que a sociedade tenha uma resposta rápida ao agir criminoso com facetas de prevenção geral e especial. Não encontra substrato também, no clamor público, na proteção do investigado contra os clamores populares,[199] na credibilidade das instituições, na gravidade da infração ou como medida utilizada para impulsionar a obtenção de provas ainda na seara investigativa ou no decorrer do processo. Jamais, e por fim, pode perseguir objetivo a ponto de ser manejada como meio de antecipação da pena.[200]

Não passa despercebido, no entanto, que, na prática forense, as medidas de coação pessoais vêm ganhando finalidades espúrias, especialmente utilizadas como modo de neutralização, de controle e de exclusão – prevenção especial – ou sendo direcionadas à rápida resposta à quebra da harmonia social; tudo isso com nítida preocupação com a redução do medo instalado nas grandes metrópoles.[201] Há quem diga, inclusive e sobre essa ótica, que o juiz com frequência acaba assumindo o "ego social da justiça", reforçando sua autoimagem como integrante dos anseios sociais contra aquele que se comportou de forma antissocial.[202]

---

[199] A jurisprudência portuguesa não respalda outro sentido, pois considera ilegítima a existência de finalidades de natureza substantiva, retributiva, preventiva, ou mesmo de proteção do arguido contra reações populares. Cf.: Ac. do TRE de 03 de mar. 2015 (Relator: ANA BARATA BRITO), processo nº 1373/14.3PBSTB-A.E1.

[200] Sobre o tema, v. PASTOR, Daniel R. "Las funciones de la prisión preventiva". *Revista de derecho procesal penal.* vol. 1, Santa Fé: Argentina, 2006, [pp. 109-178], pp. 153-159; SANGUINÉ, Odone. *Prisão cautelar...*, cit., pp. 205-212; HASSEMER, Winfried. *Crítica al derecho...*, cit., pp. 117-120. Na jurisprudência alemã, v. BVerfGE 19, 342, de 15.12.1965 in SCHWABE, Jürgen. *Cinquenta anos de jurisprudência do Tribunal Constitucional Federal Alemão.* (org.: Leonardo Martins). Montevideo: Fundación Konrad-Adenauer, 2005, pp. 309-314. Na seara jurisprudencial, v. STF, HC 122057, Relator: Min. DIAS TOFFOLI, Primeira Turma, julgado em 02/09/2014; STF, HC 122057, Relator: Min. DIAS TOFFOLI, Primeira Turma, julgado em 02/09/2014; STF, HC 117285, Relator: Min. TEORI ZAVASCKI, Segunda Turma, julgado em 20/08/2013. Por outro lado, há quem diga – diante da existência de um sistema punitivo integral composto pelo direito penal, pelo direito processual e pelo direito à determinação da pena – que a prisão provisória cumpre funções materiais, especialmente diante de fatos graves e em situações de prova clara em que a condenação parece fora de dúvida. Dessa maneira, em casos em que não há perigo de fuga nem de lesão à veracidade das provas, a prisão cumpria o papel de "reação adequada": uma reação imediata diante da infração, a trazer inclusive efeitos positivos já com o início do cumprimento de um assim denominado "castigo provisório" com posterior cômputo na pena definitiva. Essa função deveria ser conhecida abertamente e não, como o é hoje, dissimulada sob uma falsa etiqueta de prisão provisória. Assim, cf.: FREUND, Georg. "Sobre la función legitimadora de la idea de fin en el sistema integral del derecho penal". In AA.VV. *El sistema integral del derecho penal*: delito, determinación de la pena y processo penal. (eds. Jürgen Wolter e Georg Freund). Madri: Marcial Pons, 2004, [pp. 91-128], pp. 122-126.

[201] Sobre o assunto, v. GARLAND, David. *A cultura do controle*: crime e ordem social na sociedade contemporânea. Rio de Janeiro: Renavan, 2008, pp. 51-54, 56-57 e 380. Do mesmo modo, a asseverar sobre o aumento quase desenfreado e a utilização da prisão provisória arraigada a uma cultura do controle, v. STEVENS, Lonneke. Pre-trial detention: the presumption of innocence and article 5 of the European Convention on Human Rights cannot and does not limit its increasing use. European Journal of Crime. Criminal Law and Criminal Justice. vol. 17, [pp. 165–180], 2009, p. 167.

[202] Desse modo, cf.: SANGUINÉ, Odone. *Prisão cautelar...*, cit., p. 218.

Seja como for, há de se impulsionar limitações às ações dos agentes do Estado contra os anseios sociais aos fins que legitimam a adoção do instituto antes da sentença definitiva, embora os resultados de uma e outra restrição de liberdade sejam materialmente equivalentes[203] – até porque uma se abona com a outra[204] –, caminho não há senão apegar-se à adequação e à necessidade do meio circunscrito à acautelatória imprescindível à investigação – em se tratando de prisão temporária – ou ao processo.

Existirá, desse modo, a obrigatoriedade em se despender do instituto da prisão temporária apenas quando o meio utilizado – ao seu tempo, concreta[205] e individualmente – mostrar-se *adequado*,[206] limitado a uma ideia de "moldura"[207] apta a atingir de forma sensível[208] o fim pretendido. Afere-se, com isso, sua idoneidade dentro de uma conexão material[209] – entre meio e fim – de maneira a contribuir, objetiva ou formalmente, para evitar lesão irreparável à investigação, seja em decor-

---

203 ILLUMINATI, Giulio. *La presunzione d'innocenza...*, cit., p. 38. De fato, a equivalência nas restrições aos direitos fundamentais encontra-se na própria estrutura constitucional, pois orientada à promoção da liberdade, da dignidade e da autonomia individual. Assim, o prejuízo de quaisquer bens constitucionalmente protegidos redunda sempre, direita ou indiretamente – mesmo que ainda remotamente – em prejuízo da liberdade. Sobre o tema, v. NOVAIS, Jorge Reis. *As restrições aos direitos...*, cit., pp. 708-710.

204 Desse modo, v. PASTOR, Daniel R. "Las funciones de la prisión preventiva...", cit., p. 133.

205 Assim, cf.: STF, RHC 83179, Relator: Min. SEPÚLVEDA PERTENCE, Tribunal Pleno, julgado em 01/07/2003.

206 A adequação da medida cautelar a ser utilizada – dentre as várias que constam no ordenamento jurídico – exige compreensão e interpretação objetivas e empíricas entre o meio e o fim, a ponto de se poder afirmar que o meio empregado promove – ou contribui para alcançar – o fim pretendido. Sobre o assunto, v. CANOTILHO, J. J. Gomes. *Direito constitucional...*, cit., pp. 269-270; NOVAIS, Jorge Reis. *As restrições aos direitos...*, cit., pp. 736-741; MENDES, Gilmar Ferreira; BRANCO, Paulo Gustavo Gonet. *Curso de direito constitucional.* 9ª ed., 3ª tiragem, São Paulo: Saraiva, 2014, pp. 225-227; ÁVILA, Humberto. *Teoria dos princípios*: da definição à aplicação dos princípios jurídicos. 14ª ed., São Paulo: Malheiros, 2013, pp. 187-191; SARMENTO Daniel. *A ponderação de interesses na Constituição Federal.* 1ª ed., 2ª tiragem, Rio de Janeiro: Lumen Juris, 2002, pp. 87-88. Na jurisprudência portuguesa v. Ac. do TC nº 176/2000, de 22 de março de 2000 (Relator: BRAVO SERRA), processo nº 349/1999.

207 A ideia de adequação como "ordem-moldura", utilizada como forma de eliminação de meios não adequados, pode ser constatada em ALEXY, Robert. *Teoria dos direitos fundamentais.* 2ª ed., 4ª tiragem, São Paulo: Malheiros, 2015, pp. 588-591.

208 A exigência da adequação e da idoneidade do meio não se considera cumprida apenas e quando sua utilização for realizada integralmente e em plenitude do fim perseguido. Conforta o enunciado "uma aproximação sensível, ainda que parcelar", de modo que, nessa fase, haverá exclusão do meio apenas quando este se mostrar inócuo, indiferente ou até mesmo com efeitos negativos aos fins almejados. Cf. NOVAIS, Jorge Reis. *As restrições aos direitos...*, cit., p. 738. Sobre o assunto, v., também, PIEROTH, Bodo; SCHLINK, Bernhard. *Direitos fundamentais.* São Paulo: Saraiva, 2012, p. 139; BARROS, Suzana de Toledo. *O princípio da proporcionalidade e o controle de constitucionalidade das leis restritivas de direitos fundamentais.* 2ª ed., Brasília: Brasília Jurídica, 2000, p. 78.

209 Desse modo, v. CANOTILHO, J. J. Gomes. *Direito constitucional...*, cit., pp. 257-258; BARROSO, Luís Roberto. *Interpretação e aplicação da constituição*: fundamentos de uma dogmática constitucional transformadora. 3º ed., São Paulo: Saraiva, 1999, p. 218.

rência da supressão ou da ocultação de elementos existentes, seja pela prática de atos que venham a prejudicar a lisura das provas que estão sendo produzidas.[210]

Nessa fase, portanto, não se está apregoando que se faça uma mera avaliação substancial de bondade ou de oportunidade na aplicação da medida restritiva. As considerações, quando em análise a idoneidade do meio empregado, não podem fugir às amarras de um controle baseado em "relação objetiva e empiricamente comprovável entre um meio e um fim",[211] sem que com isso se esqueça de seu pressuposto lógico, qual seja: o da legitimidade constitucional do fim perseguido com a restrição a estabelecer.[212]

Entrementes, não se pode esquecer, em hipótese alguma, de preservar a adoção de meios estritamente *necessários*, menos onerosos, lesivos e agressivos ao indiciado.

Exige-se que, entre os meios selecionados como adequados, seja observado aquele que intervenha de modo menos intenso; ou seja, na perseguição do objetivo escolhido, deve-se "adotar apenas o meio mais suave ou um meio igualmente suave ou um meio ainda mais suave. Isso não é nenhuma otimização em direção a algum ponto máximo, mas apenas a vedação de sacrifícios desnecessários a direitos fundamentais".[213] Trata-se da análise e da aplicação da menor ingerência possível.[214]

---

[210] A apregoar que a segregação cautelar – para assegurar os elementos de prova – condiciona-se a três requisitos, a saber: (a) relevância da fonte de prova; (b) capacidade de o investigado influenciar concretamente – por si ou por terceiros – na atividade probatório, e (c) a não utilização do meio em razão da falta de colaboração do suspeito, v. ASENCIO MELLADO, José Maria. *Derecho procesal...*, cit., p. 215. Sobre o tema, v. SANGUINÉ, Odone. *Prisión provisional...*, cit., pp. 631-638; GIMENO SENDRA, Vicente. *Derecho procesal...*, cit., pp. 563-564. No Brasil, a jurisprudência referenda o enunciado. Dessa maneira, cf.: STF, HC 102732, Relator: Min. MARCO AURÉLIO, Tribunal Pleno, julgado em 04/03/2010; STF, RHC 94805, Relator: Min. CEZAR PELUSO, Segunda Turma, julgado em 25/11/2008; STF, HC 95601, Relator: Min. EROS GRAU, Segunda Turma, julgado em 04/11/2008; STF, HC 86175, Relator: Min. EROS GRAU, Segunda Turma, julgado em 19/09/2006.

[211] Cf.: NOVAIS, Jorge Reis. *As restrições aos direitos...*, cit., pp. 736-737. No mesmo sentido, v. LARENZ, Karl. *Metodologia da ciência do direito.* 6ª ed., Lisboa: Calouste Gulbenkian, 2012, p. 583; BARROS, Suzana de Toledo. *O princípio da proporcionalidade...*, cit., p. 77.

[212] Sobre o assunto, alertando a respeito da necessária utilização de meios para atingir apenas fins constitucionalmente legítimos, e que não atentem, por exemplo, contra a dignidade da pessoa humana, v. NOVAIS, Jorge Reis. *As restrições aos direitos...*, cit., pp. 737-738. Aliás, refere o autor que "com este sentido mais precisamente determinado, a exigência da legitimidade dos fins já pode constituir um parâmetro adequado para a verificação da observância, por parte do legislador, dos fins que lhe são pré-fixados pela Constituição e, da parte dos restantes poderes constituídos, dos fins constitucional e legalmente pré-estabelecidos, enquanto fase preliminar do controle de idoneidade". Cf.: NOVAIS, Jorge Reis. *As restrições aos direitos...*, cit., p. 738. Do mesmo modo, ao asseverar que a violação da proporcionalidade pode vir acompanhada de atentados contra princípios e regras constitucionais, v. BARROS, Suzana de Toledo. *O princípio da proporcionalidade...*, cit., p. 76.

[213] Assim, cf.: ALEXY, Robert. *Teoria dos direitos...*, cit., p. 591.

A medida utilizada, em se tratando de prisão temporária, portanto, há de ser quantitativa, qualitativa e com grau de probabilidade[215] a assegurar a lisura da investigação nas formas e nos patamares, concreta e individualmente, exigidos pelas circunstâncias fáticas, comprovadas sobre a realidade[216] e verificáveis a todo o tempo da segregação.[217] Deve ser usada em moldes a defenestrar desmesuradas intensidades que a própria reprimenda definitiva não alcançaria, ou por períodos de duração prolongados que retirariam ou extrapolariam a finalidade acautelatória que o instituto reserva. Não se pode também esquecer da adoção de *meios*, dentre aqueles disponibilizados pelo legislador, menos lesivos, de menor ingerência possível e compatíveis com as exigências concretas[218] – avaliados através de critérios materiais, espaciais, temporais e individuais[219] –, mas, ao mesmo tempo aptos, suficientes e que melhor se adaptem ao fim pretendido dentro de uma prognose de maior certeza de escolha da medida restritiva a direito fundamental.[220]

---

[214] Desse modo, v. LARENZ, Karl. *Metodologia...*, cit., p. 586; BARROSO, Luís Roberto. *Interpretação e aplicaçao...*, cit., p. 219. Em razão da natural relatividade do princípio, aponta CANOTILHO, outros elementos "conducentes a uma maior operacionalidade prática: a) a *exigibilidade material*, pois o meio deve ser o mais 'poupado' possível quanto à limitação dos direitos fundamentais; b) a *exigibilidade espacial* aponta para a necessidade de limitar o âmbito da intervenção; c) a *exigibilidade temporal* pressupõe a rigorosa delimitação no tempo da medida coactiva do poder público; d) a *exigibilidade pessoal* significa que a medida se deve limitar à pessoa ou pessoas cujos interesses devem ser sacrificados". Cf.: CANOTILHO, J. J. Gomes. *Direito constitucional...*, cit., p. 270.

[215] Sobre o tema, v. Ac. do TRE de 03 de mar. 2015 (Relator: ANA BARATA BRITO), processo nº 1373/14.3PBSTB-A.E1. Na doutrina, v. SANGUINÉ, Odone. *Prisão cautelar...*, cit., pp. 632-640. No mais, assenta HUMBERTO ÁVILA que, em termos probabilísticos, o meio escolhido pode promover "com menos, igual ou mais certeza o fim do que outro". Cf.: ÁVILA, Humberto. *Teoria dos princípios...*, cit., p. 188.

[216] Nesse sentido, cf.: PIEROTH, Bodo; SCHLINK, Bernhard. *Direitos fundamentais...*, cit., p. 140.

[217] Não há discussão sobre a possibilidade de substituição da medida de coação imposta. Aliás, a adequação e a necessidade exigem que, em todo o transcorrer da segregação provisória, seja verificado se o meio ainda se encontra apropriado à finalidade acautelatória, a qual pode ser revogada ou substituída se as circunstâncias justificarem a aplicação de medidas menos gravosas [provisionalidade]. Assim é o que dispõe o artigo 282, § 5º, do CPP e artigo 212º do CPP, este último da legislação portuguesa.

[218] Sobre o tema, v. GONÇALVES, Fernando; ALVES, João Manuel. *As medidas de coacção no processo penal português*. Coimbra: Almedina, 2011, pp. 64-65; SILVA, Germano Marques da. *Curso de processo penal*. vol. II, 5ª ed., Lisboa: Verbo, 2011, p. 362; BARROS, Suzana de Toledo. *O princípio da proporcionalidade...*, cit., p. 79; ANTUNES, Maria João. *Direito processual...*, cit., p. 140; ÁVILA, Humberto. *Teoria dos princípios...*, cit., pp. 187-188; LOPES JR., Aury. *Direito processual...*, cit., pp. 819-821. Na seara jurisprudencial v. também: STF, HC 117761, Relator: Min. RICARDO LEWANDOWSKI, Segunda Turma, julgado em 17/09/2013. Em Portugal, ao substituir a prisão preventiva por obrigação de permanência na habitação diante da situação concreta, por ser mais adequada e por acarretar menor lesão a direito fundamental, v. Ac. do TRL de 11 de fev. 2009 (Relator: CARLOS ALMEIDA), processo nº 11271/2008-3.

[219] Deve-se observar que, aquilo que objetivamente é constatado como menos lesivo, individualmente e do ponto de vista do afetado, pode ser sentido de forma mais gravosa. Assim, cf.: NOVAIS, Jorge Reis. *As restrições aos direitos...*, cit., pp. 741 e 744.

[220] Desse modo, v. GONZALEZ-CUELLAR SERRANO, Nicolas. *Proporcionalidad y derechos...*, cit., pp. 196-198; PASTOR, Daniel R. "Las funciones de la prisión preventiva...", cit., p. 133.

1.6.8.2. *Proporcionalidade em sentido estrito*

Ultrapassados os testes de adequação e de necessidade, em que apenas o adequado pode ser necessário, e o necessário não pode ser inadequado,[221] há de se buscar – dentro do terceiro elemento da proporcionalidade – a existência de um equilíbrio na intervenção, "um controle de sintonia fina"[222] a exigir uma comparação entre a realização do fim e a intensidade da restrição a ser imposta com o objetivo de indicar a justeza da solução encontrada.

Deve-se verificar se a limitação da liberdade a direitos fundamentais a ser imposta mantém congruência com a amplitude do direito salvaguardado, passando-se à ingerência mais intensa se não atingir seu fim a intervenção menos lesiva.[223] Nesses termos, deve-se perguntar[224] se as vantagens da utilização dos meios justificam as desvantagens da restrição de direitos fundamentais, pois, nas palavras de ALEXY, "quanto maior for o grau de não satisfação ou de afetação de um princípio, tanto maior terá que ser a importância da satisfação do outro".[225]

Trata-se, na verdade, de se verificar se os meios e os fins proporcionam uma "justa medida" na intensidade da restrição dos direitos fundamentais; se, no caso, o meio empregado, portanto, é proporcional ou desproporcional, moderado ou excessivo, razoável ou desequilibrado em relação ao fim,[226] pesando-se as desvantagens e as vantagens

---

[221] Convém afirmar, na lição de Bodo PIEROTH e Bernhard SCHLINK, que os critérios de adequação e necessidade não possuem o mesmo peso. Nesses termos, "atrás do controle da necessidade fica, do ponto de vista sistemático, o controle da adequação: a par do resultado positivo do controle da necessidade, também o resultado do controle da adequação só pode ser positivo e, a par do resultado negativo do controle da necessidade, o resultado positivo do controle da adequação já não pode salvar a proporcionalidade. Não obstante, controle da adequação é estrategicamente importante: ele torna acessível as inter-relações empíricas e conduz ao controle da necessidade". Cf.: PIEROTH, Bodo; SCHLINK, Bernhard. *Direitos fundamentais...*, cit., pp. 140-141. Da mesma maneira, v. MENDES, Gilmar Ferreira; BRANCO, Paulo Gustavo Gonet. *Curso de direito...*, cit., p. 227. Na jurisprudência portuguesa v. Ac. do TC nº 187/2001, de 02 de maio de 2001 (Relator: PAULO MOTA PINTO), processo nº 120/1995.

[222] Assim, v. MENDES, Gilmar Ferreira; BRANCO, Paulo Gustavo Gonet. *Curso de direito...*, cit., p. 227.

[223] Dessa maneira, v. PIEROTH, Bodo; SCHLINK, Bernhard. *Direitos fundamentais...*, cit., p. 143.

[224] Desse modo, cf.: CANOTILHO, J. J. Gomes. *Direito constitucional...*, cit., p. 27; ÁVILA, Humberto. *Teoria dos princípios...*, cit., p. 195.

[225] A propósito, menciona o autor que "a lei do sopesamento mostra que ele pode ser dividido em três passos. No primeiro é avaliado o grau de não-satisfação ou afetação de um dos princípios. Depois, em um segundo passo, avalia-se a importância da satisfação do princípio colidente. Por fim, em um terceiro passo, deve ser avaliado se a importância da satisfação do princípio colidente justifica a afetação ou a não-satisfação do outro princípio". Cf.: ALEXY, Robert. *Teoria dos direitos...*, cit., pp. 593-594.

[226] Na jurisprudência portuguesa, v. Ac. do TC nº 634/1993, de 04 de novembro de 1993 (Relator: Cons. Luís Nunes de Almeida), processo nº 94/1992, ocasião em que não se considerou proporcional norma constante no Código Penal e Disciplinar da Marinha Mercante que estipulava puni-

existentes nas restrições a serem impostas,[227] nos termos em que o grau de satisfação do fim for correspondente ao grau do direito fundamental de proteção. Na proporcionalidade em sentido estrito – dentro de um controle concreto –, deve-se valorar e sopesar os sacrifícios, suas vantagens e desvantagens,[228] a ponto de poder ser diagnosticado certo equilíbrio na intervenção ou na eventual constatação de que os benefícios são superiores às desvantagens que uma restrição eventualmente proporcionaria.

É verdade que tal dimensionamento caracteriza-se por ser situação complexa que foge às amarras de qualquer controle objetivo – antes verificável na adequação e na necessidade [embora na generalidade dos casos, principalmente os casos difíceis, não se possa prescindir da subjetividade[229]] –, desvendando-se nesse tópico avaliação de caráter fortemente subjetiva.[230] De qualquer maneira, a adoção de outros critérios de controle reduz esse caráter, ainda mais quando o filtro *necessidade* do meio empregado tenha elevado seu papel prático.[231]

Nesses termos, com a proporcionalidade em sentido estrito – terceiro elemento do princípio da proporcionalidade –, não se volta ao marco zero como se nada antes tenha sido analisado em uma "circularidade improdutiva".[232] Devem ser utilizadas, para tanto e primeiramente,[233] as outras fases de controle – adequação e necessidade – com a intenção de avaliar as vantagens e as desvantagens da restrição imposta relativamente à consecução do fim pretendido na busca de um ponto médio entre os direitos em conflito.

ção por desertor àquele simples tripulante que não embarcava em navio sem motivo justificado. "Com efeito, ao tornar criminosa a conduta de um trabalhador de bordo cujas funções não estão directa e normalmente relacionada com a segurança do navio, mas apenas têm a ver com a actividade económica através dele exercida, a norma em causa revela-se excessiva".

[227] Cf.: CANOTILHO, J. J. Gomes. *Direito constitucional...*, cit., p. 270.

[228] Assim, v.: NOVAIS, Jorge Reis. *As restrições aos direitos...*, cit., p. 753. Nos mesmos termos, v. STF, RE 583523, Relator: Min. GILMAR MENDES, Tribunal Pleno, julgado em 03/10/2013.

[229] Assim, cf.: NOVAIS, Jorge Reis. *As restrições aos direitos...*, cit., p. 752.

[230] Cf.: ÁVILA, Humberto. *Teoria dos princípios...*, cit., p. 195; NOVAIS, Jorge Reis. *As restrições aos direitos...*, cit., pp. 735-736 e 762-764; LARENZ, Karl. *Metodologia...*, cit., p. 586; SARMENTO Daniel. *A ponderação de interesses...*, cit., p. 90.

[231] Dessa forma, cf.: v. PIEROTH, Bodo; SCHLINK. Bernhard. *Direitos fundamentais...*, cit., pp. 142-143.

[232] Cf.: NOVAIS, Jorge Reis. *As restrições aos direitos...*, cit., p. 758.

[233] Nesse temos, assinala NEREU JOSÉ GIACOMOLLI que inversão na abordagem, questionando-se em primeiro lugar a proporcionalidade em sentido estrito, levaria ao nivelamento dos direitos fundamentais. Assim, cf.: GIACOMOLLI, Nereu José. *Prisão, liberdade...*, cit., p. 39.

2. A prisão temporária no ordenamento jurídico brasileiro

Inserta ao inquérito policial, de iniciativa delimitada aos órgãos incumbidos da investigação criminal e da sua fiscalização, a privação de liberdade cautelar por certo e determinado período deve ser manejada com equidade, dentro dos parâmetros estabelecidos em regramento apropriado, sem jamais esquecer as disposições constitucionais e o princípio da última razão que regem medida tão drástica destinada apenas à investigação.[234]

2.1. Iniciativa do pedido e prévia manifestação do Ministério Público

Determinadas matérias, principalmente aquelas referentes a direitos, liberdades e garantias, não oportunizam análise discricionário-administrativa, pois reservadas apenas à apreciação do juiz, o qual ostenta o monopólio da primeira e da última palavra.[235] E mais. Tratando-se de restrições às liberdades individuais, mesmo que reservadas inexoravelmente à apreciação da autoridade judicial competente, inibe-se ato *ex officio* do próprio órgão judicante, sob pena de quebra do princípio da inércia da atividade jurisdicional, do sistema acusatório e da necessária imparcialidade do julgador.

[234] No cenário do direito português, nos termos do artigo 204º do CPP, nenhuma medida de coação pode ser decretada – salvo o termo de identidade e residência – se não se encontrarem presentes: a) fuga ou perigo de fuga; b) perigo de perturbação à instrução probatória; c) perigo de continuação de atividade criminosa; e d) perigo de perturbação da ordem pública. A cautelaridade de medida detentiva drástica, pois, não se sujeita a meros enlaços investigativos tal qual se verifica no país coirmão.

[235] Sobre o conceito do "monopólio da primeira palavra", v. CANOTILHO, J. J. Gomes. *Direito constitucional...*, cit., p. 669. Do mesmo modo, v. MATA-MOUROS, Maria de Fátima. *Juiz das liberdades*: desconstrução de um mito do processo penal. Coimbra: Almedina, 2011, pp. 44-45. Na jurisprudência v. STF, MS 23452, Relator: Min. CELSO DE MELLO, Tribunal Pleno, julgado em 16/09/1999.

O interesse da imposição de cautelas ao processo – o que se engrandece quando a situação se encontra nos arrabaldes investigativos – exige estímulo do Estado-acusador, e não ato oriundo e sem qualquer provocação daquele que deverá julgar com imparcialidade o conflito de direitos fundamentais postos em causa.[236] A iniciativa proativa do juiz, à margem de qualquer provocação da autoridade policial[237] ou do Ministério Público, não conforta a Constituição, sendo correta, pois, a afirmação de que o exercício da jurisdição deve ser sempre provocado e nos limites em que foi postulado.[238]

E a Lei nº 7.960/89, interpretada na extensão constitucional que se requer nos tempos modernos, não dispõe de outra maneira, pois estabeleceu em seu artigo 2º que a prisão temporária somente poderá ser decretada pelo juiz mediante representação da autoridade policial ou de requerimento do Ministério Público;[239] o que veio a fortalecer – embora ainda na fase investigativa – o sistema acusatório e, mais propriamente, a imparcialidade do órgão julgador na análise dos requisitos necessários para o deferimento da medida especial,[240] principalmente

---

236 Assim, v. GIACOMOLLI, Nereu José. *O devido processo...*, cit., pp. 376-377; LANFREDI, Luís Geraldo Sant'Ana. *Prisão temporária...*, cit., p. 177; FREITAS, Jayme Walmer de. *Prisão temporária...*, cit., pp. 133-134; GOMES, Luiz Flávio. "Da prisão, das medidas cautelares e da liberdade provisória". In BIANCHINI, Alice; MARQUES, Ivan Luís; GOMES, Luiz Flávio; CUNHA, Rogério Sanches; MACIEL, Silvio. *Prisão e medidas cautelares*: comentários à Lei 12.403, de 4 de maio de 2011. (coord.: Luiz Flávio Gomes e Ivan Luís Marques). 2ª ed. São Paulo: RT, 2011, [pp. 22-95], pp. 64-71.

237 Não há como sustentar a viabilidade de a polícia militar representar pela prisão temporária. Primeiro, porque se faz necessária a existência de inquérito policial. Segundo, e mesmo com sua existência, sua atribuição restringe-se ao policiamento ostensivo e preventivo, o que a difere da polícia investigativa. Pensar de outro modo possibilitaria dar oportunidade a intromissões de atribuições em matéria tão delicada como liberdade individual, o que não pode ser aceito. Cf.: RANGEL, Paulo. *Direito processual...*, cit., p. 847. A título exemplificativo, embora a tratar de cumprimento de mandados de busca e apreensão pela polícia militar, v. Ofício-circular nº 101/2014-CGJ/TJRS, reedição dos ofícios-circulares nºs 623/09-CGJ/TJRS, 226/07-CGJ/TJRS e 047/99-CGJ/TJRS, nos quais se ressalvam a excepcionalidade da medida, nos termos dos artigos 5º e 144 da CF; embora nada pode ser mensurado quanto à legalidade do procedimento. Cf.: STF, RE 404593, Relator: Min. CEZAR PELUSO, Segunda Turma, julgado em 18/08/2009; STJ, HC 131.836/RJ, Rel. Ministro JORGE MUSSI, Quinta Turma, julgado em 04/11/2010.

238 Desse modo, cf.: LANFREDI, Luís Geraldo Sant'Ana. *Prisão temporária...*, cit., p. 177. Na jurisprudência, v. DESIS no HC 360.896/PR, Rel. Ministro FELIX FISCHER, Decisão Monocrática, julgado em 08/08/2016, ao considerar ser vedada a "decretação de prisão temporária *ex officio*, pois "deriva justamente da conformação dada pela legislação processual brasileira ao sistema acusatório, em ordem a que, quando se trata ainda da fase investigatória, observe o juiz uma certa contenção". A propósito, há muito tempo se afirma, tal qual fez MARIA JOÃO ANTUNES, que a intervenção do juiz na fase investigativa deve ser como a de "guardião dos direitos fundamentais dos cidadãos, na veste de *juiz das liberdades*, e não a de juiz da investigação". Cf.: ANTUNES, Maria João. *Direito processual...*, cit., p. 145.

239 Mesmo antes da Lei nº 13.964/2019, que veio a alterar o § 2º do inciso II do artigo 282 do CPP, já constava expressamente no Código de Processo Penal que as medidas cautelares serão decretadas pelo juiz [...] e, quando no curso da investigação criminal, por representação da autoridade policial ou mediante requerimento do Ministério Público".

240 Sobre o tema, v. LOPES JR., Aury. *Direito processual...*, cit., pp. 169-173.

quando em análise fatores sobre a imprescindibilidade da segregação provisória para o êxito da investigação.

Mas não é só. Além da vedação de atuação judicial desprovida de impulso exterior, a decisão deve ater-se aos limites da pretensão externada, sendo, portanto, inviável (a) a decretação da prisão temporária quando a representação, ratificada pelo Ministério Público [ou até mesmo o requerimento do agente ministerial], limitar-se à pretensão pela prisão preventiva,[241] bem como (b) a extensão de prazos não requeridos ou (c) a imposição de medidas mais gravosas do que aquelas postuladas.[242]

Ademais, a representação ou o requerimento, diga-se de passagem, não se restringem apenas ao início da drástica medida cautelar. Os mesmos fatores servem de subsídios para afirmar ser vedado ao juiz a prorrogação de prazo ou eventual decreto preventivo sem o impulso externo, ainda mais quando a própria disposição legal exige – em caso de prorrogação – confirmação de extrema e comprovada necessidade.

241 Assentou o Superior Tribunal de Justiça não existir "relação de continência entre a prisão preventiva e a prisão temporária, como se essa última se revelasse um *minus* diante daquela. O argumento, de resto simplista, de que 'quem pode o mais, pode o menos', não vinga diante de modalidades de prisão distintas, seja quanto aos objetivos, seja quanto aos prazos, e, bem assim, evidentemente, quanto ao modo de seu deferimento." Cf.: STJ, DESIS no HC 360.896/PR, Relator: Ministro FELIX FISCHER, Decisão Monocrática, julgado em 08/08/2016. No mesmo sentido, v. TJSP, HC nº 2005307-03.2020.8.26.0000, Relator: OTÁVIO DE ALMEIDA TOLEDO, 16ª Câmara de Direito Criminal, liminar deferida em 24/01/2020.

242 Com efeito, fica vedado ao juiz decretar a prisão temporária pelo prazo de 5 dias quando a postulação da autoridade policial, referendada pelo Ministério Público, noticia a necessidade de encarceramento por tempo inferior. Ou de outro modo: é proibido ao juiz decretar a prisão de certa e determinada pessoa quando a representação se limita a pedir a determinação para que o indiciado não se aproxime de local demarcado. Em Portugal, antes da edição da Lei nº 20 de fevereiro de 2013, havia disposição expressa nesse sentido, tal qual se verificava no então artigo 194º.2 do CPP: "Durante o inquérito, o juiz não pode aplicar medida de coacção ou de garantia patrimonial mais grave que a requerida pelo Ministério Público, sob pena de nulidade". Aliás, o Tribunal da Relação de Lisboa preconizava que o dispositivo não ofendia o princípio da reserva da função jurisdicional, estendendo-se, inclusive, em sede de inquérito, ao pedido de substituição da prisão decretada por outra medida de coação. Sobre o assunto, ainda aos sabores da antiga legislação, v. Ac. do TRL de 23 de mar. 2011 (Relator: JORGE RAPOSO), processo nº 189/10.0PPLSB-A.L1-3. No entanto, agora, legislação recente possibilita, em algumas hipóteses, a aplicação de medidas de coação mais graves, ainda que não requeridas pelo Ministério Público. E isso se dá em hipóteses de (a) fuga ou perigo de fuga ou (b) perigo de continuação da atividade criminosa ou perturbação grave da ordem e da tranquilidade pública. É o que dispõe o artigo 194º.2 do CPP lusitano: "Durante do inquérito, o juiz pode aplicar medida de coação diversa, ainda que mais grave, quanto a sua natureza, medida ou modalidade de execução, da requerida pelo Ministério Público, com fundamento nas alíneas a) e c) do artigo 204º". Nesse último sentido, considerou-se na Exposição de Motivos da Proposta de Lei nº 77/XII que "o Ministério Público não detém uma posição de monopólio quanto à ponderação desses valores e necessidade da sua proteção. [...] A natureza pública das finalidades visadas pelas medidas de coação, designadamente quando possam existir perigos consideravelmente superiores aos da perturbação do inquérito, atentos os bens jurídicos que, previsivelmente, podem ser violados, justificam que o juiz, como garante dos direitos fundamentais do cidadão, não esteja limitado na aplicação da medida de coação sempre que verifique a existência desses perigos". A alteração, da forma posta, não escapou a críticas. Sobre o assunto, v. ANTUNES, Maria João. *Direito processual...*, cit., p. 147.

Por tudo, a representação da autoridade policial ou o requerimento do Ministério Público são pontos de partida limitativos à análise dos elementos apontados a amparar a decretação da medida, bem como sua eventual prorrogação.

Entrementes, a Lei nº 7.960/89 não estabelece apenas a necessidade de impulso exterior para análise da possibilidade de decretação da prisão temporária. Em seu artigo 2º, § 1º, há a previsão de que, em caso de representação da autoridade policial pela decretação da segregação, necessário se faz, previamente à decisão, colher-se a manifestação do Ministério Público.

E qual a razão da disposição já que tanto a autoridade policial quanto o Ministério Público possuem legitimidade para o pedido? A imposição, efetivamente, deve-se ao motivo pelo qual compete ao Ministério Público o poder discricionário de verificar a conveniência, a oportunidade, a necessidade e a imprescindibilidade da aplicação de medidas restritivas em benefício da investigação, já que, diante dos elementos existentes, pode afirmar que a medida requerida seja supérflua ao seu interesse enquanto *dominus litis;* ou ainda, verificar que já se encontram presentes elementos necessários à propositura da ação penal, tornando, pois, despiciendo qualquer outro instrumento acautelatório.

De qualquer sorte, muito menos que limitação ou obstrução à representação formulada pela autoridade policial, a manifestação do Órgão Parquetiano limita-se às searas opinativas,[243] não configurando, sua ausência, por si só, constrangimento ilegal,[244] em razão de ser mero vício procedimental.

O que efetivamente se exige para defenestrar vícios insanáveis à prisão temporária – além da submissão cega à iniciativa e à limitação da pretensão – é a obediência aos requisitos autorizadores para sua decretação, embora sujeitos às mais variadas interpretações.

---

[243] Efetivamente, o problema existe quando há divergência entre a representação da autoridade policial e o requerimento do Ministério Público, ou seja, quando a autoridade policial entende como imprescindível à investigação a segregação temporária; e o Ministério Público, apenas uma medida alternativa ao cárcere. Teria uma delas mais força que a outra? Entende-se que não, pois basta a legitimidade para o pedido, encontrando-se o Ministério Público apenas como órgão opinativo, sem qualquer imposição ou limitação à medida requerida por autoridade também legitimada ao pedido.

[244] Em que pese a afirmação, o Tribunal de Justiça do Estado do Piauí considerou a falta de manifestação do Ministério Público anterior à decretação da prisão temporária, por desobediência ao § 1º do artigo 2º da Lei nº 7.960/89, como constrangimento ilegal. Cf.: Habeas Corpus nº 201200010021625, 2ª Câmara Especializada Criminal, Tribunal de Justiça do PI, Relator: SEBASTIÃO RIBEIRO MARTINS, julgado em 05/06/2012.

2.2. Requisitos autorizadores para decretação da prisão temporária

Ao verificar os comandos da Lei nº 7.960/89, constata-se a presença de requisitos peculiares e autorizadores para a decretação dessa espécie de prisão cautelar. No entanto, diante da má sistemática legislativa, dúvidas surgem quanto à necessidade, ou não, da conjugação dos requisitos estabelecidos em seu artigo 1º. Ou seja, se cada um dos incisos é autônomo e basta por si para autorizar o decreto prisional ou se se faz necessário conjugar todos ou de mais de um dos incisos para se verificar a possibilidade de êxito da pretensão acautelatória.

Observa-se que, nos termos do artigo 1º da Lei nº 7.960/89, caberá a prisão temporária: I – quando imprescindível para as investigações do inquérito policial; II – quando o indiciado não tiver residência fixa ou não fornecer elementos necessários ao esclarecimento de sua identidade; III – quando houver fundadas razões, de acordo com qualquer prova admitida na legislação penal, de autoria ou de participação do indiciado nos seguintes crimes: a) homicídio doloso [artigo 121, *caput*, e seu § 2º]; b) sequestro ou cárcere privado [artigo 148, *caput*, e seus §§ 1º e 2º]; c) roubo [artigo 157, *caput*, e seus §§ 1º, 2º e 3º]; d) extorsão [artigo 158, *caput*, e seus §§ 1º e 2º];[245] e) extorsão mediante sequestro [artigo 159, *caput*, e seus §§ 1º, 2º e 3º]; f) estupro [artigo 213, *caput*, e sua combinação com o artigo 223, *caput*, e parágrafo único]; g) atentado violento ao pudor [artigo 214, *caput*, e sua combinação com o artigo 223, *caput*, e parágrafo único];[246] h) rapto violento [artigo 219, e sua combinação com o artigo 223 *caput*, e parágrafo único];[247] i) epidemia com resultado de morte [artigo 267, § 1º]; j) envenenamento de água potável ou substância alimentícia ou medicinal qualificado pela morte [artigo 270, *caput*, combinado com artigo 285]; l) quadrilha ou bando[248] [artigo 288], todos do CP; m) genocídio [artigos 1º, 2º e 3º da Lei nº 2.889, de 1º de outubro de 1956] em qualquer de suas formas típicas; n) tráfico de drogas [ar-

[245] Observa-se que a legislação não faz menção ao § 3º do artigo 158 do CP, impossibilitando, pois, o aprisionamento temporário quando a extorsão for cometida mediante restrição da liberdade da vítima. Sobre o assunto, a afirmar a desídia do legislador e a inviabilidade da analogia *in malam partem*, v. LIMA, Renato Brasileiro de. *Nova prisão cautelar...*, cit., p. 332; SANGUINÉ, Odone. *Prisão cautelar...*, cit., p. 100.

[246] O artigo 214 do CP foi revogado pela Lei nº 12.015/2009, estando, no entanto, hoje abarcado pelo artigo 213 do CP.

[247] O crime de rapto foi revogado pela Lei nº 11.106/2005; o qual restou, entretanto, absorvido pelo artigo 148, § 1º, inciso V, do CP.

[248] A Lei nº 12.850/2013 alterou o nome dado ao anterior crime de "bando ou quadrilha", agora passando a chamar-se "associação criminosa". Ademais, reduziu-se o número de participantes para incidência típica, tal que será analisado em tempo oportuno [v. nota 346].

tigo 12 da Lei nº 6.368, de 21 de outubro de 1976];[249] o) crimes contra o sistema financeiro [Lei nº 7.492, de 16 de junho de 1986]; p) crimes previstos na Lei de Terrorismo.

Nesses termos, sendo certo e irrefutável o alcance da prisão temporária aos crimes delimitados e estabelecidos na legislação, dúvidas surgiram – e ainda se diverge – quanto aos requisitos que servem de supedâneo à decretação prisional. Aliás, são cinco os posicionamentos sobre o tema, a saber: (a) basta a presença de qualquer um dos incisos para possibilitar a decretação da prisão temporária;[250] (b) é necessária a presença concomitante dos três incisos;[251] (c) além da presença dos três incisos, é indispensável a combinação com as hipóteses de decretação de prisão preventiva;[252] (d) o inciso III do artigo 1º da Lei nº 7.960/89 deve sempre estar presente, seja combinado com o inciso I, seja conjugado com o inciso II;[253] e (e) serão sempre necessários os incisos I e III

---

249 Há quem afirme, diante da nova lei que disciplina o uso e o comércio de entorpecentes – Lei nº 11.343/2006 –, a impossibilidade de aplicação da prisão temporária para os crimes de tráfico de drogas, pois ausente remissão expressa. Assim, cf.: FREITAS, Bruno Bispo de. *A impossibilidade da prisão temporária no delito de tráfico ilícito de substâncias entorpecentes e drogas afins em face da Lei 11.343/06*, p.e.

250 Desse modo, cf.: RIBEIRO, Diaulas Costa. "Prisão temporária...", cit., pp. 272-275; MIRABETE, Julio Fabbrini. *Processo penal*. 11ª ed., São Paulo: Atlas, 2001, p. 393. Esse posicionamento também foi apregoado por TOURINHO FILHO, Fernando da Costa. *Processo penal*, vol. 3, 19ª ed., São Paulo: Saraiva, 1997, pp. 393-394; entrementes, posteriormente abandonado, v. *Processo penal...*, cit., vol. 3, 2013, p. 539.

251 A necessidade da soma dos incisos também foi defendida inicialmente por FERNANDES, Antônio Scarance ("Prisão temporária e 'fermo': estudo comparativo". *Fascículos de ciências penais*. vol. 5, nº 3, ano 5, (jul./ago./set. 1992), [pp. 78-89], pp. 85-86), sendo posteriormente revista, v. *Processo penal...*, cit., pp. 303-304, em especial nota 7 da p. 304.

252 Assim é a orientação de GRECO FILHO, Vicente. *Manual de processo...*, cit., pp. 309-310. Sobre o tema, inicialmente a afirmar a necessidade da conjugação com os pressupostos da prisão preventiva, v. SANGUINÉ, Odone. "Prisão provisória e princípios constitucionais", *Fascículos de ciências penais*. vol. 5, nº 2, Porto Alegre: Fabris, (abr./mai./jun. 1992), [pp. 92-124], p. 111; que veio a ser posteriormente esquecido; cf.: SANGUINÉ, Odone. *Prisão cautelar...*, cit., pp. 98-99, embora a contradição existente na p. 529. A conjugação também é apregoada por CASCALDI, Rui. "Prisão temporária: inconstitucionalidade". *Revista dos Tribunais*. São Paulo, ano 80, vol. 667, (maio 1991), [pp. 259-261], pp. 259-261; MÉDICI, Sérgio de Oliveira. "*Observações sobre a prisão temporária*". Boletim IBCCRIM. São Paulo, nº 20, (set. 1994), p. 7; CINTRA JUNOR, Dyrceu Aguiar Dias. "Prisão temporária...", cit., p. 187. Do mesmo modo, ao dizer que a prisão temporária se mostra como instrumento aplicável aos casos em que não foi possível a decretação da prisão preventiva, v. ALMEIDA, Luiz Cláudio Carvalho de. "A prisão cautelar e o princípio da proporcionalidade", *Revista do Ministério Público*. nº 9, Rio de Janeiro: Ministério Público, (jan./jun. 1999), [pp. 155-163], p. 160. Na jurisprudência, embora isolada, v. STJ, HC 35.292/MS, Rel. Ministro PAULO MEDINA, Sexta Turma, julgado em 30/06/2005.

253 Essa é posição dominante na doutrina e na jurisprudência. Nesses termos, cf.: FRANCO, Alberto Silva. *Crimes hediondos...*, cit., pp. 629-630; FREITAS, Jayme Walmer de. *Prisão temporária...*, cit., pp. 108-112; GOMES FILHO, Antônio Magalhães. *A motivação das decisões...*, cit., p. 191; LINO, Bruno Teixeira. *Prisão temporária...*, cit., pp. 50-51; FERNANDES, Antônio Scarance. *Processo penal...*, cit., pp. 303-304. AVENA, Norberto. *Processo penal...*, cit., p. 969; RANGEL, Paulo. *Direito processual...*, cit., p. 846; LANFREDI, Luís Geraldo Sant'Ana. *Prisão temporária...*, cit., pp. 121-124 e 135; TUCCI, Rogério Lauria. *Direitos e garantias individuais...*, cit., pp. 267-268; MARCÃO, Renato. *Prisões cautelares, liberdade provisória e medidas cautelares restritivas*. 2ª ed. São Paulo: Saraiva, 2012,

do artigo 1º da Lei nº 7.960/89 para a decretação, sendo o inciso II meramente complementar, contingencial e não necessário.[254]

O primeiro dos posicionamentos, no qual se afirma a autonomia de qualquer dos incisos do artigo 1º da Lei nº 7.960/89, consubstanciada em regra de hermenêutica de que os incisos no sistema brasileiro sempre foram unidades autônomas e vinculadas apenas aos artigos e aos parágrafos,[255] não socorre à melhor interpretação, inclusive, por ter visão descontextualizada da própria Constituição.[256]

Nessa diretriz, a simples afirmação de ser imprescindível para a investigação do inquérito policial, pouco importando fatores de autoria ou de participação em um crime, não encontra fundamento ínsito às medidas cautelares; isso sem esquecer a possível automaticidade a que estaria vinculado o julgador quando diagnosticada a ausência de residência fixa do indiciado ou quando este não fornecer elementos necessários ao esclarecimento de sua identidade.

Tal interpretação, sem mais, além de ofender o fundamento de cautelaridade inerente à prisão temporária – *fumus comissi delicti* –, bem como possibilitar a prisão em delitos de menor gravidade não previstos no rol estabelecido pela própria legislação, fere o princípio da presunção de inocência[257] em sua visão mais elementar, a possibilitar, inclusive, o aprisionamento de testemunhas.[258]

---

pp. 213-214; ANDRÉ, Patrícia dos Santos. "Prisão temporária: medida cautelar para crimes leves?". *Revista dos Tribunais*. São Paulo, ano 82, vol. 691, (maio 1993), [pp. 396-398], p. 398; SZNICK, Valdir. *Liberdade, prisão cautelar e temporária*. São Paulo: Leud, 1994, pp. 519-520; GRINOVER, Ada Pellegrini; FERNANDES, Antônio Scarance; GOMES FILHO, Antônio Magalhães. *As nulidades no processo penal*. 12ª ed., São Paulo: RT, 2011, p. 280; CAPEZ, Fernando. *Curso de processo...*, cit., p. 349. Do mesmo modo v. STJ, HC 503.446/PR, Rel. Ministra LAURITA VAZ, Sexta Turma, julgado em 24/09/2019; STJ, RHC 58.306/RJ, Rel. Ministra MARIA THEREZA DE ASSIS MOURA, Sexta Turma, julgado em 19/05/2015; STJ, RHC 35.788/MG, Rel. Ministra MARIA THEREZA DE ASSIS MOURA, Sexta Turma, julgado em 18/11/2014.

[254] Assim, cf.: POLASTRI, Marcellus. *A tutela cautelar no processo penal*. 3ª ed., São Paulo: Atlas, 2014, pp. 213-214; LOPES JR., Aury. *Direito processual...*, cit., pp. 907-908; SANGUINÉ, Odone. *Prisão cautelar...*, cit., pp. 98-99; KAUFFMANN, Carlos. *Prisão temporária*. São Paulo: Quartier Latin, 2006, pp. 144-145; WEDY, Miguel Tedesco. *Teoria da prisão cautelar e estigmatização*. Rio de Janeiro: Lumen Juris, 2006, pp. 133; GEMAQUE, Sílvio César Arouck. *Dignidade da pessoa humana e prisão cautelar*. São Paulo. RCS Editora, 2006, pp. 161 162.

[255] Desse modo, v. RIBEIRO, Diaulas Costa. *Prisão temporária...*, cit., p. 272.

[256] Assim, cf.: LIMA, Renato Brasileiro de. *Nova prisão cautelar...*, cit., p. 324.

[257] Dessa forma, cf.: LIMA, Renato Brasileiro de. *Nova prisão cautelar...*, cit., p. 324.

[258] Sobre os efeitos da imprecisa interpretação, v. CAMPOS, Ricardo Ribeiro. "A prisão temporária...", cit., p. 122; RANGEL, Paulo. *Direito processual...*, cit., pp. 846-847; KAUFFMANN, Carlos. *Prisão temporária...*, cit., pp. 137-139; LINO, Bruno Teixeira. *Prisão temporária...*, cit., pp. 51 52. No entanto, a impossibilidade da prisão temporária de testemunhas não é voz unânime na doutrina brasileira. Há quem advogue a possibilidade. Nesse último sentido, cf.: MIRABETE, Julio Fabbrini. *Processo penal...*, cit., p. 393; LIBERATO, Póvoa; VILLAS BOAS, Marco. *Prisão temporária...*, cit., pp. 60-61. Sobre o tema, com afirmação diametralmente oposta, v. HASSEMER, Winfried. *Crítica al derecho...*, cit., pp. 116-117.

Por outro lado, se a unidade de cada um dos incisos do artigo 1º da Lei nº 7.960/89 não oportuniza a decretação da prisão temporária diante da falta de fundamento de cautelaridade, abrindo intermináveis possibilidades de segregações, a soma de todos eles causa efeito limitador inverso, a fazer da prisão temporária letra morta no cenário nacional.

Com efeito, torna-se exageradamente criterioso[259] exigir a imprescindibilidade da prisão quando forem cometidos quaisquer dos delitos previstos no inciso III, isso somado ao fato de o *indiciado* não possuir residência fixa ou não dispuser de elementos necessários para esclarecer sua identidade; como se esse último requisito fosse elemento necessário ao aprisionamento pelo tempo previsto pela legislação. Aliás, não fosse isso, bastar-se-ia possuir residência fixa e identificação para impossibilitar a prisão.[260]

Ademais, a orientação de que se faz necessária a combinação com os requisitos da prisão preventiva traz em seu âmago a noção de subsidiariedade do instituto quando, na verdade, este possui requisitos autônomos e identidade própria de uma medida cautelar de caráter pessoal por prazo certo e direcionada à investigação criminal.[261]

De qualquer sorte, sem desprezar interpretações adversas, sempre profícuas ao crescimento doutrinário e jurisprudencial para correta aplicação normativa, soluções mais adequadas parecem encontrar-se naquelas que defendem a incidência específica do fundamento da prisão cautelar – *fumus comissi delicti* – acrescido do seu requisito – *periculum libertatis* – tal qual podem ser observadas no quarto e no quinto entendimentos mencionados ["d" e "e"]; entrementes, com algumas cautelas.

Efetivamente, a incidência do inciso III do artigo 1º da Lei nº 7.960/89 é de indispensabilidade absoluta, pois fundamento do *fumus comissi delicti* externado pelo legislador nessa peculiar medida cautelar e consubstanciado nas fundadas razões de autoria e participação nos delitos de maior lesividade social. Aliás, assim não fosse, não teria sentido estabelecer um rol de crimes no próprio texto legal.

---

[259] Assim, v. NUCCI, Guilherme de Souza. Leis penais e processuais penais comentadas. São Paulo: RT, 2006, p. 658; LIMA, Renato Brasileiro de. *Nova prisão cautelar...*, cit., pp. 324-325; TÁVORA, Nestor; ALENCAR, Rosmar Rodrigues. *Curso de direito...*, cit., p. 749.

[260] Desse modo, cf.: ANDRÉ, Patrícia dos Santos. *"Prisão temporária..."*, cit., p. 396; GRINOVER, Ada Pellegrini. *O processo em evolução...*, cit., p. 92.

[261] O Superior Tribunal de Justiça já assentou que "a prisão preventiva e a prisão temporária não podem ser confundidas, pois constituem modalidades distintas de custódia cautelar, cada qual sujeita a requisitos legais específicos". Cf.: STJ, RHC 106.559/RJ, Rel. Ministra LAURITA VAZ, Sexta Turma, julgado em 19/11/2019. No mesmo sentido, v. STJ, HC 531.858/SP, Rel. Ministro ROGERIO SCHIETTI CRUZ, Sexta Turma, julgado em 07/11/2019; STJ, HC 381.871/SP, Rel. Ministro ROGERIO SCHIETTI CRUZ, Sexta Turma, julgado em 18/05/2017.

Com o fundamento, portanto, resta buscar o requisito – *periculum libertatis* – previsto dentre as possibilidades legais – incisos I e II – para alcançar o êxito investigativo do inquérito policial. Aí é que se encontra a discordância da sólida adesão doutrinária e jurisprudencial quanto à necessidade de incidência do inciso III do artigo 1º da Lei nº 7.960/89 conjugada com o inciso I ou combinada com o inciso II do mesmo dispositivo legal.

Não é esse, efetivamente, o entendimento que melhor interpreta a possibilidade de decretação da prisão temporária. A capacidade de encontrar o *periculum libertatis*, quando em análise a prisão temporária, pelo menos em termos legais, não é tão ampla quanto parece.

Ora, é verdade que diante da cautelaridade ínsita ao instituto não há como afirmar a dispensabilidade do inciso III; no entanto, tratando-se de medida extrema a ser aplicada ainda na fase investigativa, sempre será necessário fundamentar o aprisionamento para investigação na imprescindibilidade da medida[262] diante da demonstração de que em liberdade o investigado traria risco ao desenrolar exitoso da investigação criminal. E é apenas no inciso I do artigo 1º da Lei nº 7.960/89 que pode ser encontrado efetivamente o requisito por expressa disposição.

Quanto ao inciso II, observa-se que sozinho não serve para nada. E, mesmo com a conjugação do inciso III, não possibilita a prisão temporária, porque, em muitas vezes – para não dizer em todas –, a prisão daquele que ou não possui residência fixa, ou não fornece elementos necessários de sua identidade não é imprescindível para a investigação policial.

Pensamento diverso, que sustenta o aprisionamento com fundamento nos incisos III e II, sem análise do inciso I do artigo 1º da Lei nº 7.960/89, oportunizaria, diante de fundadas razões de autoria e de participação, já enraizadas com o *indiciamento*, um aprisionamento temporário com diagnósticos equivocados de presunção de imprescindibilidade e automaticidade, podendo inclusive ser visto, inadvertidamente, como procedimento que carece de maiores fundamentações.[263]

Desse modo, ao que parece, a melhor solução para a aplicação do instituto encontra-se necessariamente no preenchimento do fundamento da medida cautelar externado no inciso III do artigo 1º da

[262] Cf.: LOPES JR., Aury. *Direito processual...*, cit., p. 907.

[263] Equivocadamente, manifesta-se PATRÍCIA DOS SANTOS ANDRÉ ao afirmar que a necessidade da prisão com fundamento no inciso II do artigo 1º da Lei nº 7.960/89 é presumida diante da possibilidade de não mais se encontrar o indiciado. Cf.: ANDRÉ, Patrícia dos Santos. "*Prisão temporária...*", cit., p. 397. Ainda, a sustentar que a presunção legislativa e a possibilidade da decretação da prisão temporária com base no inciso II do artigo 1º da Lei nº 7.960/89 "sem maiores fundamentações", v. VIEIRA NETO, José Leite. "Da Prisão temporária". *Revista Jurídica.* ano XXXIX, nº 168, Porto Alegre: Síntese, (out. 1991), [pp. 21-35], p. 33.

Lei nº 7.960/89, fundamento esse conjugado com o requisito previsto no inciso I da referida lei. O inciso II, quando aplicável, trata-se de mero complemento contingencial e não essencial.

2.2.1. *Imprescindibilidade às investigações do inquérito policial*

Concluída a conjugação do fundamento e do requisito aptos a oportunizar a prisão nesse peculiar instituto, constata-se que, quando da análise da representação ou do requerimento pela decretação da prisão temporária, nota de destaque vem a ser a *imprescindibilidade* da prisão – por certo e determinado período – para o êxito e a conclusão da investigação criminal.

Nesse sentido, a segregação temporária do investigado deve ser vista como de absoluta necessidade, como *conditio sine qua non* para investigação. Em hipótese alguma, pode ser deferida para facilitar a atuação da autoridade requerente ou ser simplesmente cômoda, conveniente, útil ou ágil ao desfecho investigativo.[264] Pensamento desse quilate abstrairia o requisito da imprescindibilidade do texto normativo, eis por que aquilo que facilita ou é útil não pode ser visto como indispensável, necessário ou imprescindível.

Desta feita, por ser imprescindível à investigação, não se pode recorrer a essa espécie de aprisionamento quando existentes outras práticas ou técnicas investigativas, ou ainda outros elementos de prova não utilizados[265] e ilesos à corrosão, mas colocados à disposição pela legislação, ou mesmo verificáveis através de um sistema de provas atípicas que possibilitem interagir com o andamento da investigação e atingir o desiderato policial.[266] Por assim dizer, a imprescindibilidade recai na

[264] Nesse sentido, v. STJ, Voto-Vista do Ministro ROGERIO SCHIETTI CRUZ no HC 497.664/BA, Rel. Ministro SEBASTIÃO REIS JÚNIOR, Sexta Turma, julgado em 22/10/2019.

[265] Sobre a possibilidade de utilização de outros meios investigativos na seara dos crimes organizados, meios, inclusive, mais apropriados, mas comumente não utilizados, e que vêm a impossibilitar a prisão temporária, v. PEREIRA, Eliomar da Silva. *Investigação e crime organizado*: funções ilegítimas da prisão temporária. *Boletim do IBCCRIM*. São Paulo, ano 13, nº 157 (dez. 2005), [pp. 12-13], p. 12-13.

[266] A eficácia da atuação policial com a utilização de métodos caros de investigação cada vez mais está associada ao grupo social ao qual pertence a vítima e/ou autores de eventuais delitos e sempre somada à gravidade do crime praticado. Dessa forma, quanto mais elevado o escalão social, maior é a utilização de métodos investigativos diferenciados, progressivamente e conforme a gravidade do crime. Certamente que essa atitude, tal qual já afirmaram FIGUEIREDO DIAS e COSTA ANDRADE, encontra-se na tendência de valorar mais os delitos de impacto social imediato, ainda mais quando suscetíveis a pressões políticas e econômicas. Cf.: FIGUEIREDO DIAS, Jorge de; COSTA ANDRADE, Manuel da. *Criminologia*: o homem delinquente e a sociedade criminológica. 3ª reimpr., Coimbra: Coimbra Editora, 2011, pp. 443-462. Sobre o assunto, v. também, LOPES JR., Aury. "A crise do inquérito policial: breve análise dos sistemas de investigação preliminar no processo penal". *Revista da Ajuris*. nº 78, ano XXVI, (jun. 2000), [pp. 43-74], pp. 49-51.

última razão,[267] sem a qual a investigação até então realizada, com todos os meios postos à disposição, cairia por terra.

Com isso, não se quer dizer que a investigação preliminar finalize-se com elementos alcançados através de conhecimento plenário ou exauriente. Possuindo a função de esclarecer – em certo grau de probabilidade – a autoria e a materialidade de um delito, bem como de evitar acusações infundadas, sua cognição suporta-se em um nível de conhecimento limitado tanto em um plano vertical quanto em um plano horizontal.

Há, portanto, no procedimento investigativo, nota de sumarização em sua cognição, no qual se torna desnecessário aprofundar verticalmente o conhecimento dos elementos; ou, por vezes, estender-se ao plano horizontal – em uma cognição ilimitada – a buscar todos os indícios colocados à disposição para que se possa lançar manifestação além da probabilidade desejada a servir de supedâneo ao início da ação penal.[268] O que se requer da investigação é mero juízo investigatório provável a ser referendado, ou não, na seara judicial.

No entanto, diante dos poucos elementos existentes, em regra, nos inquéritos policiais, somados ao açodamento das investigações, fruto não raro do desmantelamento da polícia judiciária e da pressão social por punições imediatas, não se chega, em muitos casos, sequer a verossímeis suportes de materialidade ou de autoria.

E é nesses termos que, na seara da prisão temporária, ecoam as perguntas: o que pode ser considerado como imprescindível para a investigação a fim de que seja alcançado um juízo preliminar – provável – de materialidade e de autoria? A que ponto esse vazio axiológico[269] da termo "imprescindibilidade" pode servir de norte à necessidade do aprisionamento?

---

267 A imprescindibilidade, observada como *ultima ratio* para o êxito da investigação, também é compartilhada por LANFREDI, Luís Geraldo Sant'Ana. *Prisão temporária...*, cit., p. 138.

268 Assim, v. LOPES JR., Aury; GLOECKNER, Ricardo Jacobsen. *Investigação preliminar...*, cit., pp. 169-180. Do mesmo modo, LOPES JR., Aury. "A crise do inquérito..., cit., pp. 60-61. Contrariamente, a afirmar que não há como estipular graus de cognição à autoridade investigante, principalmente quanto à investigação dos fatos, v. PEREIRA, Eliomar da Silva. *Teoria da investigação criminal*: uma introdução jurídico-científica. Coimbra: Almedina, 2010, pp. 135-140. Consigna-se que a sumarização da investigação preliminar não retira a possibilidade de esgotamento das vias cognitivas, tanto no plano vertical – em uma cognição exauriente – quando no plano horizontal – em uma cognição plenária. No entanto, embora a necessária busca da verdade, a investigação preliminar no inquérito policial não possui essa função, eis por que se restringe apenas a angariar prováveis elementos de provas aptos a suportar a ação penal. Restringe-se, pois, ao campo do imprescindível a fim de justificar a denúncia ou a demonstrar – em sentido inverso – sua inviabilidade.

269 A linguagem é utilizada por DELMANTO JÚNIOR, Roberto. *Inatividade no processo penal brasileiro*. São Paulo: RT, 2004, p. 165. Do mesmo modo, a afirmar que não há delimitação do significado e do conteúdo do 'imprescindível', v. GIACOMOLLI, Nereu José. *Prisão, liberdade...*, cit., p. 128.

Trata-se de cruzada sem fim. Ora, se a investigação preliminar não tem por escopo trazer elementos informativos irrefutáveis ao processo penal, mas unicamente alicerçar a ação penal com probabilidade de materialidade e de autoria; e, se o alcance do termo "imprescindível" utilizado pelo legislador ostenta aquele empregado pelos léxicos, pouco retira-se objetivamente do enunciado legislativo para possível deferimento da segregação.

Nesses termos, sabendo-se que a prisão temporária apenas poderia ser decretada naquelas situações *sem as quais* não se consegue desvendar, em juízo de probabilidade, a ação criminosa, o que se consegue observar? Exemplos abstratos não são frequentemente encontrados! Efetivos, concretos e devidamente fundamentados em sede jurisprudencial são, quando muito, raros; isso para não dizer que nada se encontra. Entretanto, não se desvanece a imensidão dos fatos da vida em que a imprescindibilidade pode se espelhar em concreta complexidade situacional.

E tudo isso se afirma porque a imprescindibilidade da prisão – para o desfecho da investigação criminal – deve mostrar-se real, concreta[270] e atual;[271] sendo estranhas ao expediente conjeturas abstratas, hipotéticas e longínquas,[272] ou quando a decisão condiciona a ação ou a inação do segregado, mascarando efetiva objetivação do sujeito.[273]

A precisão cirúrgica da terminologia empregada, tratando-se de limitação de direitos e de garantias individuais, é importante para evitar a banalização de medida instrumental única, extremamente excepcional[274] e inserta apenas à investigação criminal.

---

[270] Nesse sentido, v. STF, HC 105833, Relator: Min. MARCO AURÉLIO, Primeira Turma, julgado em 09/08/2011; STJ, RHC 106.559/RJ, Rel. Ministra LAURITA VAZ, Sexta Turma, julgado em 19/11/2019; STJ, RHC 15.316/SP, Rel. Ministro PAULO MEDINA, Sexta Turma, julgado em 13/04/2004.

[271] O Supremo Tribunal Federal e o Superior Tribunal de Justiça têm apregoado que a higidez da decretação da prisão temporária exige contemporaneidade a indicar ausência dos requisitos previsto na Lei nº 7.960/89 quando, por considerável lapso temporal, o mandado de prisão pende de cumprimento. Assim, v. STF, RHC 92873, Relator: Min. JOAQUIM BARBOSA, Segunda Turma, julgado em 12/08/2008; STJ, HC 383.855/PB, Rel. Ministro NEFI CORDEIRO, Sexta Turma, julgado em 30/03/2017; STJ, HC 286.981/MG, Rel. Ministra LAURITA VAZ, Quinta Turma, julgado em 18/06/2014; STJ, HC 75.469/GO, Rel. Ministro OG FERNANDES, Sexta Turma, julgado em 24/08/2009; STJ, HC 49.948/SP, Rel. Ministro PAULO GALLOTTI, Sexta turma, julgado em 23/05/2006.

[272] Cf.: LANFREDI, Luís Geraldo Sant'Ana. *Prisão temporária...*, cit., p. 138. Da mesma maneira, no cenário da jurisprudência portuguesa, v. Ac. do TRG de 03 de mar. 2014 (Relator: ANA TEIXEIRA), processo nº 198/11.2GAPTB-J.G1.

[273] Sobre o assunto, v. rerto item 1.3 e nota 79.

[274] Se a prisão preventiva já é medida de exceção, a prisão temporária comporta adjetivação de extrema excepcionalidade dados os requisitos e os fins previstos para o deferimento. Assim, cf.: LIBERATO, Póvoa; VILLAS BOAS, Marco. *Prisão temporária...*, cit., p. 60.

No entanto, vem-se arrefecendo a imprescindibilidade insculpida no texto normativo, ora acolhendo a necessidade da medida como imprescindível em situações de fuga,[275] ora, diante do não comparecimento à repartição pública, para que seja possível o interrogatório, ou ainda, em situações em que a prisão far-se-ia necessária para realização de reconhecimento do provável autor do crime;[276] isso sem esquecer a "nova modalidade de prisão temporária", ou seja, quando utilizada para inibir que o indiciado venha a combinar estratégia com outros eventuais participantes do crime ou para enriquecer as chances de colaborações premiadas.

Enganam-se.

Se é verdade que a ausência é fonte de preocupação para o direito, pois furta a possibilidade – pelo menos momentânea – da aplicação da lei penal, não é alicerce para servir de supedâneo à imprescindibilidade da investigação, a qual pode desenrolar-se sem a presença do autor ou do partícipe do crime. Aliás, "em que e no que", para utilizar as palavras de EROS GRAU,[277] "o corpo do suspeito é necessário à investigação?" Se existe a necessidade, essencial é que algo seja correlacionado à falta de presença: algo que, somado à ausência do suposto autor ou do presumido partícipe, torne imprescindível seu aprisionamento para o êxito da investigação.

---

[275] Dentre outros, cf.: STJ, RHC 118.501/BA, Rel. Ministro ROGERIO SCHIETTI CRUZ, Sexta Turma, julgado em 10/03/2020; STJ, HC 177.276/GO, Rel. Ministro NEFI CORDEIRO, Sexta Turma, julgado em 20/05/2014; STJ, HC 284.814/MG, Rel. Ministro MARCO AURÉLIO BELLIZZE, Quinta Turma, julgado em 08/04/2014; STJ, HC 88.818/SP, Rel. Ministro NAPOLEÃO NUNES MAIA FILHO, Quinta Turma, julgado em 11/09/2008. Sobre o tema, especialmente sobre as possíveis causas do perigo de fuga, v. FERRAJOLI, Luigi. *Direito e razão...*, cit., p. 448. A considerar que o conceito de fuga deve abranger elementos objetivos e subjetivos, v. ISASCA, Frederico. "A prisão preventiva e restantes medidas de coacção". In AA.VV. *Jornadas de direito processual penal e direitos fundamentais...*, cit., pp. 109-110. Não se comunga da opinião do Tribunal da Relação de Lisboa, o qual ratifica a prisão através de 'prognose' alicerçado na experiência comum e diante de eventual dimensionamento da pena a ser aplicada. Cf.: Ac. do TRL de 25 de out. 2009 (Relator: NETO DE MOURA), processo nº 219/11.09JELSB-B.L1-5. Nesses termos, não se pode fazer futurologia a fim de servir de supedâneo a restrições de direitos fundamentais. Ou o fato existe e deve ser acautelado ou não existe, sendo imprópria a segregação.

[276] Sobre a necessidade do aprisionamento para interrogatório e realização do reconhecimento do investigado, v. STJ, RHC 100.248/SP, Rel. Ministro FELIX FISCHER, Quinta Turma, julgado em 21/08/2018. No mesmo sentido, quando há recusa em ir à delegacia de polícia, embora diversas vezes intimado, v. STJ, Voto Vencido da Rel. Ministra JANE SILVA (Desembargadora convocada do TJ/MG, in HC 102.687/RJ, Rel. Ministra JANE SILVA (Desembargadora convocada do TJ/MG), Rel. p/ Acórdão Ministro NILSON NAVES, Sexta Turma, julgado em 02/10/2008. Considerando a imprescindibilidade da prisão para elucidação dos fatos e reconhecimento pessoal, v. STJ, RHC 116.985/RJ, Rel. Ministro REYNALDO SOARES DA FONSECA, Quinta Turma, julgado em 12/11/2019. Em termos similares, decretando a prisão anteriormente indeferida em razão da fuga do investigado e da necessidade de reconhecimento pessoal, v. Recurso em Sentido Estrito nº 70020579496, Sétima Câmara Criminal, Tribunal de Justiça do RS, Relator: NAELE OCHOA PIAZZETA, julgado em 11/10/2007. Em sede doutrinária, v. LIMA, Renato Brasileiro de. *Nova prisão cautelar...*, cit., p. 327.

[277] Cf.: STF, HC 95009, Relator: Min. EROS GRAU, Tribunal Pleno, julgado em 06/11/2008.

Certamente que tais assertivas não propiciam o aprisionamento temporário quando a autoridade policial ou o agente parquetiano afirmam ser imprescindível o interrogatório[278] ou existe a necessidade inexorável da submissão ao reconhecimento, realização de acareações, reconstituições ou produção provas técnicas.[279]

O primeiro problema que se visualiza em decisões judiciais que fundamentam a imprescindibilidade da prisão para investigação com a utilização desses meios de informação vem a ser o princípio *nemo tenetur se detegere,* largamente reconhecido, no âmbito de validade temporal, não somente aos sujeitos processuais como também aos investigados da prática de um crime.[280]

Nessa senda, não se encontrando o indiciado obrigado a colaborar com a investigação,[281] quer ativa ou passivamente[282] – inclusive tendo

---

[278] Nesses termos, já se pronunciou o Supremo Tribunal Federal que, no ordenamento jurídico brasileiro, não há prisão com a exclusiva finalidade de realizar o interrogatório do investigado. Cf.: STF, HC 95009 MC, Relator: Min. EROS GRAU, Presidente Min. GILMAR MENDES, julgado em 09/07/2008. Ademais, não se pode esquecer que, ao ficar o investigado – sob a custódia da autoridade policial – sujeito, não raras vezes, ao medo do cárcere, ao cansaço e ao desânimo, isso tudo somado à completa ausência de defensor, suas declarações devem ser vistas com cautela diante do vício de vontade existentes. Assim, cf.: LOPES JR., Aury; GLOECKNER, Ricardo Jacobsen. *Investigação preliminar...*, cit., pp. 228-229. Sobre ao assunto, v. também FERRAJOLI, Luigi. *Direito e razão...*, cit., p. 447.

[279] Quanto à impossibilidade de aprisionamento para realização de exame de DNA, v. STJ, RHC 15.316/SP, Rel. Ministro PAULO MEDINA, Sexta Turma, julgado em 13/04/2004.

[280] No cenário brasileiro, por todos, cf.: DELMANTO JÚNIOR, Roberto. *Inatividade no processo...*, cit., p. 163. Do mesmo modo, v. STF, HC 68929, Relator: Min. CELSO DE MELLO, Primeira Turma, julgado em 22/10/1991 e, mais recentemente, STF, ADPF 444, Relator: Min. GILMAR MENDES, Tribunal Pleno, julgado em 14/06/2018. Em Portugal, da mesma maneira, cf. SOUSA MENDES, Paulo de, "Estatuto de arguido e posição processual da vítima". *Revista portuguesa de ciência* criminal. nº 17, ano 2007, [pp. 601-612], pp. 602-603, ao afirmar que a garantia, embora o disposto do artigo 32º.1 da Constituição da República Portuguesa (CRP), começa muito antes da constituição em arguido, inclusive a ponto de não poder ser compelido a fornecer ou produzir provas contra seus interesses. Nos mesmos termos, a diferenciar o âmbito de validade normativo, temporal e material, e asseverando que o princípio, temporalmente, vigora mesmo antes da constituição em arguido, v. SILVA DIAS, Augusto; RAMOS, Vânia Costa. *O direito à não autoinculpação (nemo tenetur se ipsum accusare) no processo penal de contraordenacional português.* Coimbra: Coimbra Editora, 2009, pp. 20 e 22. No cenário internacional, v. o Pacto Internacional dos Direitos Civis e Políticos (PIDCP), em seu artigo 14.3, alínea "g"; a Convenção Americana sobre Direitos Humanos (CADH), no artigo 8.2, alínea "g"; a Convenção Europeia dos Direitos do Homem (CEDH), em seu artigo 6º, corroborado pela interpretação jurisprudencial do Tribunal Europeu dos Direitos do Homem (TEDH), reconhecem o direito ao *nemo tenetur.*

[281] No direito brasileiro, inclusive, o investigado, além de não poder ser compelido a participar de atos investigativos, sua recusa não serve de supedâneo ao crime de desobediência. Desse modo, cf.: LOPES JR., Aury. *Direito processual...*, cit., p. 23; QUEIJO, Maria Elizabeth. *O direito de não produzir provas contra si mesmo*: o princípio *nemo tenetur se detegere* e suas decorrências no processo penal. 2ª ed., São Paulo: Saraiva, 2012, p. 311. O Supremo Tribunal Federal também já se manifestou no sentido de ser inviável compelir o indiciado a fornecer padrões gráficos, cabendo apenas sua intimação, sem que sua ausência importe em crime de desobediência; cf.: STF, HC 77135, Relator: Min. ILMAR GALVÃO, Primeira Turma, julgado em 08/09/1998. No direito português, nos termos dos artigos 61º e 172º do CPP, há dever de colaboração, inclusive com a possibilidade de cominação de crime de desobediência. Sobre o tema, v. ALBUQUERQUE, Paulo Pinto de. *Comentário do Código de Processo Penal...*, cit., pp. 190 e 478.

a possibilidade de ausência ao interrogatório[283] –, seu aprisionamento não ostenta a imprescindibilidade exigida pelo inciso I do artigo 1º da Lei nº 7.960/89, pois sua ação ou inação circunscreve-se a uma faculdade, o que apenas eventualmente – a depender da manifestação do investigado – possibilita resultar apta ao êxito investigativo. Portanto, não é certa e concretamente imprescindível.

A prisão jamais pode fundamentar-se ou condicionar-se ao exercício de uma faculdade. Ademais, seria efetivamente inócua, para não dizer perversa, a utilização da espécie mais agressiva de prisão cautelar no ordenamento jurídico brasileiro para depois o investigado, como não raras vezes acontece no inquérito policial, silenciar ou não participar dos atos da investigação.

Nesses casos, após proporcionar a intimação para comparecimento espontâneo, nem mesmo existe viabilidade de condução coercitiva do investigado para realização de atos diagnosticados como indispensáveis à investigação preliminar,[284] salvo quando for necessária sua identificação ou sua qualificação,[285] pois carrega a nítida intenção de evitar erros judiciários e lesão a terceiros.

---

[282] Desse modo, cf.: COSTA ANDRADE, Manuel da. *Sobre as proibições de prova em processo penal*. 1ª ed., reimpressão, Coimbra: Coimbra Editora, 2013, pp. 127-128; GIACOMOLLI, Nereu José. *O devido processo...*, cit., p. 194; SILVA DIAS, Augusto; RAMOS, Vânia Costa. *O direito à não auto-inculpação...*, cit., p. 32. A fazer diferenciação entre a participação ativa e passiva, v. QUEIJO, Maria Elizabeth. *O direito de não produzir...*, cit., pp. 285-315. No cenário norte-americano, a Supreme Court já decidiu que não viola o *privilege against self-incrimination* compelir o acusado a ficar em uma fila para ser identificado, inclusive emitindo som, ou compelir o acusado ao fornecimento de material escrito. Assim, respectivamente, cf.: United States *vs.* Wade, 388 U.S. 218 (1967) e Gilbert *vs.* California, 388 U.S. 263 (1967). Em sede doutrinária, a fazer referência sobre os julgamentos, v. ISRAEL, Jerold H.; LaFAVE, Wayne R. *Criminal procedure*: constitutional limitations in a nutshell. 7ª ed., [S.l.]: West Publishing Co., eBook Kindle, 2006, posição 3148 e 3156.

[283] Cf.: STF, ADPF 444, Relator: Min. GILMAR MENDES, Tribunal Pleno, julgado em 14/06/2018.

[284] Assim, cf.: TÁVORA, Nestor; ALENCAR, Rosmar Rodrigues. *Curso de direito...*, cit., pp. 138-139, ao referir tratar-se a condução coercitiva de medida que ostenta duvidosa constitucionalidade diante da garantia do silêncio. O Supremo Tribunal Federal assentou que a condução coercitiva interfere nos princípios da dignidade da pessoa humana, na liberdade de locomoção, na presunção de não culpabilidade, na não autoincriminação e apenas pode ser considerada legítima em atos em que a pessoa tem o dever de comparecer, o que destoa em muito da situações em que se força a presença de investigados ou de acusados. Cf.: ADPF 444, Relator. Min. GILMAR MENDES, Tribunal Pleno, julgado em 14/06/2018. Em sentido contrário, a sustentar a viabilidade da condução coercitiva do suspeito para realização de diligências investigativas consideradas como imprescindível v. DELMANTO JÚNIOR, Roberto. *As modalidades de prisão...*, cit., pp. 156-158. Ou ainda, como meio admissível para obstruir a custódia cautelar por vários dias, v. FERRAJOLI, Luigi. *Direito e razão...*, cit., p. 447. Os Tribunais Superiores brasileiros, antes da ADPF 444, vinham apregoado a possibilidade de condução coercitiva. Assim, observar o paradigmático acórdão do Supremo Tribunal Federal: HC 107644, Relator: Min. RICARDO LEWANDOWSKI, Primeira Turma, julgado em 06/09/2011. Do mesmo modo, v. STJ, RHC 25.475/SP, Rel. Ministro JORGE MUSSI, Quinta Turma, julgado em 10/06/2014.

[285] Quando absolutamente inviável a identificação ou a qualificação do sujeito, existe a possibilidade da utilização do mecanismo coercitivo, muito embora, especificamente quanto à qualificação, vários meios informatizados consigam suprir eventual desconhecimento de dados pessoais, o que torna a hipótese de difícil aplicação. Assim, v. STF, ADPF 444, Relator: Min. GILMAR MENDES, Tribunal Pleno, julgado em 14/06/2018.

Quanto ao mais, na verdade, estendendo-se todas as garantias constitucionais aos investigados da prática de um crime, o seu comparecimento ao interrogatório ou às diligências designadas pela autoridade policial não ostentam um dever, mas mera faculdade do exercício da autodefesa; isso sem esquecer a liberdade de traçar, já no início da persecução – com ou sem a colaboração de defensor –, sua estratégia defensiva. Além do mais, de nada adianta conduzir o investigado – dispendendo tempo e recursos públicos – para depois, como dito, exercer seu direito de silêncio.[286]

É verdade que a prática judiciária não faz esquecer a possibilidade de condução do investigado quando se encontra segregado cautelarmente por outro fato: única hipótese em que se visualiza a possibilidade de condução, mediante custódia da autoridade policial, por tempo exíguo e restrito, mediante autorização do juízo responsável pelo acautelamento. E isso se dá porque, nessa hipótese, o preso provisório não pode exercer o direito de espontaneamente comparecer à repartição policial para esclarecer o fato investigado.

Entrementes, antes do início da condução, essencial é que nessa ocasião seja cientificado ao custodiado os seus direitos constitucionalmente garantidos, bem como tenha oportunizado o exercício da defesa pessoal;[287] tudo isso sem esquecer, ao depois, em termos de valoração, os riscos de palavras involuntárias autoincriminatórias lançadas diante de situação intimidativa e de fragilidade ínsita, não só à segregação, mas também à condução praticada pelo Estado.

É por isso que se afirma que, se o silêncio não é exercido, a confissão realizada no inquérito policial pouca utilidade prática terá em posterior cognição plenária e exauriente, pois, nos termos do artigo 155 do CPP, jamais se pode fundamentar a decisão final em elementos exclusivamente colhidos na seara investigativa.

2.2.2. *Fornecimento de elementos para identificação e ausência de residência fixa do indiciado*

Já de início, pode-se afirmar que o inciso II do artigo 1º da Lei nº 7.960/89 – ausência do fornecimento de elementos de identificação e

[286] Embora na Alemanha exista a possibilidade de condução coercitiva do acusado determinada pelo juiz ou pelo Ministério Público, após necessária intimação escrita, com a respectiva advertência, para os casos em que há possibilidade de ordem de detenção, *mutatis mutandis*, a finalidade da condução, em que pese a opinião de ROXIN, não pode consistir em explicar ao acusado a situação investigativa, somada à crença de que, em inúmeros casos, pode o investigado convencer-se de aclarar a situação. Ora, com a anterior intimação, o suspeito já conhece o interesse da autoridade policial por suas afirmações, cabendo a ele apenas sopesar sua (in)atividade perante o órgão persecutor. Sobre o assunto, v. ROXIN, Claus. *Derecho procesal...*, cit., pp. 285-286.

[287] Assim, em que pese a existência de voto contrário, mas vencido e sem razão, v. Habeas Corpus nº 70070512777, Terceira Câmara Criminal, Tribunal de Justiça do RS, Relator: Diogenes Vicente Hassan Ribeiro, Julgado em 24/08/2016.

falta de residência fixa do *indiciado* – é fortemente questionável mesmo para aqueles que advogam ser inapropriada sua incidência isolada ou apenas com o somatório do fundamento insculpido no inciso III.

Especialmente quando despidos de outro complemento e analisados separadamente, alguns pontos nevrálgicos e de difíceis soluções devem ser estabelecidos para correta interpretação da disposição.

O primeiro, tal qual dispõe o texto legal, vem a ser a necessidade de *indiciamento*.[288] E somente essa qualidade – e não a de *suspeito*, na expressa previsão da lei – possibilita o aprisionamento temporário com fundamento na ausência de elementos de identificação ou na falta de residência fixa. Aliás, o *indiciamento* também se encontra expressamente previsto no inciso III do artigo 1º da Lei nº 7.960/89.

Fruto de ato fundamentado da autoridade policial,[289] nos termos do § 6º do artigo 3º da Lei nº 12.830/2013, e considerado como "rascunho de eventual acusação",[290] o indiciamento escora-se em elementos mais fortes de autoria ou de participação no delito do que aqueles até então existentes e que apontavam à situação de suspeito. Trata-se, portanto, de diagnóstico posterior, escalonado e baseado em juízo de probabilidade emergido de ato formal da autoridade policial[291] em que as investigações passam a concentrar-se sobre certa e determinada pessoa.[292]

Embora não exista precisão legislativa quanto à sua forma, quanto ao procedimento ou quanto ao momento e aos efeitos do indiciamento,[293] faz-se necessário que a representação da autoridade policial pela decretação da prisão temporária venha aparelhada com o ato formal de indiciamento, sob pena de ainda considerar-se o alvo da investigação

[288] Nesses termos, cf.: MARCÃO, Renato. *Prisões Cautelares...*, cit., p. 211; FREITAS, Jayme Walmer de. *Prisão temporária...*, cit., pp. 121-122; FERNANDES, Antônio Scarance. "Prisão temporária e 'fermo'..., cit., p. 87.

[289] Muito antes da publicação da Lei nº 12.830/2013, já existiam vozes no cenário brasileiro a advogar a necessidade de motivação para o indiciamento. Cf.: PITOMBO, Sérgio Marcos de Moraes. "O indiciamento como ato de polícia judiciária". *Revista dos Tribunais*. São Paulo, ano 72, vol. 577, (nov. 1983), [pp. 313-316], p. 316.

[290] Cf.: PITOMBO, Sérgio Marcos de Moraes. "O indiciamento...", cit., p. 313.

[291] Até então, a aflorar a condição de suspeito, parte-se de um juízo possível, de um juízo de desconfiança, mas que não possui estrutura para servir de supedâneo à autoria. Suspeitas, tal como ensina PITOMBO, "não são mais que sombras". Quanto emerge a condição de indiciado, já se estabelece um juízo provável, de razões robustas, mas ainda não decisivas. Assim, cf.: PITOMBO, Sérgio Marcos de Moraes. "O indiciamento...", cit., p. 314, LOPES JR., Aury. *Direito processual...*, cit., pp. 333-334.

[292] Desse modo, Cf.: CAPEZ, Fernando. "Indiciamento e a identificação criminal do civilmente identificado – Lei nº 12.037, de 01.10.2009 – considerações gerais". *Revista Magister de direito penal e processual penal*. vol. 34, (fev./mar. 2010), [pp. 16-19], Porto Alegre: Magister, 2010, p. 17.

[293] Assim, cf.: LOPES JR., Aury; GLOECKNER, Ricardo Jacobsen. *Investigação preliminar...*, cit., pp. 429-446.

como mero suspeito da prática do delito investigado, inviabilizando, pois, o alcance da previsão legal.

E não é, diga-se de passagem, com seu interrogatório que a situação de indiciado se concretiza.[294] Ora, necessário ato formal, despacho fundamentado e embasado em elementos indiciários concretos, o que não exsurge – como passe de mágica – com o interrogatório. Mesmo com a oitiva do investigado, a condição é de *suspeito*, pois falta a fundamentação necessária, nos termos da Lei nº 12.830/2013, para transpassar de um estado situacional – *suspeito* – para outro – *indiciado*.

A previsão legal, portanto, é clara: indiciado.

O que não se entende, entretanto, é como o legislador estabeleceu a necessidade de indiciamento – pois outra conclusão não se alcança com o termo "indiciado" – e, ao mesmo tempo, possibilitou a decretação da prisão temporária quando não se é conhecedor dos "elementos necessários ao esclarecimento de sua identidade". Indiciar alguém sem constar no boletim de identificação, sua qualificação e informações sobre sua vida pregressa é no mínimo estranho e indubitavelmente incompreensível.

Não bastasse, a ausência do fornecimento de elementos de identificação do indiciado é requisito, em se tratando de prisão temporária, especificamente inapropriado à espécie.[295] E diz-se inapropriado à espécie porque não se faz necessário o aprisionamento de qualquer pessoa para possibilitar sua identificação.[296]

Ora, se a identificação criminal encontra-se regulada pelas Leis nºs 12.037/2009 e 12.654/2012 – esta última a disciplinar a coleta de ma-

---

[294] A afirmar, sem razão, que "em definitivo, na falta de um ato formal e particular de indiciamento, entendemos que a *situação de indiciado concreta-se* (ou pelo menos deveria) *com o interrogatório policial*", v. LOPES JR., Aury; GLOECKNER, Ricardo Jacobsen. *Investigação preliminar...*, cit., p. 438.

[295] Soma-se ainda o fato de que não se faz necessária a completa identificação do sujeito para o indiciamento; aliás, sequer para o início da ação penal, a identificação pormenorizada faz-se necessária nos termos dos artigos 41 e 259 do CPP. Em sede doutrinária, cf., por todos, BOSCHI, José Antônio Paganella. *Ação penal*: as fases administrativa e judicial da persecução penal. Porto Alegre: Livraria do Advogado, 2010, p. 258. No entanto, com isso não se quer retirar função dos interesses *endo* e *extraprocessuais* da identificação. Sobre o último assunto, v. PITOMBO, Sérgio Marcos de Moraes. "A identificação processual penal e a constituição de 1988". *Revista dos Tribunais*. São Paulo, ano 77, vol. 635, (set. 1988), [pp. 172-183], p. 175.

[296] Assim, cf.: TÁVORA, Nestor; ALENCAR, Rosmar Rodrigues. *Curso de direito...*, cit., p. 747. No Brasil, infelizmente, ainda é travada luta diária para efetivação do registro de nascimento, fonte primária da identificação social do cidadão. Há estimativas de que ainda existam mais de 500 mil crianças sem terem sido registradas ao nascer, isso sem contar a população adulta marginalizada em zonas urbanas ou a que se encontra em áreas rurais ou indígenas (cf.: http://noticias.r7.com). Nesses termos, em parceria com a Secretaria Especial de Direitos Humanos, o Conselho Nacional de Justiça – CNJ coordena campanha de mobilização nacional para o registro de nascimento, inclusive expedindo a recomendação nº 17, de 26 de agosto de 2008, para que todos os tribunais de justiça do país promovam campanhas e mutirões que visem ao registro civil de todas as crianças nascidas nos respectivos estados.

terial biológico para obtenção de perfil genético –, não calha a afirmação de que o indiciado corre risco de ter a prisão temporária decretada caso não compareça aos atos do inquérito para ser identificado.[297] Para tanto, a notificação para comparecimento é o bastante.[298] E, caso notificado a comparecer ao distrito policial e, mesmo assim, portar-se reticente, basta sua condução coercitiva – na dicção do artigo 260 do CPP[299] – pelo restrito tempo necessário ao procedimento de identificação;[300] nada mais que isso.[301]

Entrementes, com isso não se quer outorgar carta em branco à autoridade policial, pois, ainda que o indiciado seja conduzido, devem ser observadas todas as garantias constitucionais, em especial a possibilidade de ser assistido por advogado.[302] Ademais, a condução coercitiva não implica o uso de artefatos que inibam movimentação corporal – salvo se estritamente necessário e com posterior fundamentação da autoridade policial –, muito menos possibilita ser o investigado colocado em celas ou locais em que se encontram outros criminosos. Trata-se apenas de condução para formalização do ato considerado necessário[303]

---

[297] Desse modo, a sustentar a possibilidade de prisão, v. RANGEL, Paulo. *Direito processual...*, cit., p. 170.

[298] Cf.: TOURINHO FILHO, Fernando da Costa. *Processo penal...*, cit., vol. 3, 2013, p. 541.

[299] Em se tratando da necessidade de identificação e de qualificação do sujeito, não há óbice à condução coercitiva. Já se apontou [v. retro item 2.2.1 e nota 285] que, quando absolutamente inviável a identificação ou a qualificação, existe a possibilidade da utilização do mecanismo coercitivo. Sobre o tema, v. STF, ADPF 444, Relator: Min. GILMAR MENDES, Tribunal Pleno, julgado em 14/06/2018.

[300] Nesse sentido, cf.: CAPEZ, Fernando. "Indiciamento e a identificação...", cit., p. 19. Sobre o tema, v. também DELMANTO JÚNIOR, Roberto. *As modalidades de prisão...*, cit., pp. 157-158.

[301] A sustentar a possibilidade da prisão temporária em caso de fracasso das diligências policiais prévias, v. SANGUINÉ, Odone. *Prisão cautelar...*, cit., p. 105; LIMA, Renato Brasileiro de. *Nova prisão cautelar...*, cit., pp. 329-328. Espantosamente melhor é a previsão do artigo 27º.3, alínea *g)*, da Constituição Portuguesa, regulada pelo artigo 250º.6 do CPP de Portugal ao disciplinar que, em havendo necessidade de identificação, a polícia criminal pode conduzir o suspeito à repartição policial mais próxima e "compeli-lo a permanecer ali pelo tempo estritamente indispensável à identificação, em caso algum superior a seis horas"; tempo, inclusive, que deve ser observado desde a abordagem. Sobre o tema, v. ALBUQUERQUE, Paulo Pinto de. *Comentário do Código de Processo Penal...*, cit., p. 690; SOUSA, João Castro e. *"Os meios de coacção no novo Código de Processo Penal"*. In AA.VV. *Jornadas de direito processual penal. O novo...*, cit., [pp. 147-163], pp. 161-162. Na Alemanha, nos termos do § 163c do StBO, estabelece-se o limite de até 12 horas. Sobre o assunto, referente ao dispositivo legal alemão, v. ROXIN, Claus. *Derecho procesal...*, cit., pp. 284-285.

[302] O direito de ser assistido por advogado durante o inquérito policial ou no transcorrer da lavratura do auto de prisão em flagrante, no direito brasileiro, embora vozes doutrinárias em sentido contrário [cf.: LOPES JR., Aury. *Direito processual...*, cit., p. 838], não vem sendo considerado como um dever, pois, na dicção do artigo 5º da CF, apenas assegurar-se-á a indicação de advogado. Assim, v. GRINOVER, Ada Pellegrini; FERNANDES, Antônio Scarance; GOMES FILHO, Antônio Magalhaes. *As nulidades...*, cit., pp. 74 e 80.

[303] Inegavelmente não andou bem o Supremo Tribunal Federal quando no HC 107644, Relator: Min. RICARDO LEWANDOWSKI, Primeira Turma, julgado em 06/09/2011, decidiu por maioria, a possibilidade do então investigado, após confessar prática do crime, permanecer algemado e sob custódia na delegacia de polícia até a apreciação de pedido de prisão temporária. Com a

e sob o comando único da autoridade judiciária.[304] A propósito, a cuidar-se, pois, de supressão absoluta, mesmo que temporária, da liberdade de locomoção, apenas o comando judicial encontra suporte constitucional.

Mas não é só isso. Se o indiciamento é barreira a ser ultrapassada pela autoridade policial no momento em que representa, pela prisão temporária, diante de necessários esclarecimentos à identificação do indiciado, a falta de residência fixa é outro elemento que, no mínimo, causa desconforto – para não dizer ser inapropriado – a servir de sustentação ao decreto prisional para aqueles que afirmam sua conjugação isolada com o inciso III do artigo 1º da Lei nº 7.960/89.

O aprisionamento, por esse motivo, parece um tanto quanto discriminatório e instrumento de controle a certos e determinados grupos sociais,[305] bem como destinado a completar falta de assistência política e social que impera em algumas nações.[306] Nesses termos, a previsão é de mau gosto e incluída em cenário dantesco.

No Brasil, infelizmente, há estimativa de que dentre os aproximadamente 200 milhões de habitantes, 0,6% faz parte da população de rua, o que em números pode-se chegar a uma cifra de mais de um

---

submissão do investigado "aos ferros", para utilizar as palavras do Min. MARCO AURÉLIO no voto dissidente, há, mesmo que por curto espaço de tempo, restrição de direito fundamental com verdadeiro desrespeito à reserva jurisdicional nos termos do artigo 5º, incisos LXI e LXII, da CF.

[304] A doutrina diverge no cenário nacional sobre a necessidade de autorização judicial para a realização condução coercitiva. Corretamente asseveram que somente o juiz pode determinar a condução do investigado, v. NUCCI, Guilherme de Souza. *Código de Processo Penal comentado.* 13ª ed., Rio de Janeiro: Forense, 2014, pp. 618-619. Em sentido diverso, cf.: TÁVORA, Nestor; ALENCAR, Rosmar Rodrigues. *Curso de direito...*, cit., p. 138; e também MOISÉS, Jurandir J. "Poder de polícia e prisão temporária". *Bahia Forense*: legislação, doutrina e jurisprudência. vol. 34, (ago. 1991), [pp. 39-41], pp. 40-41. Antes da ADPF 444, Relator: Min. GILMAR MENDES, Tribunal Pleno, julgado em 14/06/2018, a jurisprudência dos tribunais superiores encontrava-se sedimentada quanto à matéria, afirmando a legitimidade do ato realizado pela autoridade policial. Assim, cf.: STF, HC 107644, Relator: Min. RICARDO LEWANDOWSKI, Primeira Turma, julgado em 06/09/2011; STJ, RHC 25.475/SP, Rel. Ministro JORGE MUSSI, Quinta Turma, julgado em 10/06/2014.

[305] A afirmar que o requisito revela caráter discriminatório como instrumento de controle social sobre grupos sociais vulneráveis, v. SANGUINÉ, Odone. Prisão cautelar..., cit., p. 104. Aliás, vale "dizer que o direito penal é feito – ainda hoje – para os que não têm (e o direito civil para o que têm). Qualquer dado estatístico mostra isso. Se eu fosse resumir a desigualdade de acesso à justiça em terrae brasilis, usaria uma frase de um camponês de El Salvador, referida por José Jesus de La Torre Rangel: "La ley es como la serpiente; solo pica a los descalzos". Não é exagero. Basta ver a clientela de nossos presídios, que hoje já ultrapassa o meio milhão de encarcerados. E isso não é brincadeira, não". Cf.: STRECK, Lenio Luiz. "Comissão de juristas gosta do Direito Penal do Risco". *Consultor Jurídico.* 8 de maio de 2012.

[306] Aliás, já afirmava ALESSANDRO BARATTA, que "as maiores chances de ser selecionado para fazer parte da 'população criminosa' aparecem, de fato, concentradas nos níveis mais baixos da escala social (suproletariados e grupos marginais)", sendo o cárcere o principal instrumento de recrutamento quase que exclusivamente destinado ao proletariado. Cf.: BARATTA, Alessandro. *Criminologia crítica...*, cit., pp. 165 e 167-168.

milhão de moradores de rua em todo o território,[307] isso sem contar moradores que se encontram em áreas transitórias, irregulares ou sem qualquer identificação.[308] Aliás, basta visitar os albergues públicos, as praças e as escadas de qualquer igreja matriz das grandes cidades para verificar a residência de muitas pessoas.

Mas, mesmo assim, se, em razão de estrita necessidade, for imprescindível saber o local em que a pessoa pode ser encontrada para posteriores intimações no decorrer investigativo ou processual, não é com sua prisão, como visto, que terá residência fixa, salvo pelo período de 5 dias, acrescido por mais 5, ou por 30, renovado por mais 30, dependendo da infração. Aprisionar alguém, com medida odiosa em face de suposta presunção de não mais poder ser encontrada, mas apenas para finalizar a investigação sem culpa formada, porque não tem residência fixa, nas searas da criminologia brasileira, é perverso e efetivamente de mau gosto.[309]

E, com isso, mesmo em se tratando de requisitos que necessitariam de engenhosa e difícil fundamentação, não se pode chancelar a afirmação de que os incisos I e II do artigo 1º da Lei nº 7.960/89 sejam redundantes, uma vez que ambas as disposições circunscreveriam a imprescindibilidade da prisão ao desfecho da investigação.[310] Nada disso. Embora se trate o inciso II de mero complemento [v. retro item 2.2], insculpiu-se, com a necessidade de indiciamento, maior garantia às ingerências em detrimento da liberdade individual. Ao suspeito não há possibilidade de incidência da disposição, nem mesmo de decretação da prisão temporária, até porque a previsão também veio a ser ratificada no inciso III.

---

[307] Segundo reportagem do Jornal Zero Hora, o número de moradores de rua nos últimos anos cresceu no Brasil. Em Porto Alegre, por exemplo, em contagem realizada no ano de 2011, existiam 1.347 pessoas nessa situação. Fonte: Jornal Zero Hora, Ano 51, nº 17.834, de 9 de ago. 2014, pp. 8-9). Já na cidade de São Paulo, consoante censo da população em situação de rua na municipalidade – 2011 – recenseou-se, no mesmo ano, 14.478 indivíduos como moradores de rua da capital paulista. Não bastasse, segundo dados do Instituto de Pesquisa Econômica Aplicada (Ipea), o total de brasileiros que viviam em situação de extrema pobreza, no ano de 2013, era de 10.452.383 pessoas (Jornal Zero Hora, Ano 51, nº 17.923, 2ª ed., de 6 de nov. 2014, p. 16).

[308] Não é incomum ouvir em interrogados, ou quando da inquirição de testemunhas, que moram em alojamentos, "áreas verdes", "acampamentos", loteamentos irregulares, dentro outros lugares sem identificação precisa.

[309] Sobre o tema, afirmando tratar-se de disposição discriminatória, v. LANFREDI, Luís Geraldo Sant'Ana. *Prisão temporária...*, cit., p. 136; LIBERATO, Póvoa; VILLAS BOAS, Marco. *Prisão temporária...*, cit., pp. 61-62. Ainda, a sustentar que a disposição fere a cláusula constitucional que impõe tratamento isonômico, v. SANGUINE, Odone. *Prisão cautelar...*, cit., p. 104. Ou que atinge o princípio da igualdade, o direito ao silêncio, além do que ninguém seria obrigado a ter residência fixa nos termos do inciso II do artigo 5º da CF, v. LINO, Bruno Teixeira. *Prisão temporária...*, cit., pp. 54-56.

[310] Nesses termos, a afirmar que os incisos I e II do artigo 1º da Lei nº 7.960/89 tratam-se de previsões redundantes, v. POLASTRI, Marcellus. *A tutela cautelar...*, cit., p. 214; LOPES JR., Aury. *Direito processual...*, cit., pp. 907-908; SANGUINÉ, Odone. *Prisão cautelar...*, cit., p. 99.

A decretação da prisão temporária, portanto, com base no inciso II do artigo 1º da Lei nº 7.960/89, encontra inquestionáveis obstáculos para sua efetivação; e apenas olhar míope encontra falso supedâneo à sua legitimação, ainda mais quando os dados sociais e os princípios da tutela cautelar ostentam meios menos gravosos para garantir eventuais necessidades assecuratórias.

E nunca se esqueça de que o que não prescinde legitimação é a prisão, e não a liberdade individual.[311]

2.2.3. *Fundadas razões de autoria e de participação do indiciado em crimes definidos em lei*

Como já se considerou, o inciso III artigo 1º da Lei nº 7.960/89 consagra-se como fundamento – *fumus comissi delicti* – para a decisão que vier a decretar o aprisionamento cautelar. A possuir nota de destaque, exige-se análise precedente dos requisitos da prisão temporária, embora disposto cronológica e inadequadamente pelo legislador como o último elemento a verificação de eventual possibilidade da segregação. E a imprecisão e inadequação não acabam por aí.

A disposição engloba conceito não muito claro, bem como imprecisão que acarretam difíceis interpretações com sobrecargas subjetivas, fortemente questionáveis quando em análise restrições a direito fundamental. Não bastasse isso tudo, sua redação acarreta imposição temporal de forma inconveniente a renunciar o tempo e a própria evolução da história.[312]

Portanto, tudo é mais sombrio do que parece. Ora, o que deve ser entendido por fundadas razões, de acordo com a prova admitida na legislação penal, de autoria e de participação do *indiciado*? E mais, é possível buscar crimes não amparados no regramento próprio para servir de alicerce à decretação do aprisionamento temporário?

Novamente o legislador não escapou de um açodamento próprio de quem busca alterar e "aperfeiçoar" a legislação lançando palavras

---

[311] Assim, cf.: manifestação do então Subprocurador-Geral da República JUAREZ TAVAREZ junto ao Supremo Tribunal Federal. Cf.: STF, HC 97177, Relator: Min. CEZAR PELUSO, Segunda Turma, julgado em 08/09/2009.

[312] A lei não deve e não pode ser formulada univocamente, pois criada para casos cuja variedade reporta-se ao infinito. Uma lei fechada em si, sem possibilidade de interpretação, leva à paralisação do direito. Neste contexto, CASTANHERIA NEVES já afirmava ser impossível dominar a história, pois "o presente nada mais é do que a realização do pré-visto ou enunciado pela história. Em seu dinamismo, não é possível dominar a história a ponto de impô-la uma linha de evolução previamente traçada. Do contrário renunciaríamos o tempo e a própria história. O plano sistemático, pois, não suspende o futuro e sendo a ordenação positiva histórica, não há como suspender a história" Cf.: CASTANHEIRA NEVES, A. *Metodologia jurídica*: problemas fundamentais. Coimbra: Coimbra Editora, 2011, p. 224.

desconjugadas, como se umas fossem sinônimas das outras, ou como se a interpretação fosse possível sem alicerçar-se no texto legal, buscando apenas a intenção – pelo que se imagina ou imaginava-se – do legislador. Isso sem esquecer novos regramentos editados com verdadeira desídia e falta de conhecimento da legislação existente, a gerar descompasso, dúvida e interpretação doutrinárias e jurisprudenciais para todos os lados.[313]

A legislação poderia e deveria ter sido editada de maneira diferente. No entanto, não foi. Tenta-se, portanto, passo a passo, e mesmo que restringindo seu alcance, interpretá-la.

2.2.3.1. *Fundadas razões de autoria e de participação do indiciado de acordo com qualquer prova admitida na legislação penal*

Consoante disciplina o artigo 1º, inciso III, da Lei nº 7.960/89, caberá a prisão temporária quando existirem *fundadas razões*, de acordo com qualquer prova admitida na legislação penal, *de autoria ou de participação do indiciado* nos crimes ali contemplados.

A necessidade da existência de *fundadas razões* de autoria e de participação do indiciado constitui elemento a ser verificado pelo juiz no primeiro momento da análise da representação ou do requerimento de prisão temporária. Seu âmago provém, necessariamente, de prévia, regular e indispensável atividade da autoridade investigante, na qual se revelaram indícios da prática delitiva executada por certa e determinada pessoa, estabelecendo-se uma relação de probabilidade que permita a atuação cautelar judicial.[314]

Não se possibilita, com isso, como em períodos de triste memória, efetivar a prisão para buscar elementos sobre a existência de crime ou procurar traços de autoria, mas, somente com elementos já apurados durante a investigação prévia e amparados por concretos juízos de autoria ou de participação, buscar – caso necessário – o acautelamento pessoal para o futuro êxito investigativo.

Mas nem tão longe. As *fundadas razões* de autoria e de participação encontram-se em uma zona intermediária entre o início do procedi

[313] No Brasil, a situação é tão grave que, até mesmo quando não pairam dúvidas sobre o texto de lei, as interpretações são férteis, imagine-se quando existem imprecisões. E, para constatar a dimensão do problema, em certa ocasião, o então ministro aposentado do Superior Tribunal de Justiça RUY ROSADO DE AGUIAR JR. assim sistematizou o problema: "Moisés chegou com os Dez Mandamentos e começou a ler um por um. Ia sendo entusiasticamente aplaudido, até que anunciou 'não cobiçarás a mulher do próximo...' Vaias tanto de homens quanto das mulheres. Tentando acalmar o povo, foi logo dizendo: 'Essa é a lei. Vamos ver o que diz a jurisprudência...'". Fonte: Jornal Zero Hora, Ano 51, nº 17.850 – Informe Especial – 25 ago. 2014, p. 4).

[314] Assim, cf.: LANFREDI, Luís Geraldo Sant'Ana. *Prisão temporária...*, cit., p. 126.

mento investigatório e os elementos informativos que já se encontram suficientes e aptos ao oferecimento da denúncia com eventual e futura conclusão do inquérito policial. Devem ser, pois, mais fortes que aqueles, mas menos fortes que estes. Não se trata de pressentimentos, de desconfianças, de suposições, de conjecturas,[315] de presunções[316] ou de suspeitas, mas de elementos informativos ou indícios, ainda que não veementes nem suficientes ao início da ação penal.

Tais elementos encontram-se naquelas hipóteses em que os elementos positivos de autoria e de participação sobrepõem-se aos negativos. Não se igualam nem são menos; porque, quando se equivalem, temos o crível e, quando inferiores, vigora o improvável.[317]

São os elementos de preponderância que permitem uma avaliação positiva, além de uma dúvida razoável, a tomar por base situações diretas ou indiretas, comportamentos, rastros, sinais, vestígios ou circunstâncias significativas conjuntamente consideradas,[318] mas devidamente certas e provadas, a revelar fatores convincentes da autoria delitiva em uma probabilidade predominante.[319]

Sem despontar a necessária comprovação da materialidade do crime,[320] os elementos informativos existentes devem ser somados à medida que o maior número de coincidências – mesmo que em detalhes

---

[315] Desse modo, cf.: KAUFFMANN, Carlos. *Prisão temporária...*, cit., p. 131; WEDY, Miguel Tedesco. *Teoria da prisão...*, cit., p. 132.

[316] Conjecturas e presunções não ostentam o mesmo significado. Aquelas derivam de fato duvidoso e incerto, enquanto as presunções decorrem de fato certo. Sobre a diferenciação, mais precisamente, v. CORDÓN AGUILAR, Julio César. *Prueba indiciaria...*, cit., pp. 62-63.

[317] Assim, v. MALATESTA, Nicola Framarino Dei. *A lógica das provas...*, cit., p. 23. Sobre o assunto, na jurisprudência portuguesa, a afirmar a necessidade de sobreposição dos elementos positivos sobre os negativos, v. Ac. do STJ de 08 de out. 2008 (Relator: SORETO DE BARROS), processo nº 07P031; e Ac. do STJ de 16 de jun. 2005 (Relator: PEREIRA MADEIRA), processo nº 05P1938.

[318] A sustentar a necessidade da soma de indícios, embora casos excepcionais em sentido contrário, v. CORDÓN AGUILAR, Julio César. *Prueba indiciaria...*, cit., pp. 138-142; ASENCIO MELLADO, José Mª. *Derecho procesal...*, cit., p. 286; PIERANGELI, José Henrique. *Escritos jurídico-penais*. 2ª ed., São Paulo: RT, 1999, pp. 306-314. No mesmo sentido, v. Ac. do TRG de 09 de set. 2013 (Relator: FERNANDO MONTERROSO), processo nº 4/09.8JABRG.G1. Analisando métodos de apreciação dos indícios, com a prevalência da denominada teoria eclética em que a valoração dá-se em duas etapas [intrínsecos: certeza e univocidade / extrínsecos: concordância], v. KNIJNIK, Danilo. *A prova nos juízos cível, penal e tributário*. Rio de Janeiro: Forense, 2007, pp. 49-55.

[319] Sobre o tema, v. SILVEIRA, Jorge Noronha de. "O conceito de indícios suficientes no processo penal português". In AA.VV. *Jornadas de direito processual penal e direitos fundamentais...*, cit., [pp. 155-181], pp. 168-171.

[320] A comprovação da materialidade do crime – ou pelo menos a existência de elementos indiciários para seu diagnóstico –, embora não prevista na legislação, é vista como condição para a possível decretação da medida acautelatória. Sobre o assunto, v. SANGUINÉ, Odone. *Prisão cautelar...*, cit., p. 118; LANFREDI, Luís Geraldo Sant'Ana. *Prisão temporária...*, cit., p. 129. No entanto, e sem razão, a afirmar a impossibilidade da comprovação da materialidade por indícios, diante da sistemática do processo penal brasileiro, v. NUCCI, Guilherme de Souza. *Provas no processo penal*. 2ª ed., São Paulo: RT, 2011, p. 203.

tidos como insignificantes – direcione a uma probabilidade de veracidade a fazer com que a confiança cresça na mesma proporção das afirmações encontradas.[321]

De tudo, porém, são elementos mais tênues do que aqueles exigidos para a decretação prisão preventiva,[322] mas sem arrefecer a força suficiente para servir de suporte ao decreto prisional, até porque deve-se ultrapassar a dúvida razoável a colocar o indiciado em condição de desvantagem, em uma situação de desconfiança frente aos demais membros da comunidade.

E, se ainda pairam dúvidas sobre expressão utilizada no dimensionamento a ser empregado, jamais se pode esquecer que, diante da análise informativa preliminar e das manifestações da autoridade policial e do Ministério Público em que se exteriorizam convencimentos sobre a intensidade dos elementos até antão existentes – mesmo que ainda durante o inquérito policial –, deve-se fazer projeções da viabilidade da pretensão acusatória.

Entretanto, não se faz essencial a séria possibilidade de condenação, mas apenas contornos de que a acusação é viável em probabilidade que induza o convencimento racional de que tal infração tenha ocorrido.

É fato. Jamais se decretaria medida extrema, mesmo em se tratando de prisão inserta à investigação, e na qual se buscam elementos para viabilizar de maneira mais sólida o ingresso da ação penal, se não há até então elementos adequados – mesmo que prematuros – para fundamentar juízos de tipicidade, ilicitude e culpabilidade a gerar probabilidade da ocorrência de um delito.[323] Do contrário, a medida

---

321 A necessidade de buscar a convicção em vários elementos, e mesmo naqueles considerados à primeira vista como insignificantes, é matéria observada desde há muito tempo no direito probatório. Nesses termos, v. MITTERMAIER, C. J. A. *Tratado da prova em matéria criminal*. 2º tiragem, Campinas: Bookseller, 1997, p. 360; GORPHE, François. *La apreciacion judicial de las pruebas*. Buenos Aires: La Ley, 1967, pp. 288-296; DELLEPIANE, Antônio. *Nova teoria da prova*. s/ed, Rio de janeiro: Livraria Jacinto, 1942, pp. 169-170. Mais recentemente, na jurisprudência portuguesa, v. Ac. do TRG de 22 de out. 2013 (Relator: MARIA LUSIA ARANTES), processo nº 570/11.8PCBRG.G1.

322 Assim, v. FREITAS, Jayme Walmer de. *Prisão temporária...*, cit., p. 148; v. SANGUINÉ, Odone. *Prisão cautelar...*, cit., p. 102. Em sentido contrário, a afirmar a incompatibilidade constitucional da argumentação, v. LANFREDI, Luís Geraldo Sant'Ana. *Prisão temporária...*, cit., pp. 184-185. Nesse último sentido, ao tratar sobre indícios suficientes no cenário do direito processual português, e sustentando ser necessário ultrapassar qualquer barreira de dúvida diante do princípio da presunção de inocência, v. SILVEIRA, Jorge Noronha de. "O conceito de indícios suficientes no processo penal português". In AA.VV. *Jornadas de direito processual penal e direitos fundamentais...*, cit., pp. 168-171.

323 Sobre o tema, v. LANFREDI, Luís Geraldo Sant'Ana. *Prisão temporária...*, cit., p. 133. Por outro lado, o diagnóstico de provável condenação ou absolvição, diante dos elementos existentes, e mesmo diante da análise perfunctória, não foge à percepção do juiz, mesmo que inconscientemente. Aliás, buscando subsídio ao que se disse a fim de alicerçar e dimensionar as fundadas razões de autoria e de participação previstas no inciso III do artigo 1º da Lei nº 7.960/89, encontra-se, na le-

acauteladora tornar-se não homogênea, perversa e irremediavelmente infundada.

A própria expressão latina *fumus comissi delicti* já representa um prognóstico, mesmo que aparente e dentro dos elementos até então existentes, da viabilidade – especificamente se tratando da prisão temporária – do ingresso acusatório.[324] É verdade que o desfecho de eventual ação penal ainda se encontra em evolução, porque pendente de análise dos elementos de prova; entrementes, mesmo assim, não se escapa de um prognóstico ainda em construção.

E não se diga que a conclusão fulmina a presunção de inocência. Nada disso. Primeiro, porque, circunscrito a fatores analógicos inseparáveis da condição humana,[325] a espelhar-se em decisões anteriores,

---

gislação portuguesa, o artigo 283°, n° 2, do CPP, ao considerar que existem "suficientes os indícios sempre que deles resultar uma possibilidade razoável de ao arguido vir a ser aplicada, por força deles, em julgamento, uma pena ou uma medida de segurança", tudo isso certo, e tão somente, em torno da precariedade do que se tem. Desse modo, cf.: SILVA, Germano Marques da. *Curso de processo...*, cit., p. 352; GONÇALVES, Fernando; ALVES, João Manuel. *As medidas de coacção...*, cit., p. 58. Na jurisprudência portuguesa, v. Ac. do TRE de 03 de mar. 2015 (Relator: ANA BARATA BRITO), processo n° 1373/14.3PBSTB-A.E1; Ac. do TRE de 27 de jul. 2011 (Relator: MARIA FILOMENA SOARES), processo n° 174/09.5ZRFAR-B.E1; e Ac. do TRP de 25 de mar. 2015 (Relator: NETO DE MOURA), processo n° 2039/14.0JAPRT-A.P1.

324 A tratar-se da prisão preventiva, a doutrina vai mais longe, a considerar o *fumus comissi delicti* como situação que descanta o provável cometimento do crime com razoável previsão de que o acusado seja condenado. Assim, v. ARMENTA DEU, Teresa. *Lecciones de derecho...*, cit., p. 173; LIMA, Renato Brasileiro de. *Nova prisão cautelar...*, cit., p. 256; SANGUINÉ, Odone. *Prisão cautelar...*, cit., p. 118; GOMES FILHO, Antônio Magalhães. *A motivação das decisões...*, cit., p. 185.

325 É inviável afirmar, em termos interpretativos, a proibição da analogia, pois, o direito – sem se esquecer da vida e da própria atividade legislativa – "é originariamente analógico". Cf.: KAUFMANN, Arthur. *Introdução à filosofia do direito e à teoria do direito contemporâneas*. A. Kaufmann e W. Hassemer (org.). 2ª ed., Lisboa: Calouste Gulbenkian, 2009, p. 189. Considera-se, inclusive, ingênua a proibição legislativa da analogia, "para só admitir", segundo CASTANHEIRA NEVES, A. ["Princípio da Legalidade Criminal". In *Digesta...*, cit., pp. 459-460] "a interpretação como ontem e o foi a proibição da própria interpretação: essa proibição carece, pura e simplesmente, de metodológica condição de possibilidade". A analogia é, pois, "característica de todos dos tipos de pensamento, desde pensamento teológico e filosófico ao pensamento matemático" – [embora este decorrente de pensamento quantitativo, e não qualitativo], "desde o pensamento teorético-cognitivo ao pensamento prático – é verdadeiramente o conteúdo intencional de todo o pensamento – e com particular relevo desde sempre no pensamento jurídico". Cf.: CASTANHEIRA NEVES, A. *Metodologia jurídica...*, p. 238.

Entretanto, sem confundir *raciocínio analógico* com *proibição à analogia* [v. PALMA, Maria Fernanda. *Direito penal*: parte geral. (Lições proferidas ao 4° ano de licenciatura em direito – ano letivo de 1993/94). Lisboa: A.A.F.D.L., 1994, p. 86], na seara penal, pode-se afirmar, de um modo geral, que o pensamento analógico, sendo da própria essência do homem, não possui apenas o papel de recurso supletivo de lacunas, mas está em todo o processo natural, em todo o processo de concretização do direito.

A analogia trata-se de uma "concordância adequada a uma relação [...] Não é identidade nem diferença, senão ambas: vinculação ideal de identidade e diferença" [cf.: KAUFMANN, Arthur. *Analogia y "naturaleza de la coza"*: hacia uma teoria de la comprension jurídica. Santiago: Editorial Juridica de Chile, 1976, p. 57]. Pressupõe "relação de semelhança, de correspondência" [cf.: CASTANHEIRA NEVES, A. *Metodologia jurídica...*, cit., p. 248], uma "relação 'tal como... assim...'" [cf.: HEIDEGGER, Martin. *O que é uma Coisa? Doutrina de Kant dos princípios* transcendentais. Lisboa: Edições 70, (s/d), p. 216], um processo de equiparação entre a norma e a situação da vida, entre

a eventual possiblidade de ingresso de ação penal futura não foge à análise; isso sem tornar o indiciado efetivamente culpado, mas naquela situação especialíssima de desvantagem em que se encontra frente a terceiros.[326] Depois, porque a cautelaridade da prisão temporária não encontra supedâneo apenas no *fumus comissi delicti*, mas também no *periculum libertatis*, aqui enaltecido pela imprescindibilidade do aprisionamento para o desfecho investigativo e futuro ingresso da ação penal.

Na verdade, quando da análise da constrição pessoal na prisão temporária, não se projetam juízos de culpa ou de encarceramento definitivos, mas se observa, como um expectador envolto pelos elementos existentes, a eventual possiblidade do início da ação penal, ainda que, ao seu tempo, nitidamente precária[327] a ser eventualmente confirmada *a posteriori* em um processo intersubjetivo.[328] Age-se, portanto, sem delibar a responsabilidade penal definitiva, porque ainda sujeita às garantias insertas ao processo penal.

De qualquer sorte, e na sombra do que foi dito, mesmo em se tratando de um juízo inseguro para alcançar prognóstico desejado, não se pode utilizar de todos os esforços para a demonstração dos fatos que se pretende provar. As ações investigativas esbarram em limitações de ordem constitucional, em especial, quando aviltantes a direitos e a garantias fundamentais. Ademais, em que pese a consagração, um tanto quando ilusória,[329] de que são admissíveis as provas que não forem proibidas por lei, devem-se observar os ritos preestabelecidos de modo

---

o dever e o ser. E tal *equiparação*, necessariamente – correspondência entre o dever e o ser –, pressupõe um mediador, um *tertium* que concilie a norma e a situação da vida – "um mediador entre dever e ser" [cf.: KAUFMANN, Arthur. *Filosofia do direito*. 4ª ed., Lisboa: Calouste Gulbenkian, 2010, p. 187], caracterizado pela prevalência do semelhante sobre a diferença.

[326] Nesse sentido, cf.: HASSEMER, Winfried. *Crítica al derecho...*, cit., p. 117. A propósito, "não obstante a aludida presunção, sempre subjacente até o trânsito em julgado da decisão final condenatória, temos simultaneamente de ter presente que o arguido se distingue dos restantes cidadãos, porque sobre ele recai um juízo de suspeição, fundamentado em factos que indiciam o cometimento de um crime. Nesses termos, o comando vertido no artigo 13º, da CRP. [1. Todos os cidadãos têm a mesma dignidade social e são iguais perante a lei. 2. Ninguém pode ser privilegiado, beneficiado, prejudicado, privado de qualquer direito ou isento de qualquer dever em razão de ascendência, sexo, raça, língua, território de origem, religião, convicções políticas ou ideológicas, instrução, situação económica, condição social ou orientação sexual.] só se cumpre, inteiramente, quando se assegura a todos os arguidos o mesmo tratamento que pela própria razão de serem, tem necessariamente de ser distinto, do tratamento, também ele igualitário, com que a Ordem Jurídica de tratar os restantes cidadãos". Cf.: ISASCA, Frederico. "A prisão preventiva e restantes medidas de coacção". In AA.VV. *Jornadas de direito processual penal e direitos fundamentais...*, cit., p. 103.

[327] Assim, cf.: LANFREDI, Luis Geraldo Sant'Ana. *Prisão temporária...*, cit., pp.133-134.

[328] Desse modo, cf.: PALMA, Maria Fernanda. "Acusação e pronúncia num direito processual penal de conflito entre a presunção de inocência e a realização da justiça punitiva". In AA.VV. *I Congresso de processo...*, cit., [pp. 113-129], p. 119.

[329] Cf.: SOUSA MENDES, Paulo de. *Lições de processo...*, cit., p. 161.

a não se transformar a ação na obtenção da prova em novo regramento não disciplinado.

Portanto, diante do catálogo de meios de prova externado pelo legislador, não se permite que sejam desrespeitadas as regras instrumentais e materiais estabelecidas nos próprios regimes a fim de serem criados "meios de provas aparentados, mas atípicos".[330] Dito de outra forma: a não taxatividade não significa liberdade instrumental aos meios de produção probatória já disciplinados.

O que se pode buscar com inovações tecnológicas futuras – dentro do contexto político-sociológico no qual a investigação ou processo se encontra[331] – são outros meios de informação não previstos e disciplinados: afirmativa que não encontra respaldo, como dito, em tais meios, naqueles cujo desenvolvimento metódico, já se verifica na legislação.

Desse modo, não encontra guarida como meio de informação ou de prova, apesar de comuns e corriqueiras na prática forense, principalmente no início da fase investigativa, notícias-crimes anônimas, ou melhor: palavras lançadas em precária investigação por pessoa que não quer identificar-se por temer represálias.[332]

Efetivamente, é inadmissível em termos constitucionais – muito embora a existência de temor ao se delatarem certos crimes ou organizações criminosas – alicerçar a representação ou o requerimento unicamente com lastro em notícias ou manifestações sem que conste a identificação daquele que assim informou e que, com base em tais notícias restrinjam-se direitos fundamentais. A vedação encontra-se expressa no artigo 5º, inciso IV, da Constituição Federal, a qual proíbe o anonimato.

A liberdade de expressão, por se tratar de direito fundamental básico e universal, é reconhecida a todas as pessoas, bastando apenas capacidade natural de expressar-se.[333] No entanto, não proporciona blindagem a todos os males advindos da manifestação.

Ora, não raro advindo de pessoas vinculadas a práticas delitivas ou fruto de um relacionamento de inimizade, vindita ou retaliação – sem esquecer outras manifestações decorrentes de ordem político-eleitoral –, as manifestações podem atingir pessoas ou situações jurídicas que não correspondem à realidade, fazendo com que surjam os direitos

---

[330] Cf.: SOUSA MENDES, Paulo de. *Lições de processo...*, cit., p. 161.

[331] Assim, cf.: AVOLIO, Luiz Francisco Torquato. *Prova ilícita*: interceptações telefônicas, ambientais e gravações clandestinas. 5ª ed., São Paulo: RT, 2012, p. 27.

[332] Desse modo, cf.: LANFREDI, Luís Geraldo Sant'Ana. *Prisão temporária...*, cit., p. 127; SANGUINÉ, Odone. *Prisão cautelar...*, cit., p. 102.

[333] Nesses temos, cf.: ALEXANDRINO, José de Melo. In AA.VV. *Constituição portuguesa anotada...*, cit., [pp. 844-859], p. 849.

também fundamentais da garantia do direito de defesa efetiva[334] – existente desde a fase investigativa –, isso sem esquecer a reparação pelos danos sofridos[335] e a persecução estatal de responsabilizar penalmente o suposto infrator pela denunciação caluniosa praticada.

Com isso, não se quer dizer, entrementes, que a falta de identificação do delator impossibilite o início de investigação.[336] Nada disso. Na verdade, a autoridade policial, ao tomar ciência do fato anonimamente delatado, deve dar início à investigação a fim de alicerçar eventual representação com todas as diligências realizadas e que venham a ratificar as informações anônimas repassadas,[337] tudo isso – sob pena de invalidade da situação que se pretende provar[338] – a gerar elementos concretos à afirmação do *fumus comissi delicti*.

---

[334] Consigna-se que não se está a argumentar a retirada de direitos de cidadania ativa e de boa-fé daqueles que querem colaborar com a repressão ao crime, respaldando-se no anonimato em razão da exposição de sua vida e de seus familiares a risco, tal qual assentou em voto vista o Min. SEPÚLVEDA PERTENCE por ocasião do STF, HC 84827, Relator: Min. MARCO AURÉLIO, Primeira Turma, julgado em 07/08/2007. Nos mesmos termos v. STF, HC 98345, Relator: Min. MARCO AURÉLIO, Relator p/ Acórdão: Min. DIAS TOFFOLI, Primeira Turma, julgado em 16/06/2010. No entanto, nada mais odioso do que a impossibilidade de defender-se com eficiência sem saber a exata origem da imputação que lhe é feita.

[335] Assim, v. SILVA, José Afonso da. *Curso de direito constitucional positivo*. 38ª ed., São Paulo: Malheiros, 2015, p. 247.

[336] O Supremo Tribunal Federal já estabeleceu balizas, dentro de parâmetros constitucionais, para que a denúncia anônima não venha a comprometer a apuração de comportamentos ilícitos: "(a) o escrito anônimo não justifica, por si só, desde que isoladamente considerado, a imediata instauração da "persecutio criminis", eis que peças apócrifas não podem ser incorporadas, formalmente, ao processo, salvo quando tais documentos forem produzidos pelo acusado, ou, ainda, quando constituírem, eles próprios, o corpo de delito (como sucede com bilhetes de resgate no delito de extorsão mediante sequestro, ou como ocorre com cartas que evidenciem a prática de crimes contra a honra, ou que corporifiquem o delito de ameaça ou que materializem o "crimen falsi", p. ex.); (b) nada impede, contudo, que o Poder Público, provocado por delação anônima ("disque-denúncia", p. ex.), adote medidas informais destinadas a apurar, previamente, em averiguação sumária, "com prudência e discrição", a possível ocorrência de eventual situação de ilicitude penal, desde que o faça com o objetivo de conferir a verossimilhança dos fatos nela denunciados, em ordem a promover, então, em caso positivo, a formal instauração da "persecutio criminis", mantendo-se, assim, completa desvinculação desse procedimento estatal em relação às peças apócrifas; e (c) o Ministério Público, de outro lado, independentemente da prévia instauração de inquérito policial, também pode formar a sua "opinio delicti" com apoio em outros elementos de convicção que evidenciem a materialidade do fato delituoso e a existência de indícios suficientes de autoria, desde que os dados informativos que dão suporte à acusação penal não derivem de documentos ou escritos anônimos nem os tenham como único fundamento causal." Cf.: STF, HC 100042 MC, Relator: Min. CELSO DE MELLO, julgado em 02/10/2009. No mesmo sentido, v. STF, HC 109598 AgR, Relator: Min. CELSO DE MELLO, Segunda Turma, julgado em 15/03/2016; STF, HC 141157 AgR, Relatora: Min. ROSA WEBER, Primeira Turma, julgado em 29/11/2019.

[337] Nesses termos, v. STF, HC 141157 AgR, Relatora: Min. ROSA WEBER, Primeira Turma, julgado em 29/11/2019; STJ, HC 233.440/SE, Rel. Ministro JORGE MUSSI, Quinta Turma, julgado em 18/06/2014.

[338] A persecução criminal deflagrada apenas com elementos de uma notícia crime apócrifa, e sem que haja início de investigação preliminar, é considerada pelo Supremo Tribunal Federal como inviável, sendo inclusive nula a decisão judicial com base apenas nesses dados. Desse modo, cf.: STF, HC 108147, Relatora: Min. CÁRMEN LÚCIA, Segunda Turma, julgado em 11/12/2012. Mais recentemente, v. STF, HC 107362, Relator: Min. TEORI ZAVASCKI, Segunda Turma, julgado em

Efetuadas as investigações com prudência e discrição e, se a partir delas existirem elementos informativos a ratificar manifestação apócrifa antes captada, poder-se-á legitimamente alicerçar a instauração do inquérito policial, bem com posterior representação – caso imprescindível – à restrição a direito fundamental.[339]

Efetivamente, escorados em meios de informação aceitos pela legislação e regados pelo tom da imprescindibilidade para investigação, apenas aqueles crimes de maior gravidade, assim considerados pelo legislador, ficam sujeitos ao aprisionamento temporário, nada impedindo, entrementes, que leis posteriores venham alargar as hipóteses delineadas na Lei nº 7.960/89.

Trata-se, na verdade de previsão taxativa, a ostentar natureza *numerus clausus*, muito embora o catálogo da legislação específica – Lei nº 7.960/89 – não estabeleça marcos nem limites que inviabilizem outras leis disciplinarem ou autorizarem a prisão especialíssima.[340]

2.2.3.2. Os crimes definidos em lei e o problema da taxatividade legal

Com o catálogo estabelecido pela Lei nº 7.960/89, limitou o legislador a abrangência da possibilidade da prisão temporária àquelas situações reputadas graves sem levar em conta o apenamento do suposto crime em investigação. Considerou-se, portanto, unicamente a gravidade social que a ação ilícita acarreta. Esqueceu-se, no entanto, de elencar alguns crimes, e outros não se sustentam pela própria espécie de sanção a ser definitivamente imposta, embora a gravidade da repercussão do delito.

Tais fatores causam tumulto e repercussão na prática forense.

Observa-se que, nos termos do inciso III do artigo 1º da Lei nº 7.960/89, caberá a prisão temporária quando houver fundadas razões, de acordo com qualquer prova admitida na legislação penal, de auto-

---

10/02/2015; STF, HC 133148, Relator: Min. RICARDO LEWANDOWSKI, Segunda Turma, julgado em 21/02/2017.

339 O Supremo Tribunal Federal e o Superior Tribunal de Justiça vêm admitindo a notícia crime anônima – desde que ratificada por posterior investigação que atestem o fato noticiado – como elemento apto para abertura de inquérito policial, a possibilitar, inclusive e diante de todos os elementos, restrição a garantias fundamentais. Assim, v. STF, HC 120234 AgR, Relator: Min. LUIZ FUX, Primeira Turma, julgado em 11/03/2014; STJ, HC 235.407/SP, Rel. Ministra MARIA THEREZA DE ASSIS MOURA, Sexta Turma, julgado em 09/09/2014. Na doutrina, cf.: TÁVORA, Nestor; ALENCAR, Rosmar Rodrigues. *Curso de direito...*, cit., p. 132; NUCCI, Guilherme de Souza. *Leis penais...*, cit., pp. 93-94. Apregoando a necessidade de um juízo de razoabilidade na utilização de denúncias apócrifas, v. FELDENS, Luciano; SCHMIDT, Andrei Zenkner. *Investigação criminal...*, cit., pp. 25-27.

340 Assim, cf.: SANGUINÉ, Odone. *Prisão cautelar...*, cit., p. 101; POLASTRI, Marcellus. *A tutela cautelar...*, cit., pp. 211.

ria ou de participação do indiciado nos seguintes crimes, tentados ou consumados:[341] a) homicídio doloso [artigo 121, *caput*, e seu § 2º]; b) sequestro ou cárcere privado [artigo 148, *caput*, e seus §§ 1º e 2º]; c) roubo [artigo 157, *caput*, e seus §§ 1º, 2º e 3º];[342] d) extorsão [artigo 158, *caput*, e seus §§ 1º e 2º];[343] e) extorsão mediante sequestro [artigo 159, *caput*, e seus §§ 1º, 2º e 3º]; f) estupro [artigo 213, *caput*, e sua combinação com o artigo 223, *caput*, e parágrafo único]; g) atentado violento ao pudor [artigo 214, *caput*, e sua combinação com o artigo 223, *caput*, e parágrafo único];[344] h) rapto violento [artigo 219, e sua combinação com o artigo 223 *caput*, e parágrafo único];[345] i) epidemia com resultado de morte [artigo 267, § 1º]; j) envenenamento de água potável ou substância alimentícia ou medicinal qualificado pela morte [artigo 270, *caput*, combinado com artigo 285]; l) quadrilha ou bando [artigo 288],[346] todos do CP; m) genocídio [artigos 1º, 2º e 3º da Lei nº 2.889, de 1º de outubro de 1956], em qualquer de suas formas típicas; n) tráfico de drogas [artigo 12 da Lei nº 6.368, de 21 de outubro de 1976];[347] o) crimes contra o sistema

---

341 É cabível a prisão temporária em crimes dolosos elencados, seja na forma tentada ou consumada. Assim, v. SANGUINÉ, Odone. *Prisão cautelar...*, cit., p. 101; LIMA, Renato Brasileiro de. *Nova prisão cautelar...*, cit., p. 332. A sustentar, no entanto, por falta de previsão legal, a possibilidade de incidência apenas nos crimes consumados, v. LINO, Bruno Teixeira. *Prisão temporária...*, cit., p. 56.

342 Como a publicação das Leis nºs 13.654/2018 e 13.964/2019, que vieram a alterar especialmente a antiga redação do § 2º do artigo 157 do CP, foram incluídos os § 2º-A e § 2º-B, sem, no entanto, haver qualquer referência expressa às disposições que limitam a incidência da prisão temporária. De qualquer sorte, embora a falta de indicação expressa, e por se tratar de majorantes – causas especiais de aumento de pena e que não constitui tipo derivado –, não há como restringir o alcance da menção do § 2º sem considerar seus complementos {§§ 2º A e B].

343 Constata-se que a legislação não faz menção ao § 3º do artigo 158 do CP, impossibilitando, pois, o aprisionamento temporário quando a extorsão for cometida mediante restrição da liberdade da vítima. Sobre o assunto, a afirmar a desídia do legislador e a inviabilidade da analogia *in malam partem*, v. LIMA, Renato Brasileiro de. *Nova prisão cautelar...*, cit., p. 332; SANGUINÉ, Odone. *Prisão cautelar...*, cit., p. 100.

344 O artigo 214 do CP foi revogado pela Lei nº 12.015/2009, estando, no entanto, hoje abarcado pelo artigo 213 do CP.

345 O crime de rapto foi revogado pela Lei nº 11.106/2005; restando, entretanto, absorvido pelo artigo 148, § 1º, inciso V, do CP.

346 A Lei nº 12.850/2013 alterou o nome dado ao anterior crime de "bando ou quadrilha", passando agora a chamar-se "associação criminosa". Reduziu-se, com a nova disposição, a necessidade da presença de, no mínimo, quatro pessoas para incidência típica [sobre a necessidade de, no mínimo, quatro participantes na antiga previsão legal, cf., por todos, HUNGRIA, Nelson. *Comentários ao Código Penal*. vol. IX, Rio de Janeiro: Forense, 1958, p. 177], agora passando a serem três os participantes. O apenamento, por outro lado, continua o mesmo: reclusão de 1 a 3 anos, mas majorado até a metade se a associação é armada ou se houver a participação de criança ou adolescente. De qualquer sorte, mesmo com a alteração, não houve mudanças quanto à incidência da previsão na prisão temporário. Cf.: HC 374.357/PR, Relator: Ministro Felix Fischer, Decisão Monocrática, julgado em 07/10/2016.

347 Há quem afirme [v. nota 249], diante da nova lei que disciplina o uso e o comércio de entorpecentes – Lei nº 11.343/2006 –, a impossibilidade da aplicação da prisão temporária para os crimes de tráfico de drogas. Assim, cf.: FREITAS, Bruno Bispo de. *A impossibilidade da prisão temporária...*, cit., p.e.

financeiro [Lei nº 7.492, de 16 de junho de 1986]; p) crimes previstos na Lei de Terrorismo.

Acontece que, passados poucos meses da edição da Lei nº 7.960/89 – ainda sob os sabores alienígenas de lei e ordem[348] –, promulgou-se a Lei dos Crimes Hediondos – Lei nº 8.072/90 –, na qual se encontra um rol de delitos assim considerados, entre outros dispositivos, estabelecendo maior repressão a essa espécie de delinquência.

Nesses termos, o aumento de sanções penais; a impossibilidade de graça, anistia ou fiança; a inviabilidade de concessão de liberdade provisória e de progressão de regime carcerário; ou ainda o estabelecimento de cumprimento de pena em regime integralmente fechado foram fatores marcantes da promulgação legislativa originária; entrementes, hoje, algumas restrições ou agravamentos à liberdade já foram fulminados por alterações legislativas e arrefecidas pelo Supremo Tribunal Federal.[349]

No que se refere especificamente à prisão temporária, o legislador fez menção originariamente no § 3º do artigo 2º ao estabelecer: "a prisão temporária, sobre a qual dispõe a Lei nº 7.960, de 21 de dezembro de 1989, nos crimes previstos neste artigo, terá o prazo de 30 [trinta] dias, prorrogável por igual período em caso de extrema e comprovada necessidade". Após, consigna-se, a redação da disposição foi redimensionada pela Lei nº 11.464/2007, apenas realocando no § 4º do mesmo artigo da Lei nº 8.072/90.

---

[348] Aliás, já assentou FIGUEIREDO DIAS que "o direito processual penal é, fora de toda a dúvida, um dos ramos do direito mais fortemente 'ideologizados', dada a directa conexão da sua temática com os pressupostos políticos fundamentais de uma comunidade e com a 'concepção do homem' que lhe subjaz". Cf.: FIGUEIREDO DIAS, Jorge de. *Direito processual penal.* 1º vol., Coimbra: Coimbra Editora, 1974, s/p., prefácio. Do mesmo modo, a considerar as influências ideológicas no processo penal, v. GOMES FILHO, Antônio Magalhães. "Prisão cautelar e o princípio da presunção de inocência". *Fascículos de ciências penais.* ano 5, vol. 5, n. 1, (jan./fev./mar. 1992), [pp. 17-27], p. 17.

[349] Ainda em sua redação originária, foi declarado inconstitucional o cumprimento de pena em fase única, ou seja, em regime integralmente fechado. Cf.: STF, HC 82959, Relator: Min. MARCO AURÉLIO, Tribunal Pleno, julgado em 23/02/2006. Da mesma forma, com a alteração dada pela Lei nº 11.464/2007, em que se estabeleceu o início de cumprimento de pena em regime inicialmente fechado, novamente foi defenestrada pelo Supremo Tribunal Federal ao afirmar a necessidade da individualização da pena, tornando-se necessária a análise do artigo 33 do CP no teor das circunstâncias judiciais do artigo 59 do Estatuto Repressivo. Hoje a possibilidade de início do cumprimento de pena em regimes carcerários semiaberto ou aberto, mesmo em se tratando de crime hediondos, a partir do HC 111840, Relator: Min. DIAS TOFFOLI, Tribunal Pleno, julgado em 27/06/2012, tornou-se voz corrente. Atualmente, por todos, v. STF, HC 116771, Relator: Min. RICARDO LEWANDOWSKI, Segunda Turma, julgado em 20/08/2013. No entanto, a possibilidade de liberdade provisória, em se tratando de crime hediondo, não era vista com bons olhos pelo Supremo Tribunal Federal, [v. HC 86118, Relator: Min. CEZAR PELUSO, Primeira Turma, julgado em 13/09/2005] embora a previsão que impedida a liberdade provisória, hoje, seja considerada letra morta no cenário nacional, o que se deu a partir do advento da Lei nº 11.464/2007.

Nesse sentido, da análise do dispositivo, duas soluções interpretativas podem ser acolhidas. A primeira – extensiva – a afirmar que não apenas os crimes definidos da Lei nº 7.960/89 autorizam o aprisionamento temporário, como também outros delitos assim elencados pela Lei nº 8.072/90. A segunda – restritiva –, ao dizer que os crimes passíveis de prisão temporária são aqueles definidos especificamente em lei, sendo que a intenção do § 4º do artigo 2º da Lei nº 8.072/90 foi apenas elevar ao prazo de segregação nos crimes nela definidos.

É verdade que pouco dos crimes considerados hediondos não estavam previstos na Lei nº 7.960/89, mas também não é de se descartar a afirmação de que alguns delitos não encontram espelho na legislação correlata.

Ora, segundo se observa na lei que previu a possibilidade de prisão temporária, já se encontram listados os crimes de tráfico de drogas, roubo, extorsão mediante sequestro, estupro, epidemia com resultado morte, genocídio, terrorismo e homicídio qualificado; sendo que o último crime listado, diga-se de passagem, foi acrescido pela Lei nº 8.930/94 diante dos reclamos da população e de forte pressão da imprensa.

No entanto, não encontram correspondência – os listados nos incisos I-A, III, VI, VII-B, VIII e IX, bem como nos inciso II, III, IV e V do parágrafo único da Lei nº 8.702/90 –, ou seja: (a) lesão corporal dolosa de natureza gravíssima e lesão corporal seguida de morte, quando praticadas contra autoridade ou agente descrito nos artigos 142 e 144 da Constituição Federal, integrantes do sistema prisional e da Força Nacional de Segurança Pública, no exercício da função ou em decorrência dela, ou contra seu cônjuge, companheiro ou parente consanguíneo até terceiro grau, em razão dessa condição; (b) extorsão qualificada pela restrição da liberdade da vítima, ocorrência de lesão corporal ou morte; (c) estupro de vulnerável; (d) falsificação, corrupção, adulteração ou alteração de produto destinado a fins terapêuticos ou medicinais; (e) favorecimento da prostituição ou de outra forma de exploração sexual de criança ou adolescente ou de vulnerável; (f) furto qualificado pelo emprego de explosivo ou de artefato análogo que cause perigo comum; (g) crime de posse ou porte ilegal de arma de fogo de uso proibido; (h) crime de comércio ilegal de armas de fogo; (i) crime de tráfico internacional de arma de fogo, acessório ou munição e (j) crime de organização criminosa quando direcionado à prática de crime hediondo ou equiparado.

Dessa maneira, seria possível estender aos crimes não elencados na legislação específica – mas incluídos na Lei dos Crimes Hediondos – a possibilidade de prisão temporária? A resposta deve ser negativa, apesar das infrações descritas como hediondas serem efetivamente graves.[350]

Efetivamente, alargar a possibilidade de prisão temporária para todos os crimes previstos na Lei nº 8.072/90 não parece ser a melhor interpretação. E isso se afirma, primeiro, porque a própria redação do § 4º do artigo 2º da Lei nº 8.072/90 não autoriza o enunciado. Segundo, porque, no surgimento da Lei nº 8.072/90, havia correspondência entre as disposições. Terceiro, porque, mesmo com alterações legislativas posteriores, não se buscaram correções a eventuais incongruências. Quarto, pelo fato de as leis terem finalidades diferentes.

Ora, na Lei nº 8.072/90 não há qualquer menção expressa de que os crimes considerados hediondos são passíveis de aprisionamento temporário. A assertiva legal que se tem é unicamente sobre a extensão do prazo de segregação; nada mais que isso. Observe-se: "a prisão temporária, sobre a qual dispõe a Lei nº 7.960, de 21 de dezembro de 1989, nos crimes previstos neste artigo, terá o prazo de 30 [trinta] dias, prorrogável por igual período em caso de extrema e comprovada necessidade".

Depois, em análise do artigo 1º da Lei nº 8.072/90, ainda na sua redação originária, percebe-se que todas as condutas consideradas como hediondas encontravam-se previstas na Lei nº 7.960/89, existindo, pois, simetria entre as disposições legais.[351]

---

[350] Essa posição não é compartilhada por parte da doutrina. Assim, v. FERNANDES, Antônio Scarance. *Processo penal...*, cit., p. 305; SANGUINÉ, Odone. *Prisão cautelar...*, cit., p. 100; FRANCO, Alberto Silva. *Crimes hediondos...*, cit., p. 628; LIMA, Renato Brasileiro de. *Nova prisão cautelar...*, cit., p. 335; CAPEZ, Fernando. *Curso de processo...*, cit., pp. 348-350; WEDY, Miguel Tedesco. *Teoria da prisão...*, cit., pp. 130-131; FREITAS, Jayme Walmer de. *Prisão temporária...*, cit., pp. 138-144; RANGEL, Paulo. *Direito processual...*, cit., p. 846; MARCÃO, Renato. *Prisões cautelares...*, cit., p. 213; TÁVORA, Nestor; ALENCAR, Rosmar Rodrigues. *Curso de direito...*, cit., p. 748; POLASTRI, Marcellus. *A tutela cautelar...*, cit., p. 217; DELMANTO, Fábio Machado de Almeida. *Medidas substitutivas e alternativas à prisão cautelar.* Rio de Janeiro: Renovar, 2008, p. 145. Em sentido contrário, limitando aos crimes elencados na Lei nº 7.960/89, v. MONTEIRO, Antônio Lopes. *Crimes hediondos*: texto, comentários e aspectos polêmicos. 5ª ed. São Paulo: Saraiva, 1997, pp. 132-133; PITOMBO, Antônio Sérgio A. de Moraes. "Prisão temporária". *Revista Jurídica.* nº 259, ano 47, (maio 1999), [pp. 58-60], p. 59; MARTINS, Jorge Henrique Schaefer. "Prisão temporária e a lei de tóxicos". *Jurisprudência Catarinense.* nº 73, Florianópolis: Tribunal de Justiça, 1993, [pp. 13-26], p. 20; ANDRÉ, Patrícia dos Santos. "*Prisão temporária...*", cit., p. 398; GOMES FILHO, Antônio Magalhães. *A motivação das decisões...*, cit., p. 192; GRINOVER, Ada Pellegrini. *O processo em evolução...*, cit., p. 91; KAUFFMANN, Carlos. *Prisão temporária...*, cit., pp. 134-137; LANFREDI, Luís Geraldo Sant'Ana. *Prisão temporária...*, cit., pp. 165-171; LINO, Bruno Teixeira. *Prisão temporária...*, cit., p. 56. Há quem sustente, diante da autonomia dos incisos I, II e III, da Lei nº 7.960/89, a possibilidade de decretação da medida cautelar temporária, nas hipóteses dos incisos I e II, da Lei nº 7.960/89, independentemente do crime praticado. Desse modo, cf.: RIBEIRO, Diaulas Costa. "*Prisão temporária...*", cit., p. 273.

[351] Quando da publicação da Lei nº 8.072/90, o artigo 1º estava assim redigido: " Art. 1º São considerados hediondos os crimes de latrocínio (art. 157, § 3º, *in fine*), extorsão qualificada pela morte (art. 158, § 2º), extorsão mediante sequestro e na forma qualificada (art. 159, *caput* e seus §§ 1º, 2º e 3º), estupro (art. 213, *caput* e sua combinação com o art. 223, *caput* e parágrafo único), atentado violento ao pudor (art. 214 e sua combinação com o art. 223, *caput* e parágrafo único), epidemia

Hoje, no entanto, diante das alterações legislativas, não se pode dizer o mesmo. E, se o legislador quisesse alargar as possibilidades de prisão temporária, mesmo que na própria alteração da Lei dos Crimes Hediondos, deveria fazer expressamente: seja na própria Lei nº 8.072/90 com menção expressa, seja com alterações nas disposições da Lei nº 7.960/89. Nesse ponto, vem a calhar a construção da máxima *nulla custodia sine lege*, inserta ao princípio da legalidade e às searas processuais, especialmente a tratar-se de medidas acautelatórias restritivas de direitos fundamentais.[352]

Não bastasse, a Lei nº 7.960/89 tem finalidade investigativa, ao contrário da Lei nº 8.072/90, que visa à possibilidade de agravamento das sanções; prodiga, aliás, nesse sentido.[353]

Estender a possibilidade de prisão temporária para todos os crimes hediondos ou assemelhados é fazer "tábua rasa" à legalidade, pois inexiste indicação expressa de que a investigação de todos os crimes disciplinados na Lei nº 8.072/90 – em caso de extrema necessidade – sejam passíveis de prisão temporária. A interpretação, portanto, deve ser restritiva.

Com isso, não se quer dizer que novo e ulterior regramento não possa estender as hipóteses de prisão temporária, muito menos que os crimes considerados como hediondos não ostentem gravidade necessária para a medida acautelatória. Não! O que se afirma é que, sem expressa disposição a possibilitar o aprisionamento temporário, fere-se o princípio da legalidade, restringindo direitos e garantias fundamentais sem suporte em legislação específica, pouco importando se o crime é apenado mais severamente[354] do que aqueles que se encontram no rol

com resultado morte (art. 267, § 1º), envenenamento de água potável ou de substância alimentícia ou medicinal, qualificado pela morte (art. 270, combinado com o art. 285), todos do Código Penal (Decreto-Lei nº 2.848, de 7 de dezembro de 1940), e de genocídio (arts. 1º, 2º e 3º da Lei nº 2.889, de 1º de outubro de 1956), tentados ou consumados". Havia, portanto, simetria com as disposições previstas na Lei nº 7.960/89.

[352] Desse modo, a sustentar que as medidas cautelares devem ser submetidas ao princípio da legalidade, cf.: SANGUINÉ, Odone. *Prisión provisional*..., cit., pp. 350-357, ZAFFARONI, Eugenio Raúl. *Tratado de Derecho Penal*: parte general. tomo I, Buenos Aires: Ediar, 1999, p. 140.

[353] Assim, cf.: KAUFFMANN, Carlos. *Prisão temporária*..., cit., p. 137.

[354] Diante da expressa menção à possibilidade de prisão temporária para investigação do crime de tráfico de drogas, a medida cautelar não pode ser estendida a outros crimes previstos na Lei Antidrogas – Lei nº 11.343/2006 –, alguns, diga-se de passagem, efetivamente graves. Assim, por exemplo, acontece com o crime de associação ao comércio de entorpecentes previsto no artigo 35 da referida lei; delito, aliás, sequer considerado como hediondo ou equiparado. Cf.: STJ, HC 281.176/RJ, Rel. Ministra LAURITA VAZ, Quinta Turma, julgado em 26/08/2014. No mesmo modo, o crime de financiamento ao tráfico – disciplinado no artigo 36 da Lei Antidrogas – embora apenado mais severamente, não alcança a possibilidade de prisão temporária, uma vez que não consta no rol dos crimes que possibilitam esta espécie de segregação. Assim, cf.: MARTINS, Jorge Henrique Schaefer. "Prisão temporária...", cit., p. 24. Em sentido contrário a afirmar a possibilidade da prisão temporária neste último item, v. LIMA, Renato Brasileiro de. *Nova prisão cautelar*...,

autorizador da segregação; isso sem esquecer o perigo dos efeitos extensivos da interpretação *in malam partem.*[355]

Eventuais desídias legislativas, mesmo que desproporcionais e ferindo o princípio da equidade, não têm o condão de possibilitar medidas cautelares sujeitas à Lei nº 7.960/89, porque fora das situações expressamente consideradas pelo legislador.

O rol estabelecido em lei, portanto, é taxativo, a ostentar natureza de *numerus clausus*, impedindo interpretação analógica a alcançar hipóteses expressamente não consideradas pelo legislador.

E, se nos crimes apenados de forma mais severa – não expressamente disciplinados em Lei – desautoriza-se a segregação temporária, causa ainda mais desconforto afirmar que em outros, com sanções mais tênues e inclusive sem a possibilidade de decretação de prisão preventiva – tal qual prevista no artigo 313, inciso I, do CPP –, a prisão temporária foi medida considerada pertinente pelo legislador diante da gravidade da suposta conduta praticada em alarmante hostilidade contra a ordem jurídica. Assim é no que se refere ao antigo crime de "bando ou quadrilha", hoje com nova denominação dada pela Lei nº 12.850/2013, na qual passou a chamar-se "associação criminosa", com apenamento de reclusão de 1 a 3 anos para sua configuração simples. Trata-se de crime em sua forma autônoma e, como dito, sem capacidade de decretação de prisão preventiva, sendo possível inclusive ser ofertada a suspensão condicional do processo nos termos do artigo 89 da Lei nº 9.099/95, tal qual ocorre com várias tipificações da Lei nº 7.492/86 que define os crimes contra sistema financeiro nacional.

Certamente considerou-se, a possibilitar a segregação temporária, a nada fácil elucidação de determinadas espécies de delitos, seja em razão da difícil tarefa de comprovar os liames subjetivos de estabilidade inerentes ao crime de associação criminosa, seja em virtude de possível interferência em elementos probatórios[356] ou em decorrência do poderio econômico daqueles sujeitos às previsões da lei que define os delitos contra o sistema financeiro nacional.

---

cit., pp. 336-337; SANGUINÉ, Odone. *Prisão cautelar...*, cit., p. 100. No que se refere ao crime de "estupro de vulnerável", instituído pela Lei nº 12.015/2009, com acréscimo ao artigo 217-A do CP, nenhuma alteração quanto à inviabilidade de prisão temporária, embora previsto como crime hediondo. Em sentido contrário sobre o tema específico, v. SANTIAGO, Nestor Eduardo Araruna. "A prisão temporária e o estupro de vulnerável: um breve estudo". *Boletim do IBCCRIM*. São Paulo, ano 17, nº 157, (nov. 2009), [pp. 15-16], p. 15-16.

[355] Nesses termos, a aplicação do princípio da legalidade como elemento inserto às medidas cautelares, bem como a inviabilidade de aplicação da analogia, v. MAURACH, Reinhart; GÖSSEL, Karl Heinz; ZIPF, Heinz. *Derecho Penal*: parte general. vol. 1, Buenos Aires: Astrea, 1995, p. 160.

[356] Assim, v. STF, AC 4352, Relator: Min. EDSON FACHIN, Prevenção – Decisão Monocrática, julgado em 08/09/2017.

Por um lado, se crimes com menor sancionamento foram içados ao grau de possível segregação; por outro lado, desidiosamente, alguns crimes de maior envergadura não foram alçados à categoria daqueles sujeitos à prisão temporária, tal qual se percebe com o artigo 158, § 3º, do CP, incluído no Estatuto Repressivo pela Lei nº 11.923/2009, ou ainda os crimes de associação ao tráfico e ou de organização criminosa com a redação dada pela Lei nº 12.850/2013.[357]

De qualquer sorte, fica-se com o princípio da legalidade sem a odiosa possibilidade de arrefecer garantias e direitos fundamentais com interpretações extensivas a comandos normativos, inclusive a gerar vulnerabilidade de toda a sociedade ao poder investigativo do Estado.

2.3. Prazo de duração e a disfunção legal

Embora a existência de reinvindicações para que a legislação estipule limites de duração ao aprisionamento cautelar,[358] não há – em regra e até o momento – prazos certos, taxativos e delimitados em concreto aos aprisionamentos preventivos. O lapso temporal, sempre inserto à razoabilidade de sua duração, depende de fatores intrínsecos à persecução penal. A natureza da infração, as circunstâncias e a complexidade processual, somadas à conduta de todos os participantes do processo, bem como a constatação de eventual desídia do órgão jurisdicional e dos meios de que dispõe para o pronunciamento final, são fontes marcantes para um diagnóstico nada preciso sobre excesso de prazo para formação da culpa.

Isso não se dá, no entanto, com a prisão temporária: única modalidade de prisão cautelar no cenário atual com limites temporais delimitados em lei. E tal delimitação de encarceramento provisório foi adotada unicamente em razão da situação encontrar-se dentro das tê-

357 Não se comunga do entendimento de que os delitos praticados por "criminalidade organizada" estariam abrangidos – diante de uma inexorável proporcionalidade pela menção dada pela Lei nº 7.960/89 aos crimes de "bando e quadrilha", hoje "associação criminosa". Sobre o assunto, v. LANFREDI, Luís Geraldo Sant'Ana. *Prisão temporária...*, cit., pp. 172-173. Na verdade, como já afirmado, a restrição a direitos fundamentais não comporta interpretação extensiva a juízos de proporcionalidade realizados pelo próprio legislador com edição de leis posteriores e sem menção expressa à possibilidade de segregação imprescindível para investigação.

358 Sobre a necessidade de delimitação de prazos para o aprisionamento cautelar, v. KAUFFMANN, Carlos. *Prisão temporária...*, cit., pp. 167-168. Ademais, no seminário sobre "Polícia e Investigação no Brasil", promovido pelo Centro de Estudos de Direito Penal e Processual Penal Latino-americano (CEDPAL), da Georg-August-Universität Göttingen, em Göttingen, na Alemanha, nos dias 14 e 15 de abril de 2014, recomendou-se, em seu item 7, a necessidade da "observância escrupulosa do devido processo legal no âmbito da investigação criminal, dentre outros, com a previsão legal de prazo máximo de duração da prisão e demais medidas cautelares". Cf.: *Boletim IBCCRIM*. São Paulo, ano 22, nº 259, (jun. 2014), pp. 2-3.

nues searas de investigação, até então a ostentar apenas "fundadas razões" de autoria ou de participação em empreitada criminosa.

Nesses termos, é o que se verifica no artigo 2º da Lei nº 7.960/89, que prevê a segregação temporária máxima de 5 dias, prorrogável, em caso de extrema e comprovada necessidade, por igual período; ou quando a investigação direciona-se à prática de crimes hediondos ou assemelhados [mas dentro dos limites da Lei nº 7.960/89] – agora sobre o manto do artigo 2º, § 4º, da Lei nº 8.072/90 – em que há possibilidade da decretação da prisão temporária pelo prazo de 30 dias, prorrogável por igual período, também, em caso de extrema e comprovada necessidade.

Não se descortinam, dentro de um juízo de razoabilidade, os motivos que levaram o legislador, em curto espaço de tempo entre a promulgação das Leis nºs 7.960/89 e 8.072/90, a estender o prazo de 5 dias de segregação para 30 dias – prorrogável por igual período em ambos os casos – quando a representação ou o requerimento almejam desvendar crimes hediondos; ainda mais quando se sabe que o desfecho de uma investigação não é obstaculizada pela gravidade do crime praticado, mas sim e unicamente pela dificuldade de angariar elementos informativos ou provas para possibilitar a reprimenda penal. E isso pode se dar, diga-se de passagem, tanto naqueles crimes de maior gravidade e com vínculos associativos estáveis em que se exige maior desenvoltura investigativa, como também naqueles não menos graves, mas de autor único.

E mais. Os crimes rotulados como hediondos já constavam, em sua grande maioria, como aqueles em que se poderia decretar a prisão temporária na Lei nº 7.960/89. Qual a razão, então?

O intérprete não chega a conclusões lógicas. Ao que parece, o legislador, impulsionado por paradigmas alienígenas de lei e ordem, somada a infeliz "necessidade" de estigmatizar investigados pela prática de crimes considerados de maior gravidade,[359] bem como calar a opinião pública que clama dia a dia pelo agravamento e a imediata sanção penal com restrições de direitos fundamentais,[360] estendeu em demasia,

[359] Sobre o tema, a narrar que o objetivo do aumento do prazo de encarceramento temporário para os crimes considerados hediondos teve por objetivo único e exclusivo a estigmatização do investigado, v. FRANCO, Alberto Silva. *Crimes hediondos...*, cit., pp. 631-632; KAUFFMANN, Carlos. *Prisão temporária...*, cit., pp. 169-170. No que se refere ao processo de estigmatização, em poucas palavras, bem resumiu CARNELUTTI: "O encarcerado, saído do cárcere, crê não ser mais encarcerado; mas as pessoas não. Para as pessoas ele é sempre encarcerado; quando muito se diz ex-encarcerado". Cf.: CARNELUTTI, Francesco. *As Misérias do processo...*, cit., p. 77. Nesse último enfoque, e precisamente sobre a estigmatização dos aprisionamentos cautelares, v. WEDY, Miguel Tedesco. *Teoria da prisão...*, cit., pp. 1-35. Remete-se o leitor também ao item 1.5, oportunidade em que se teceram maiores comentários sobre o problema.

[360] Assim, cf.: CRUZ, Rogério Schietti Machado. "Sessenta dias de prisão provisória. É razoável?". *Revista dos Tribunais*. São Paulo, ano 84, vol. 718, (ago. 1995), [pp. 352-358], p. 354.

sem razões plausíveis e em descompasso com o ordenamento jurídico vigente, o prazo máximo de aprisionamento.

Não bastasse a falta de motivos concretos para o alongamento do prazo do aprisionamento temporário previsto na Lei nº 8.072/90, há verdadeira dissonância com a legislação processual penal a provocar falta de critério lógico e perigosa ruptura no tempo limite para conclusão das investigações nos inquéritos policiais.

Ora, em regra, em se tratando de indiciado preso, a conclusão do inquérito policial deve ser realizada no prazo de 10 dias, a contar o próprio dia em que se efetivar a prisão,[361] na esteira do artigo 10 do CPP, possuindo ainda o Ministério Público – na dicção do artigo 46 do Estatuto Processual, e desde que ainda mantida a prisão provisória –, o prazo de 5 dias para o oferecimento da denúncia.[362]

Esqueceu, portanto, o legislador, ao editar a Lei nº 7.960/89, de compatibilizar de forma global os institutos, uniformizando-os, ao contrário do que fez com a Lei de Entorpecentes, que prevê, em seu artigo 51, o prazo de 30 dias para a conclusão do inquérito policial.

Nesses passos, há um paradoxo jurídico quando se confrontam a segregação temporária de crimes hediondos e a finalização do inquérito policial, de difícil conciliação, ainda mais quando prorrogado o cárcere em caso de extrema e comprovada necessidade.

No entanto, diante da necessidade de uma interpretação que compreenda concordâncias entre as disposições a fim de solucionar possíveis antinomias do ordenamento jurídico e reforçar sua unidade, convém afirmar que, em se encontrando sob investigação crimes

---

[361] Com a Lei nº 13.869/2019, foi acrescentado o § 8º ao artigo 2º da Lei nº 7960/89, o qual, expressamente, estabeleceu que "inclui-se o dia do cumprimento do mandado de prisão no cômputo do prazo de prisão temporária". Tal assertiva já era observada por grande parte da doutrina. Assim, cf.: FELDENS, Luciano; SCHMIDT, Andrei Zenkner. *Investigação criminal...*, cit., p. 41; LIMA, Renato Brasileiro de. *Nova prisão cautelar...*, cit., p. 340; MESSA, Ana Flávia. *Prisão e liberdade*. Porto Alegre: Verbo Jurídico, 2009, p. 173; FREITAS, Jayme Walmer de. *Prisão temporária...*, cit., pp. 147-148; MIRABETE, Julio Fabbrini. *Processo penal...*, cit., pp. 95-96; SALIM, Alexandre Aranalde. In AA.VV. *Teoria e prática dos procedimentos...*, cit., p. 35; LINO, Bruno Teixeira. *Prisão temporária...*, cit., pp. 67-69. Em sentido contrário, por entender tratar-se de prazo processual e que se iniciava a partir da data em que fosse executada a prisão, v. TORNAGH, Hélio. *Comentários ao Código de Processo Penal*. vol. I, tomo 1º, Rio de Janeiro: Forense, 1956, pp. 174-175; AVENA, Norberto. *Processo penal...*, cit., pp. 185-187; CAPEZ, Fernando. *Curso de processo...*, cit., p. 146.

[362] Os prazos estabelecidos para a conclusão do inquérito policial e para o oferecimento da denúncia, em se tratando de réus presos, devem ser observados dentro de uma razoabilidade necessária à complexidade da causa. Em se tratando de aprisionamento cautelar, os prazos devem ser vistos de maneira global, não se tratando, pois, de mera soma aritmética de dia após dia. Cf.: STJ, HC 171.954/BA, Rel. Ministra Marilza MARILZA MAYNARD (Desembargadora Convocada do TJ/SE), Quinta Turma, julgado em 27/08/2013. Ademais, é farta a jurisprudência no cenário brasileiro no sentido de que, com oferecimento da denúncia, resta prejudicada a eventual ilegalidade da prisão por excesso de prazo para a conclusão do inquérito policial. Assim, v. STJ, HC 279.866/RS, Rel. Ministro MOURA RIBEIRO, Quinta Turma, julgado em 26/11/2013.

hediondos ou assemelhados – com prisão temporária decretada –, caminho não há senão concluir que o prazo máximo para conclusão do inquérito policial passa a ser o período de prisão, considerado imprescindível para o desfecho da investigação, podendo, inclusive, ser prorrogado por certo tempo dentro dos limites estabelecidos à segregação cautelar.[363]

Ora, partindo do pressuposto de que a Lei nº 8.072/90 é posterior e especial em relação ao Código de Processo Penal – época em que ainda não existia a prisão temporária no cenário nacional –, somado à circunstância de que o artigo 10 do CPP limita o prazo de 10 dias para a conclusão do inquérito nas hipóteses em que o réu encontrar-se preso preventivamente, não se encontram supedâneos e elementos interpretativos para restringir o prazo de aprisionamento temporário ao alcance de 10 dias para a conclusão do inquérito policial.

Pensamento diverso fulminaria o prazo máximo de 30 dias de aprisionamento estabelecido na Lei nº 8.072/90, a qual pretende garantir a integralidade da investigação criminal, ainda mais quando se sabe que a remessa do inquérito ao juízo no prazo de 10 dias previsto no Código de Processo Penal, e o respectivo oferecimento da denúncia denota o início da ação penal, a fim de fazer com que não mais subsista a prisão para fins investigativos.[364]

Com isso, não se quer dizer que o prazo para a remessa do inquérito na vigência de prisão temporária passou a ser de 30 ou de 60 dias, em caso de eventual prorrogação.[365] Na verdade, o que se aponta é que, em caso de prisão temporária fixada para além do prazo previsto para conclusão do inquérito, o tempo para seu encerramento passa a ser o próprio tempo de aprisionamento temporário, sem soma de prazos,[366]

---

[363] Em sentido contrário, entendendo que o pensamento é desarrazoado e que gera tratamento desigual para os indiciados presos preventivamente e para aqueles segregados de forma temporária diante de requisitos e pressupostos menos rigorosos, v. DELMANTO JÚNIOR, Roberto. *As modalidades de prisão...*, cit., pp. 250-252. Sustentando tratar-se de norma "esdrúxula e abusiva", a afrontar o devido processo legal e em choque com à legislação processual, v. TUCCI, Rogério Lauria. *Direitos e garantias individuais...*, cit., p. 223; e LINO, Bruno Teixeira. *Prisão temporária...*, cit., pp. 67-69. Equivocamente, também, por não dimensionar os requisitos dos aprisionamentos cautelares, ao asseverar não estar derrogado tacitamente o artigo 10, do CPP em relação aos crimes hediondos quando hígida a prisão temporária, sendo mais apropriada, caso necessária, a substituição por prisão preventiva, v. FRANCO, Alberto Silva. *Crimes hediondos...*, cit., p. 633.

[364] Nesses termos, v. STJ, HC 210.697/SP, Rel. Ministro JORGE MUSSI, Quinta Turma, julgado em 06/08/2013; STJ, HC 78437/SP, Rel. Ministra LAURITA VAZ, Quinta Turma, julgado em 28/06/2007.

[365] Desse modo, v. AVENA, Norberto. *Processo penal...*, cit., pp. 187-189; SALIM, Alexandre Aranalde. In AA.VV. *Teoria e prática dos procedimentos...*, cit., p. 36.

[366] Deve-se ficar atento sobre a inviabilidade da soma de prazos: lapso temporal da segregação temporária é marco para o desfecho da investigação com a remessa do inquérito policial ao juízo competente. Não raras vezes, finda a prisão temporária, há representação ou requerimento pela prisão preventiva, estendendo-se, em demasia e sem a razoabilidade necessária – se esta já não

podendo chegar a 60 dias sem formalização judicial ou início de ação penal.

De qualquer sorte, reforça-se que, dentro da órbita legal e apreciável no caso concreto, o marco temporal delimitativo da segregação – diante da necessidade justificada para diligências à investigação [ainda mais quando a legislação prevê apenas prazos máximos de aprisionamento temporário] – não pode ser observado de maneira objetiva.

Cabe ao juiz fixar o prazo necessário de segregação temporária dimensionando o tempo que será despendido em cada uma das diligências a fim de possibilitar o êxito investigativo, sempre levando em consideração os meios disponíveis e a estruturação do órgão requerente.[367]

No entanto, a autoridade policial ou o membro do Ministério Público, a partir da decisão que defere a prisão temporária, mas antes do seu cumprimento, não se encontram impedidos de solicitar ao juízo competente a reapreciação do prazo de segregação fixado diante das circunstâncias concretas devidamente justificadas.

Tal decisão, que pode ser atacada por aclaratórios ou por um mero pedido de reconsideração – inclusive por via de correição parcial –, não pode ser considerada como prorrogação do prazo anteriormente estipulado, pois ainda não cumprida a medida segregativa de liberdade. Apenas após a efetiva prisão temporária, com novo e expresso pedido, pode-se falar em prorrogação. Aliás, o tempo de segregação não começa a fluir a partir do momento em que foi decretada, mas apenas quando capturada a pessoa contra quem foi emitida a ordem de prisão.

Certamente, a prorrogação da prisão pode ser solicitada após o início de seu cumprimento e desde que se encontre embasada com novos e comprovados elementos que ostentem ser extremamente necessária a segregação,[368] não ficando o juízo competente adstrito ao prazo

---

se encontra aniquilada –, o tempo de segregação provisória sem remessa de peças necessárias ao início da persecução penal. Ou seja, poderá o investigado sofrer mais de 70 dias de prisão sem formalização judicial da suposta culpa. Não se acolhem, com isso, os entendimentos de FERNANDO CAPEZ ao afirmar que o prazo para conclusão do inquérito deve ser entendido como de 10 dias ulteriores ao prazo fixado na prisão temporária se ainda mantida a segregação sob o fundamento preventivo. Cf.: CAPEZ, Fernando. *Curso de processo...*, cit., p. 146.

[367] Sobre o assunto, v. KAUFFMANN, Carlos. *Prisão temporária...*, cit., p. 170; LOPES JR., Aury. *Direito processual...*, cit., pp. 903-904. Consigna-se que não se faz necessária a aquiescência do Ministério Público para que seja estabelecido tempo de aprisionamento inferior ao previsto legalmente. O tempo de encarceramento previsto na legislação trata-se de prazo máximo, acolhendo-se a regra – nesse tópico e analogicamente – do artigo 385 do CPP. Em sentido contrário, afirmando ser necessária a aquiescência do Ministério Público, v. RANGEL, Paulo. *Direito processual...*, cit., p. 851.

[368] Para a prorrogação da prisão temporária, o legislador adjetivou a necessidade da prisão. Agora, não se faz preciso apenas ser imprescindível, mas necessário que seja de "extrema e comprovada necessidade". Sobre o assunto, v. FRANCO, Alberto Silva. *Crimes hediondos...*, cit., p. 633.

anteriormente fixado. Nessa seara, a prorrogação encontra limites apenas no prazo máximo previsto legalmente. Entre um e outro pedido, além de não se conseguir cumprir as diligências necessárias, podem surgir outras tantas consideradas como imprescindíveis para o êxito da investigação, o que possibilita a prorrogação por maior ou menor lapso temporal do que aquele anteriormente fixado.[369]

E não calha a firmação de que prorrogações sucessivas podem ser deferidas fundamentadamente e alicerçadas em eventual proporcionalidade ínsita à necessidade concreta da investigação a ser realizada pela autoridade policial ou pelo Ministério Público.[370] A tratar-se do mesmo fato a ser investigado, ainda que por longo período e na eventualidade do conhecimento de ramificações investigativas com o conhecimento de outros fatos conexos, cabe apenas a decretação de uma prisão temporária prorrogável por um único e exclusivo período, mesmo que os motivos da imprescindibilidade da investigação sejam diferentes e ostentem crimes conexos.

Do contrário, encontrar-se-ia válvula de escape para sucessivas e intermináveis segregações temporárias para investigação, bastando para tanto que os motivos da imprescindibilidade fossem diferentes em cada uma das representações ou requerimentos realizados dentro de um fato matriz, dilatando-se, inclusive, prazo razoável para remessa do inquérito policial a juízo.

Trata-se, na verdade, de prisão de que se fulmina com um só pedido – e com uma possível prorrogação –, pouco importando as ramificações que se originaram dentro de um fato principal e do prazo estabelecido.

Desse modo, esgotado o prazo fixado, com ou sem prorrogação, com ou sem o alcance da finalidade desejada, fulmina-se o aprisionamento – por concreto, peremptoriamente e *ipso facto* – com o alcance do tempo,[371] sendo desnecessário outro comando judicial ou expedição de

---

[369] Dessa maneira, v. KAUFFMANN, Carlos. *Prisão temporária...*, cit., pp. 171-173.

[370] Sobre a inviabilidade de prorrogações sucessivas, v. MESSA, Ana Flávia. *Prisão...*, cit., p. 173; LANFREDI, Luís Geraldo Sant'Ana. *Prisão temporária...*, cit., p. 173; KAUFFMANN, Carlos. *Prisão temporária...*, cit., p. 172.

[371] O Supremo Tribunal Federal, no julgamento do HC 90652, Relator: Min. RICARDO LEWANDOWSKI, Primeira Turma, julgado em 14/08/2007, afirmou verdadeira ilegalidade de certa e determinada prisão temporária que perdurou por 18 meses. Nesse mesmo sentido, já julgou o Superior Tribunal de Justiça no HC 78376/SC, Rel. Ministro NAPOLEÃO NUNES MAIA FILHO, Quinta Turma, julgado em 13/09/2007; como também no RHC 5.657/RJ, Rel. Ministro EDSON VIDIGAL, Quinta Turma, julgado em 17/09/1996 e no HC 2181/RJ, Rel. Ministro ADHEMAR MACIEL, Sexta Turma, julgado em 16/11/1993, a fulminar a possibilidade de prorrogações sucessivas, mesmo diante de fato grave, em que se investigava – no último precedente – a ação de policiais supostamente envolvidos em sequestro e extorsão com morte.

alvará de soltura.[372] Nesses termos, o segregado deve ser posto imediatamente em liberdade por aquele que detém sua custódia, sob pena de o responsável incorrer em crime de abuso de autoridade, tal qual previsto no artigo 12, inciso IV, da Lei nº 13.869/2019.[373]

De qualquer sorte, com o decurso do prazo, permanecendo ainda segregado por força de decreto preventivo; o tempo de aprisionamento temporário, uma vez que se trata de prisão para investigação, não deve ser levado em consideração para cômputo de eventuais excessos de prazo para o desfecho da formação da culpa.

Nesse diapasão, encontrando-se a prisão temporária envolvida por requisitos e finalidades diferentes do que aqueles impostos à prisão preventiva – que visa ao asseguramento da instrução criminal ou à garantia da aplicação da lei penal –, não há razões, em sentido global, para dimensionar seu cômputo em eventual excesso de prazo, ainda mais quando em análise estruturas organizacionais e comportamentos de autoridades processantes diferentes.[374]

A prisão temporária, nada obstante, não ficará esquecida em caso de condenação. O tempo de aprisionamento – somado inclusive ao tempo em que eventualmente o indivíduo ficar segregado preventivamente – será computado para fins de estabelecimento do início do

---

372 Antes da publicação da Lei nº 13.869/2019, discutia-se a necessidade da expedição de ordem de soltura pela autoridade judiciária. Parte da doutrina entendia ser desnecessário outro comando. Assim, cf.: POLASTRI, Marcellus. *A tutela cautelar...*, cit., p. 215; KAUFFMANN, Carlos. *Prisão temporária...*, cit., p. 171; MARCÃO, Renato. *Prisões cautelares...*, cit., p. 220; RIGHETTO, Luiz Eduardo Cleto. "A prisão temporária...", cit., pp. 28-29. Em sentido contrário, a sustentar, naquela época, a impossibilidade de libertação imediata sem decisão judicial e expedição e alvará de soltura, mesmo que expirado o prazo, v. RANGEL, Paulo. *Direito processual...*, cit., pp. 853-854; e AVENA, Norberto. *Processo penal...*, cit., p. 972. O último autor afirmava que, em se tratando de decisão judicial, apenas por juiz poderia ser revogada. No entanto, frisava que na prática já constava no mandado de prisão temporária que, vencido o prazo fixado, o responsável pela custódia deveria providenciar a libertação; a fazer com que, nessa hipótese, fosse dispensada a expedição de alvará de soltura. A discussão, hoje, porém, não mais se sustenta, pois expressamente disciplinado no § 7º da Lei nº 7.960/89 diante da alteração advinda da Lei nº 13.869/2019: "Decorrido o prazo contido no mandado de prisão, a autoridade responsável pela custódia deverá, independentemente de nova ordem da autoridade judicial, pôr imediatamente o preso em liberdade, salvo se já tiver sido comunicada da prorrogação da prisão temporária ou da decretação da prisão preventiva".

373 "Art. 12. Deixar injustificadamente de comunicar prisão em flagrante à autoridade judiciária no prazo legal: [...] IV – prolonga a execução de pena privativa de liberdade, de prisão temporária, de prisão preventiva, de medida de segurança ou de internação, deixando, sem motivo justo e excepcionalíssimo, de executar o alvará de soltura imediatamente após recebido ou de promover a soltura do preso quando esgotado o prazo judicial ou legal".

374 Cf.: FREITAS, Jayme Walmer de. *Prisão temporária...*, cit., p. 148 e CAPEZ, Fernando. *Curso de processo...*, cit., p. 350, ao afirmarem que o prazo da prisão temporária não soma ao da prisão preventiva. Em sentido contrário, sustentando que o tempo de custódia temporária deve ser levado em consideração para o cômputo do lapso temporal para o encerramento da instrução, v. LIMA, Renato Brasileiro de. *Nova prisão cautelar...*, cit., p. 341.

regime carcerário disciplinado na sentença, na dicção do artigo 387, § 2º, do CPP, e posterior detração da reprimenda penal definitiva.[375]

Seja como for, embora o prazo estabelecido na legislação, necessária se faz a análise da adoção de medidas alternativas ao cárcere ao fim precípuo de salvaguardar o bom êxito investigativo.

2.4. Prisão temporária e medidas alternativas à prisão

Exigência comum às medidas cautelares pessoais – particularmente a tratar-se de privação de liberdades – é que a restrição a direito fundamental seja proporcional ao fim a que se destina, isto é, que seja adequada, necessária e equilibrada. De modo contrário, a extrapolar-se a imposição constitucional da proporcionalidade – equiparável inclusive à categoria de garantias fundamentais[376] –, chega-se ao arbítrio.

Dentro dessa reinvindicação, necessário buscar, então, medidas alternativas ao cárcere provisório, mesmo estando a tratar-se de prisão temporária, hipótese em que a legislação específica não faz qualquer alusão à matéria. Na realidade, diante da restrição a direitos fundamentais, almeja-se alcançar um equilíbrio na intensidade à limitação dos direitos de liberdade pessoal.

Não é por menos, na busca desse equilíbrio entre os anseios sociais de segurança e a limitação das liberdades individuais, que as legislações contemporâneas procuram formas ou alternativas com o intuito de excluir aprisionamentos indevidos – a sair do antigo binário liberdade ou prisão –, enaltecendo outras formas restritivas e menos lesivas à restrição de direitos fundamentais; entrementes aptas à finalidade que o acautelamento do inquérito ou do processo exigem e desde que presentes os requisitos cautelares à restrição a ser imposta: *fumus comissi delicti* e *periculum libertatis*.

---

[375] A possibilidade de detração da prisão temporária à pena de prisão imposta encontra-se sedimentada no cenário nacional. Especificamente sobre o tema, v. FREITAS, Jayme Walmer de. *Prisão temporária...*, cit., p. 148; LINO, Bruno Teixeira. *Prisão temporária...*, cit., pp. 69-70. No mesmo sentido, cf.: Agravo nº 70036139061, Primeira Câmara Criminal, Tribunal de Justiça do RS, Relator: MANUEL JOSÉ MARTINEZ LUCAS, julgado em 07/07/2010. Discute-se, no entanto, casuisticamente, sobre a possibilidade de utilizar o tempo de segregação temporária para detração em apenamento definitivo e decorrente de fato praticado posteriormente à decretação da medida cautelar. Nesse último prognóstico, ao contrário do posicionamento do Supremo Tribunal Federal e do Superior Tribunal de Justiça [v. respectivamente: STF, HC 109599, Relator: Min. TEORI ZAVASCKI, Segunda Turma, julgado em 26/02/2013 e STJ, AgRg no RHC 99.269/SP, Rel. Ministro REYNALDO SOARES DA FONSECA, Quinta Turma, julgado em 23/04/2019], vem decidindo parte do Tribunal de Justiça do Rio Grande do Sul. Cf.: Agravo, nº 70061430112, Terceira Câmara Criminal, Tribunal de Justiça do RS, Relator: Diogenes Vicente Hassan Ribeiro, Julgado em: 06-11-2014; e Agravo nº 70055253173, Terceira Câmara Criminal, Tribunal de Justiça do RS, Relator: JOÃO BATISTA MARQUES TOVO, julgado em 19/12/2013.

[376] Desse modo, v. SANGUINÉ, Odone. *Prisão cautelar...*, cit., p. 622.

Embora o longo tempo de espera para se perceber que o aprisionamento não é saída para os anseios coletivos, e que a liberdade não poderia receber o nome de *provisória*, eis por que *provisória* era e é efetivamente a prisão; modernamente, a segregação antes da sentença definitiva só pode ser efetivada em casos de extrema necessidade, de forma extraordinária e como última razão à restrição da liberdade.

O cenário brasileiro após a edição das Leis n°s 11.689/2008 e 11.719/2008 começou a ser alterado, até que, com a edição da Lei nº 12.403/2011, pelo menos em termos legais, houve uma ruptura drástica com a antiga forma estabelecida no Código de Processo Penal de 1941; época em que a prisão, antes da sentença definitiva, em muitos casos, era, por assim dizer, automática e com evidentes sinais de presunção de culpabilidade.

Hoje, entretanto, com novas disposições legais introduzidas no sistema pátrio sob influências internacionais,[377] há direcionamento para que medidas alternativas ao cárcere provisório sejam aplicadas; muito embora, em termos práticos, pouca coisa tenha mudado.

Certamente ainda influenciados pelos sabores da antiga legislação, em que não se previam medidas cautelares alternativas, somada à falta de instrumentos sociais de fiscalização, isso sem esquecer os problemas e os efeitos decorrentes de algumas medidas cautelares alternativas, existe desconfiança na sua aplicação.

Não se quer, com isso, apregoar a banalização do instituto e dizer que deveria ser aplicado pelos operadores do direito indistintamente como forma expansão de controle.[378] Nada disso. Sem dispor do *fumus comissi delicti* e do *periculum libertatis*,[379] como também da provisionalidade, da provisoriedade, da excepcionalidade e da proporcionalidade, apenas se afirma que, quando presentes os requisitos autorizadores para aplicação de medidas cautelares – todas elas a representar graves perturbações aos direitos individuais –, não raras vezes não são adotadas em primeira mão e como alternativas ao encarceramento.

---

[377] Em Portugal, as medidas alternativas à prisão preventiva encontram-se previstas no Livro IV, Título II, Capítulo I, do CPP, a saber: a) termo de identidade e residência [artigo 196º], b) caução de justiça [artigo 197º], c) obrigação de apresentação periódica [artigo 198º], d) suspensão do exercício de profissão, de função, de atividades e de direitos [artigo 199º], e) proibição e imposição de condutas [artigo 200º], f) obrigação de permanência na habitação [artigo 201º]. Na aplicação de cada uma delas, há regramento apropriado, podendo ser aplicadas cumulativamente.

[378] Sobre o tema, v. LOPES JR., Aury. *Direito processual...*, cit., p. 880.

[379] Mesmo a tratar de medidas alternativas à prisão, imprescindíveis para sua decretação a existência do *fumus comissi delicti* e do *periculum libertatis*, esta, por sua vez, vinculada sempre às situações concretas que comportam absolutas ou mais tênues restrições de liberdade. Assim, v. GOMES, Luiz Flávio. "Da prisão...", cit., pp. 33-34.

E isso se diz porque, entre as formas de prisão cautelar hoje existentes no país, não há empecilho para que, em qualquer dos casos, sejam utilizadas medidas alternativas diversas da prisão[380] dada a própria redação dos artigos 282 e 283 do CPP, inclusive a proporcionar não só a diminuição de lesão ao indiciado, como também menor custo social e econômico à população. Efetivamente, a adoção de medidas diversas da prisão proporciona vantagens diretas e indiretas não só ao indiciado, mas também ao seu círculo familiar e, de um modo geral, também à sua comunidade.

Entrementes, até que ponto essa substituição da prisão temporária por medidas menos lesivas é possível diante das regras estabelecidas na Lei nº 7.960/89: especial e necessariamente quando imprescindível à restrição da liberdade para o êxito da investigação?

Certamente que é apenas na análise do caso concreto, dentro dos elementos informativos existentes na representação da autoridade policial ou no requerimento do Ministério Público, que se encontrará alicerce para análise da proporcionalidade desejada à situação, sem se esquecer do prazo estabelecido na legislação para essa espécie de acautelamento e – abstraindo situações excepcionais – da necessária limitação das previsões cautelares disciplinadas na legislação processual.

Nesses termos, analisa-se a possibilidade de aplicação – se assim os elementos existentes autorizarem – de cautelares diversas da prisão por certo e determinado período para só então, e apenas por último, utilizar o mecanismo segregatório extremo. A utilização de medidas cautelares diversas da prisão, com efeito, é matéria a ser analisada em primeiro plano e, caso aplicada, deteriora a possibilidade de prisão.[381]

Registra-se, no entanto, a inviabilidade de se substituir a prisão temporária por outras medidas cautelares sem a fixação de prazo, sendo necessário que a exigência a ser imposta encontre-se dentro dos limites temporais previstos para essa espécie de prisão cautelar. Do contrário, em certas circunstâncias, pode-se constatar que a medida cautelar a ser aplicada alcançaria proporção mais gravosa que a própria prisão, estendendo-se, inclusive, no tempo e por tempo indeterminado.[382]

---

[380] Nesses termos, cf.: GIACOMOLLI, Nereu José. *Prisão. liberdade...*, cit., p. 130; DELMANTO, Fábio Machado de Almeida. *Medidas substitutivas...*, cit., pp. 149-151. Também, sobre assunto, v. NORBERTO AVENA ao afirmar que a possibilidade de aplicação de medidas restritivas menos gravosas decorre da imposição da imprescindibilidade da prisão temporária. Cf.: AVENA, Norberto. *Processo penal...*, cit., pp. 842-844.

[381] Consigna-se que se faz necessário o cumprimento pessoal da medida alternativa à prisão, razão pela qual não pode ser realizada por intermédio de advogado ou procurador com poderes específicos. Assim, v. SANGUINÉ, Odone. *Prisão cautelar...*, cit., p. 719.

[382] Sobre o tema, v. TRF4 – HC 5034571-35.2015.4.04.0000, Oitava Turma, Relator JOÃO PEDRO GEBRAN NETO, juntado aos autos em 07/10/2015; TRF4 – HC 5001092-17.2016.4.04.0000, Sétima Turma, Relatora CLÁUDIA CRISTINA CRISTOFANI, juntado aos autos em 17/02/2016.

Ademais, abrir-se-ia brechas para ação *ex ofício* a utilizar os requisitos da prisão preventiva para fundamentar a imposição de medidas cautelares quando em análise a prisão temporária.

Por outro lado, no cenário nacional brasileiro, nos termos do artigo 319 do CPP, há previsão de algumas medidas cautelares diversas da prisão incluídas pela Lei nº 12.403/2011: (a) comparecimento periódico em juízo nos prazos e nas condições fixadas para informar e justificar suas atividades; (b) proibição de acesso ou frequência a determinados lugares "quando, por circunstâncias relacionadas ao fato, deva o indiciado ou acusado permanecer distante desses locais para evitar o risco de novas infrações"; (c) proibição de manter contado com determinadas pessoas; (d) proibição de ausentar-se da comarca; (e) recolhimento domiciliar noturno e nos dias de folga; (f) suspensão do exercício de função pública ou de atividade de natureza econômica ou financeira "quando houver justo receio de sua utilização para a prática de infrações penais"; (g) internação provisória do acusado nas hipóteses de crimes praticados com violência ou grave ameaça, "quando os peritos concluírem ser inimputável ou semi imputável [...] e houver risco de reiteração"; (h) fiança, nas infrações que a admitem para assegurar o comparecimento a atos do processo, evitar a obstrução do seu andamento ou em caso de resistência injustificada à ordem judicial; (i) monitoração eletrônica. Em complementação, encontra-se, no artigo 320 do CPP, (j) a determinação de entrega do passaporte.

Há, ainda, conforme dispõe o artigo 22 da Lei nº 11.340/2006 – que criou mecanismos para coibir a violência doméstica e familiar contra mulher – outras cautelares diversas da prisão. Encontram-se expressamente previstas e, em certas circunstâncias, a depender da infração praticada, perfeitamente aplicáveis nos limites dos crimes definidos a oportunizar a prisão temporária: (a) a suspensão da posse ou restrição do porte de armas; (b) o afastamento do lar ou local de convivência; (c) a proibição de determinadas condutas, entre as quais (c1) aproximação da ofendida, de seus familiares e das testemunhas (c2) manter contato com a ofendida e seus familiares (c3) frequentar determinados locais; (d) a restrição ou suspensão de visitas aos filhos e dependentes do casal; e (e) a aplicação de outras medidas previstas na legislação e próprias a manter a segurança da ofendida conforme as circunstâncias concretas exigirem.

Nota-se que, embora pareça largo o dimensionamento dos regramentos,[383] em algumas hipóteses, o próprio texto disciplina quando a

[383] Outras hipóteses alternativas à prisão são previstas no ordenamento jurídico brasileiro. No entanto, consigna-se, não sofrem incidência direta à prisão temporária; até porque abrangidas por medidas alternativas gerais. É o que pode ser visto, por exemplo, na perspectiva do Decreto-Lei nº 201/67 [Crime de responsabilidade dos prefeitos], em que possibilita o afastamento cautelar do

medida alternativa pode ser aplicada, restringindo, portanto, seu alcance. Assim se dá, exemplificativamente, na situação em que se proíbe acesso ou frequência a determinados locais, pois apenas aplicável, segundo o texto legal, quando houver riscos de cometimento de nova infração ou na viabilidade de internação provisória, porque apenas possível na hipótese de (a) atos praticados com violência ou grave ameaça, (b) desde que munido de laudo pericial, e (c) houver risco de reiteração.[384]

O melhor seria que o texto legal não contemplasse requisitos específicos para incidência da medida alternativa, possibilitando, diante da análise do caso concreto, a mensuração da viabilidade da restrição a ser imposta.[385]

Nesses termos, em que pese a necessidade de apregoar-se a limitação da aplicação das medidas cautelares diversas da prisão apenas às hipóteses contempladas na legislação, não há como fugir do enunciado de que, em situações excepcionais, diante do princípio da proporcionalidade, outras medidas – mesmo que não previstas expressamente – são apropriadas e menos lesivas para evitar a prisão.[386]

Não se está a esquecer, com isso, que, diante do princípio da legalidade e da taxatividade necessária às disposições restritivas de direito,

---

cargo. Soma-se ainda o artigo 20, parágrafo único, à Lei nº 8.429/92 [Lei de improbidade administrativa] que autoriza o afastamento cautelar do agente público do exercício do cargo, emprego ou função pública "quando necessária a medida para garantia a instrução processual". Ou ainda, o artigo 56, § 1º, da Lei nº 11.346/2006 [Lei antidrogas] que possibilita, concomitantemente ao recebimento da denúncia, o afastamento das atividades do funcionário público.

384 Assinala, nesses termos, NEREU JOSÉ GIACOMOLLI a necessária análise do requisito específico informador da adequação da medida alternativa a ser imposta. Cf.: GIACOMOLLI, Nereu José. *Prisão, liberdade...*, cit., pp. 103 e 106-111. No entanto, embora o requisito específico para aplicação da medida restritiva, há quem sustente que não se pode esquecer dos fins *mediatos* de cautelaridade instrumental ou probatória da restrição de proibição de acesso ou frequência a determinados locais, como, por exemplo, evitar coação de testemunhas, vítimas e supressão de documentos. Nesse último sentido, v. SANGUINÉ, Odone. *Prisão cautelar...*, cit., p. 721; CÂMARA, Luiz Antônio. *Medidas cautelares pessoais*: prisão e liberdade provisória. 2ª ed., Curitiba: Juruá, 2011, p. 192; BADARÓ, Gustavo Henrique. "Medidas cautelares alternativas à prisão preventiva: comentários aos artigos 319-350 do CPP, na redação da Lei 12.403/2011". In AA.VV. *Medidas cautelares no processo penal*: prisões e suas alternativas. Comentários à Lei 12.403, de 04.05.2011. (coord.: Og Fernandes). São Paulo: RT, 2011, [pp. 205-297], p. 239. Há quem diga, ainda, que o inciso III do artigo 319 do CPP padece de "defeito genérico" ocasionando sua inconstitucionalidade em razão da discutível cautelaridade, dado o manifesto caráter de *prevenção especial* com a necessidade de impor a restrição em casos de riscos de cometimento de novas infrações. Assim, cf.: LOPES JR., Aury. *O novo regime jurídico da prisão processual, liberdade provisória e medidas cautelares diversas*: Lei nº 12.403/2011. 2ª ed., Rio de Janeiro: Lumen Juris, 2011, pp. 132-133.

385 Consigna-se que, na legislação portuguesa, o problema engrandece-se à medida que as medidas alternativas ao cárcere preventivo condicionam-se – modo geral – à previsão de sanção máxima abstratamente prevista; circunstância que engessa eventual flexibilização de acautelamentos processuais necessários.

386 Assim, v. STJ, HC 126.973/SP, Rel. Ministro ROGERIO SCHIETTI CRUZ, Sexta Turma, julgado em 27/05/2014.

o "poder geral de cautela" – próprio das cautelares existentes no direito processual civil – é medida avessa aos sabores do processo penal.

Não. Sabe-se que as intervenções nessas searas são efetivamente mais contundentes do que em outros ramos do direito e, por isso, roga-se a impossibilidade de adoção do instituto de um modo geral, pois ninguém restaria obrigado a fazer ou deixar de fazer o que não disciplinado em lei. E até poderia afirmar-se, como fartamente sustentado pela doutrina, que, no processo penal, todas as medidas cautelares são típicas, pois a tipicidade processual não difere daquela existente no direito substancial.[387]

No entanto, jamais se pode esquecer da análise do fato concreto; aliás, a tarefa do jurista, em especial do juiz, é, por assim dizer, decidir casos de acordo com suas realidades. Os fatos da vida são muitos, e muitas das situações não contempladas pela legislação exigem que sejam adotadas posturas diferentes à privação da liberdade, aplicando-se, pois, restrições menos lesivas a direitos fundamentais, mas, ao mesmo tempo, apropriadas à imprescindibilidade exigida para o correto andar da investigação criminal e para a lisura de futura apreciação processual. A propósito, como bem assentou FREDERICO ISASCA,

[387] Em Portugal, há disposição expressa no Código de Processo Penal sobre o princípio da legalidade das medidas cautelares. E assim se dá em seu artigo 191°, n° 1, ao dispor: "A liberdade das pessoas só pode ser limitada, total ou parcialmente, em função de exigências processuais de natureza cautelar, pelas medidas de coacção e de garantia patrimonialmente previstas em lei". Nesses termos, apregoa PAULO PINTO DE ALBUQUERQUE que as normas que regulam as medidas de coação são "processuais materiais" a fazer com que seja aplicado o princípio da legalidade substantiva na dicção do artigo 29ª.3 e 4, da CRP. Com isso, veda-se a aplicação da analogia, inviabilizando, também a retroatividade. Cf.: ALBUQUERQUE, Paulo Pinto de. *Comentário do Código de Processo Penal...*, cit., p. 565. Do mesmo modo, a reforçar a necessidade de obediência à tipicidade das normas que limitam total ou parcialmente a liberdade das pessoas, v. GONÇALVES, Fernando; ALVES, João Manuel. *As medidas de coacção...*, cit., pp. 63-64; SILVA, Germano Marques da. *Curso de processo...*, cit., p. 349; ISASCA, Frederico. "A prisão preventiva e restantes medidas de coacção". In AA.VV. *Jornadas de direito processual penal e direitos fundamentais...*, cit., pp. 103-104. Por outro lado, ainda no cenário lusitano, a sustentar a enumeração taxativa apenas às medidas de coação que impõem privação total de liberdade, v. MOUTINHO, José Lobo. In AA.VV. *Constituição portuguesa anotada...*, cit., [pp. 633-656], pp. 643-645. Na jurisprudência do país coirmão, v. Ac. do STJ de 25 de fev. 2015 (Relator: PIRES DA GRAÇA), processo n° 533/12.6T3AMD-G.L1-A.S1. No Brasil, sobre o tema e a sustentar, diante do princípio da legalidade, a impossibilidade de aplicação de outras medidas cautelares que não aquelas previstas de modo expresso na legislação, v. BARROS, Romeu Pires de Campos. *Processo penal cautelar*. Rio de Janeiro: Forense, 1982, p. 58; TUCCI, Rogério Lauria; DELMANTO JÚNIOR, Roberto, *et. al.* "Sistematização das medidas cautelares processuais penais". *Revista do Advogado*. ano XXIV, n° 78, São Paulo: AASP, (set. 2004), [pp. 111-122], pp. 120-121; LOPES JR., Aury. *O novo regime jurídico...*, cit., pp. 16-19; GOMES FILHO, Antônio Magalhães. *Presunção de inocência...*, cit., p. 57; BADARÓ, Gustavo Henrique. "Medidas cautelares alternativas à prisão preventiva: comentários aos artigos 319-350 do CPP, na redação da Lei 12.403/2011". In AA.VV. *Medidas cautelares...*, cit., pp. 227-231; CÂMARA, Luiz Antônio. *Medidas cautelares...*, cit., pp. 99-100; GOMES, Luiz Flávio. "Da prisão...", cit., p. 46; MARCÃO, Renato. *Prisões Cautelares...*, cit., p. 364; DELMANTO, Fábio Machado de Almeida. *Medidas substitutivas...*, cit., pp. 193-96; GIACOMOLLI, Nereu José. *Prisão, liberdade...*, cit., p. 100.

"o mundo jurídico não é estático nem gravita em torno de si próprio, numa contemplação umbilical dos valores por ele criados".[388]

O bom seria, efetivamente, que todos os fatos da vida, em todas as suas situações e circunstâncias, fossem contemplados na legislação; hipótese que acarretaria a subsunção da norma ao fato[389]. No entanto, isso raramente acontece, principalmente em se tratando de representações ou de requerimentos de privações temporárias de liberdade dada a natureza cognitiva incipiente que a aplicação do instituto exige. Nessa seara, necessária a análise dos atores dentro de suas mazelas e necessidades – pessoas: autor e vítima – que representam efetivamente a situação jurídico-penal em conflito.[390]

Desse modo, embora a regra de que as medidas cautelares diversas da prisão estejam limitadas – diante do princípio da legalidade – às contemplações da legislação, caminho não há, dentro de juízos de proporcionalidade, senão afirmar que, em determinadas situações – excepcionalíssimas por assim dizer –, outras cautelares menos gravosas que a prisão – e na verificação da falta de eficácia medidas cautelares típicas – podem ser determinadas para melhor adequar a limitação imposta à situação concreta vivenciada.[391]

---

[388] ISASCA, Frederico. "A prisão preventiva e restantes medidas de coacção". In AA.VV. *Jornadas de direito processual penal e direitos fundamentais...*, cit., p. 101.

[389] Utilizando-se as palavras de ARTHUR KAUFMANN, "se examinarmos a prática judicial actual de um ponto de vista metodológico, ficamos com a impressão de que, neste campo, o tempo parou. Ainda é dominante o *método subsuntivo* igual ao utilizado no século XIX. Ainda vigora a tese segundo a qual o juiz 'só está sujeito à lei', e, provavelmente, ainda existirão juízes que estão, realmente, convencidos que formulam a decisão de um modo puramente objetivo, baseado única e exclusivamente na lei, sem interferência de nenhuns juízos de valor pessoal". Cf.: KAUFMANN, Arthur. *Introdução à filosofia...*, cit., p. 184. Nesses termos, consigna-se que, nem mesmo com a subsunção, o interprete esquiva-se da interpretação. Com efeito, "também a habitual subsunção é analogia. Só se poderia separar logicamente subsunção e analogia, se existisse uma fronteira lógica entre igualdade e semelhança. Ora, tal fronteira não existe, pois a igualdade material é sempre mera semelhança e a igualdade formal não ocorre na realidade 'existindo' apenas no domínio dos números e sinais matemáticos (lógico-formais)". Cf.: KAUFMANN, Arthur. *Filosofia...*, cit., p. 186.

[390] Sobre o tema, v. HASSEMER, Winfried. *Introdução aos fundamentos do direito penal*. Porto Alegre: Sérgio Antônio Fabris Editora, 2005, pp. 49-60. Aliás, na mesma obra [p. 51], reforça o autor: "[...] as *bibliotecas* acumulam uma parte decisivamente completa de conhecimento sobre normas jurídico-penais e não sobre a realidade jurídico penal [...]".

[391] A admitir a utilização do poder geral de cautela no processo penal, de forma complementar e em situações excepcionais, v. GONZALEZ-CUELLAR SERRANO, Nicolas. *Proporcionalidad y derechos...*, cit., pp. 200-202; POLASTRI, Marcellus. *A tutela cautelar...*, cit., pp. 80-89; LIMA, Renato Brasileiro de. *Nova prisão cautelar...*, cit., pp. 413-419; ALVES, Rogério Pacheco. "O poder geral de cautela no processo penal". *Revista dos Tribunais*. São Paulo, ano 91, vol. 799, (maio 2002), [pp. 423-447], p. 434. As perspectivas da doação do poder geral de cautela engrandecem-se quando se verifica que, em sistemas processuais penais que preveem expressamente a obediência à tipicidade das medidas acautelatórias – como é o caso do artigo 191º do CPP português –, há quem afirme a necessidade de alargar as hipóteses de "medidas de coacção", embora apregoe necessidade de obediência à taxatividade das medidas disponíveis. Assim, v. ISASCA, Frederico. "A prisão preventiva e restantes medidas de coacção". In AA.VV. *Jornadas de direito processual penal e direitos*

Nesses temos, se a legalidade das restrições estabelecidas é matéria constitucional a ser obedecida, menos correta não se torna a afirmação de que o princípio da intervenção mínima – realizável também através de interpretação mais favorável ao investigado – venha a enaltecer a efetividade dos direitos fundamentais:[392] entendidos tais direitos como pressuposto elementar para uma vida humana livre e digna, tanto em sua dimensão individual como coletiva.[393]

Certamente que se fazem necessárias certas condições para que excepcionalmente se possam determinar medidas cautelares diversas daquelas encontradas na legislação. Nesse passo, em primeiro plano, deve-se observar (a) se a restrição a ser imposta tem menor lesividade do que as medidas alternativas típicas, ou, se, em certos casos, traz maior benefícios ao indivíduo e à comunidade. Depois, analisar (b) se a medida a ser empregada em substituição àquelas tipificadas também se encontra abrangida pelo ordenamento jurídico, ou seja: muito embora não elencadas como cautelares típicas, deve-se constatar se o ordenamento suporta sua aplicação. E, por fim, (c) se a estrutura organizacional é instrumentalmente adequada e eficaz para suportar a existência da aplicação da medida cautelar diversa.[394]

---

fundamentais..., cit., pp. 103-104 e 107. Os tribunais superiores brasileiro têm admitido a utilização do poder geral de cautela no processo penal. Assim, v. STJ, AgRg no HC 527.078/RS, Rel. Ministro NEFI CORDEIRO, Sexta Turma, julgado em 26/11/2019; STJ, HC 469.453/SP, Rel. Ministra LAURITA VAZ, Sexta Turma, julgado em 19/09/2019; STJ, RHC 97.516/RS, Rel. Ministro ROGERIO SCHIETTI CRUZ, Sexta Turma, julgado em 21/03/2019; STJ, AgRg no AREsp 1088098/SP, Rel. Ministro FELIX FISCHER, Quinta Turma, julgado em 16/10/2018; STJ, RHC 74.452/AM, Rel. Ministro REYNALDO SOARES DA FONSECA, Quinta Turma, julgado em 24/04/2018. Sobre o assunto, v. também STF, ADPF 444, Relator: Min. GILMAR MENDES, Tribunal Pleno, julgado em 14/06/2018, em especial votos dos Ministros Edson Fachin, pp. 74-87 e Luís Roberto Barroso, pp. 88-102. Em sentido contrário, a afirmar que "o juiz criminal não é dotado de poder geral de cautela, tendo em vista os estritos limites da legalidade penal", v. STJ, HC 222.298/SE, Rel. Ministro JORGE MUSSI, Quinta Turma, julgado em 17/10/2013.

392 Assim, cf.: GONZALEZ-CUELLAR SERRANO, Nicolas. *Proporcionalidad y derechos...*, cit., p. 200.

393 Sobre o tema, v. ANDRADE, José Carlos Vieira de. *Os direitos fundamentais na Constituição Portuguesa de 1976*. 5ª ed., Coimbra: Almedina, 2012, pp. 107-111.

394 A construção e a condições de aplicabilidade de medidas cautelares diversas das tipificadas na legislação podem ser encontradas em GONZALEZ-CUELLAR SERRANO, Nicolas. *Proporcionalidad y derechos...*, cit., pp. 200-202. Do mesmo modo, v. LIMA, Renato Brasileiro de. *Nova prisão cautelar...*, cit., p. 471. Por outro lado, embora o autor doutrine a possibilidade da utilização do poder geral de cautela no processo penal, não pode ser chancelada a afirmação de POLASTRI ao referir que "para decretação de medida cautelar com base no Poder Geral de Cautela, será necessária a existência de um Processo, onde tal medida poderá ser decretada, em regra, a pedido das partes e, somente excepcionalmente, de ofício pelo juiz". Cf.: POLASTRI, Marcellus. *A tutela cautelar...*, cit., p. 87. Ora, primeiro não há empecilho para retrotrair o poder geral de cautela a situações anteriores ao processo, desde que exista provocação e a natureza do instituto também seja cautelar, tal qual se dá com a prisão temporária; isso sem esquecer representações de prisão preventiva – não raro realizadas no decorrer do inquérito – ou até mesmo na conversão da prisão em flagrante em preventiva. Ao demarcar o poder geral de cautelar apenas à pendência de processo, em especial no processo penal, está-se, do mesmo modo que sua não utilização, a restringir sua incidência às hipóteses que a prática exige.

Com isso, efetivamente, sem qualquer supressão violenta ao direito de ir e vir, e tendo por socorro os princípios da subsidiariedade e da intervenção mínima, é possível buscar interpretação mais favorável à preservação dos direitos fundamentais.[395] Não simplesmente estabelecendo uma medida atípica em detrimento de uma cautelar típica; mas sim, diante da análise do caso concreto, verificar se as hipóteses encontradas na legislação processual penal são apropriadas, proporcionais e efetivas ao fim desejado, para só então buscar, de maneira suplementar, outras soluções razoáveis e mais benéficas ao indiciado em caso de inadequação daquelas. A solução encontrada deve ser, portanto, adequada e simplesmente suficiente ao dano que se busca evitar.

E não se diga que existirá coação ilegal com a adoção de uma medida atípica. Ora, a restrição da liberdade de ir e vir apenas pode ser considerada como ilegal quando houver excesso ou não existir justa causa para albergar a restrição imposta.[396] Do contrário, não se encontrando dentro das medidas cautelares diversas da prisão hipótese de possível incidência – e desde que presente o *fumus comissi delicti* e o *periculum libertatis* –, em algumas situações concretas, retornar-se-á ao nefasto binômio popular "tudo ou nada", prisão ou liberdade, em uma dicotomia imposta ao juiz criminal e tão criticada no direito contemporâneo.[397]

---

[395] Dois exemplos reais e cotidianos no contexto brasileiro podem socorrer à melhor compreensão da matéria, perfeitamente aplicáveis, analogicamente, às regras da prisão temporária: "A", viciado em drogas por longos anos, chega à sua casa após o consumo de "crack" e discute com a esposa "B". No decorrer do embate domiciliar, atira gasolina nas roupas de sua companheira e em seguida ateia-lhe fogo. Preso provisoriamente por longo período para garantia da ordem pública e para resguardar prática de nova violência contra a ex-companheira, após a conclusão de incidente de insanidade mental que não apontou anomalias psíquicas, bem como a oitiva de algumas testemunhas, restou substituída a privação de liberdade por medida cautelar atípica: internação para tratamento contra a drogadição com relatórios quinzenais.

No mesmo sentido, "C", usuário de entorpecentes e com várias e infrutíferas passagens por clínicas de reabilitação, pratica roubo de automóvel com a finalidade de vendê-lo e posteriormente alimentar seu consumo de "crack". Preso em flagrante e decretada sua prisão preventiva, diante dos argumentos defensivos que vieram a enaltecer sua condição de dependente químico, é substituído o encarceramento provisório por internação em clínica adequada, a ser comprovada no prazo de 48 horas após a soltura.

Observa-se que, em ambos os exemplos, retirados da prática forense, não há contemplação cautelar típica, pois o artigo 319, inciso VII, do CPP exige diagnóstico de peritos que aponte anomalia psíquica no acusado. Aliás, para aplicação da internação provisória, conforme estabelece o próprio dispositivo legal, exigem-se três elementos: (a) delito praticado com violência ou grave ameaça; (b) laudo pericial; e (c) risco de recidiva. A sustentar a necessidade da restrita obediência dos requisitos legais, v. GIACOMOLLI, Nereu José. *Prisão, liberdade...*, cit., p. 111.

[396] Assim, v. POLASTRI, Marcellus. *A tutela cautelar...*, cit., p. 86.

[397] O argumento, no entanto, é criticado por GUSTAVO HENRIQUE BADARÓ. Nesse sentido, refere o autor que, se já foram ultrapassadas as barreiras de todas as medidas cautelares existentes e diagnosticou-se que, inclusive, aquelas menos lesivas não suprem as expectativas de acautelamento, constatou-se também que a prisão não é oportuna. Por consequência, na falta dessas, não há como buscar medidas atípicas ao invés da prisão, pois esta, como diagnosticado, não se fazia necessária. Ademais, se as medidas estabelecidas na legislação são insuficientes e não atendem

De fato, soa estranho, para não dizer ilógico, que o juiz possa decretar a prisão, mas não possa, no momento em que percebe a desnecessidade do cárcere e a necessidade de acautelamento diverso, utilizar-se de um poder geral de cautela que venha a restringir direitos; direitos esses, diga-se de passagem, de menor envergadura que as determinações privativas de liberdade;[398] aliás, nem seria preciso lembrar que, quanto mais grave a restrição de direitos, maior a sua excepcionalidade.

A efetividade das ações empregadas, especialmente no trato do processo penal, não significa simplesmente garantir uma prestação jurisdicional despida de realidade a esquecer que, em certas situações, faz-se necessário o acautelamento, embora não seja necessária a prisão: compreendida esta como cárcere e todas as suas mazelas. O intérprete, tal qual já afirmou o ministro JOAQUIM BARBOSA, não pode enclausurar-se naquilo que chamam de "*ivory tower syndrom*" – síndrome da torre de marfim – e discutir conceitos, dogmas, ignorando completamente a realidade social à qual o texto se aplica.[399] Não se pode, portanto, parar o vento com as mãos.[400]

Deve-se, pois, diante dos perigos e dos riscos decorrentes de qualquer decisão acautelatória – não raro *inaudita altera parte*[401] –, garantir

---

a todas as finalidades modernas, cabe ao legislador, e não ao juiz, criar outras hipóteses de incidência. Cf.: BADARÓ, Gustavo Henrique. "Medidas cautelares alternativas à prisão preventiva: comentários aos artigos 319-350 do CPP, na redação da Lei 12.403/2011". In AA.VV. *Medidas cautelares...* cit., pp. 228-231.

[398] Assim, cf.: GONZALEZ-CUELLAR SERRANO, Nicolas. *Proporcionalidad y derechos...*, cit., pp. 200-201; ALVES, Rogério Pacheco. "O poder geral...", cit., p. 434. Não se sustenta, entrementes, tal qual fazem os autores, o velho ditado popular: "quem pode mais pode menos". No direito moderno, em muitos casos, o "menos" não é abrangido pelo "mais". Em determinadas situações, mesmo que *a minori*, não foram conferidos poderes à autoridade judicial, sendo em algumas até mesmo negado. Esse argumento popular, já afirmava TÉRCIO SAMPÁIO FERRAZ JR., não tem um estatuto lógico, mas apenas axiológico. Cf.: FERRAZ JR. Tércio Sampáio. *Introdução ao estudo do direito*: técnica, decisão, dominação. 2ª ed., São Paulo: Atlas, pp. 340-341. No mesmo sentido, v. MAXIMILIANO, Carlos. Hermenêutica e Aplicação do Direito. 20ª ed. Rio de Janeiro: Forense, 2011, pp. 200-201. A propósito, sobre a matéria, v. também TUCCI, Rogério Lauria; DELMANTO JÚNIOR, Roberto, *et. al.* "Sistematização das medidas...", cit., p. 121.

[399] Assim, cf.: STF, ADI 3105, Relator: Min. ELLEN GRACIE, Relator p/ Acórdão: Min. CEZAR PELUSO, Tribunal Pleno, julgado em 18/08/2004.

[400] A expressão é utilizada por CANOTILHO quando trata dos limites materiais do poder de revisão constitucional. Perfeitamente adequada ao contexto deste estudo, assim refere o autor: "Por outras palavras que se acolheram nos *Writings* de Thomas Jefferson: 'uma geração de homens tem o direito de vincular outra'? [...]. A resposta tem de tomar em consideração a evidência de que nenhuma constituição pode conter a vida ou parar o vento com as mãos. Nenhuma lei constitucional evita o ruir dos muros dos processos históricos, e, consequentemente, as alterações constitucionais, se ela perdeu a força normativa". Cf.: CANOTILHO, J. J. Gomes. *Direito constitucional...*, cit., pp. 1065.

[401] Com a redação dada pela Lei nº 12.403/2011 – e posteriormente pela Lei nº 13.964/2019 –, o artigo 282, § 3º, do CPP, ressaltou-se, em casos despidos de urgência ou de inexistência de perigo de ineficácia da medida cautelar pretendida, a necessidade de intimação da parte contrária com cópia do requerimento e das peças necessárias.

a aplicação de uma restrição que se amolde à singularidade do caso concreto, como também que se ajuste aos anseios da coletividade a permitir, efetivamente, que a atuação do Estado-juiz seja útil à situação vivenciada.

O que não se deseja diante dos exíguos mecanismos disponibilizados pela legislação – como se nela estivessem confinadas todas as situações da vida – é oportunizar e fomentar decisões desarrazoadas ou, pelo contrário, ficar assistindo passivamente à necessidade de aplicação de medidas acautelatórias menos restritivas e que venham assegurar o bom êxito investigativo e o futuro transcorrer processual.

São nessas situações extraordinárias, consigna-se, que a garantia da motivação das decisões judiciais ganha importância a ponto de justificar o motivo pelo qual se abdica dos meios acautelatórios existentes para, na situação concreta, buscar outros meios pertinentes, adequados e proporcionais aos fins almejados.

É claro, e nem precisaria ser reforçada a afirmação de que – diante da precariedade e da provisoriedade da restrição imposta – podem-se alterar as situações fáticas, e, por consequência, a(s) necessidade(s) exigir(em) outra(s) medida(s) mais ou menos gravosa(s) do que aquela(s) até então estabelecida(s), o que pode se dar cumulando, ou não, com a primeira, desde que, naquela hipótese, compatíveis e eficientes.[402]

De qualquer sorte, mesmo que outro caminho possa ser trilhado com medidas acautelatórias não expressamente previstas na legislação – sempre dimensionando a proporcionalidade da restrição à situação acautelanda –, pelo menos uma alternativa à prisão merece reflexão mais aprofundada modernamente, seja pelos benefícios proporcionados, seja pelos perigos de oportunizar efeitos indesejados e pouco mensurados no momento de sua aplicação. Há de se analisar, efetivamente, o uso do monitoramento eletrônico.

Diante da situação atual de intensa criminalidade, somada aos nefastos efeitos do encarceramento e à falência de métodos alternativos repressivos, não raros, sem controle estatal e que se mostram insuficientes e ineficientes para combater a criminalidade; bem como diante do controle cada vez mais forte das cortes constitucionais – alicerçadas

[402] A afirmação consta expressamente prevista na legislação. É o que prevê o artigo 282, §§ 4º e 5º, do CPP, sendo encontrada, também, no cenário português, no artigo 212º do seu Código Processual Penal. Aliás, sobre o tema, afirma GERMANO MARQUES DA SILVA que o princípio da proporcionalidade não respeita apenas o momento inicial de aplicação da privação ou da restrição cautelar. Deve-se verificar a todo o tempo a necessidade da manutenção, revogação ou alteração da medida restritiva em função das necessidades advindas. Cf.: SILVA, Germano Marques da. *Curso de processo...*, cit., p. 361. Do mesmo modo, v. SOUSA, João Castro e. *"Os meios de coacção no novo Código de Processo Penal"*. In AA.VV. *Jornadas de direito processual penal. O novo...*, cit., p. 157.

nas recomendações e nas convenções internacionais que apregoam a aniquilação das infrações a direitos fundamentais – parece que melhor caminho ainda não foi trilhado como modo de propiciar o acautelamento provisório.

Em virtude desse diagnóstico, o monitoramento eletrônico tem surgido em vários países[403] como alternativa à clausura, embora muito pouco utilizado no cenário brasileiro, seja pela falta de condições técnicas à ágil implementação quando necessário, seja pela falta de recursos econômicos para sua implantação em larga escala.

De qualquer sorte, com o avanço da tecnologia, o emprego de mecanismos informatizados parece equacionar não só o sistema prisional, que já se encontra falido no cenário mundial,[404] como também atenuar os efeitos das privações de liberdade. A propósito, para utilizar as palavras de NUNO CAIADO, "se a realidade mudou, se muda todos os dias – aliás, à vertiginosa velocidade –, é urgente alterar concomitantemente a forma de pensar e de agir sobre ela".[405]

Verdadeiramente, diante da adoção do meio eletrônico de fiscalização, podem ser observados resultados dignos de nota, em especial, para delinquentes primários e, de um modo geral, amenizados prejuízos físicos, psíquicos e emocionais,[406] evitando-se, inclusive, contato, mesmo que por curto espaço de tempo, entre os segregados a fim de impedir, por exemplo, proliferação de doenças contagiosas e aprendizado antissocial. Ao mesmo passo, propicia-se a manutenção dos laços familiares – fonte importante para o reagrupamento social – e conserva-se, em muitos casos e quando possível, o trabalho – como substrato à permanência da dignidade coletiva.[407] Tudo isso sem esquecer o

---

403 Em várias nações, o sistema tem sido utilizado com êxito. Assinalam-se com frequência registros elogiosos a países como Bélgica, Dinamarca, Noruega, Portugal, Holanda, Estônia e Suécia. O registro foi realizado na palestra de 05 maio de 2011, *Reinserção social*, por IOAN DURNESCU por ocasião da 7ª Conferência Europeia sobre Vigilância Electrónica (*Vigilância electrónica e probation:* reabilitação de delinquentes e redução da população prisional). Relatório realizado por NELLIS, Mike; ROSEL, Núria Torres. Relatório da 7ª Conferência Europeia sobre vigilância electrónica – *Vigilância electrónica e probation:* reabilitação de delinquentes e redução da população prisional, p. 7.

404 Sobre a oscilação europeia do número de presos, v. ALBRECHT, Hans-Jörg, "Prision Overcrowding...", cit., pp. 74-75. Dados mundiais e atualizados podem ser encontrados em International Centre for Prison Studies.

405 Cf. CAIADO, Nuno. "Por uma nova arquitetura conceptual da execução das penas: a vigilância electrónica e a criação de um território punitivo intermediário". *Revista do Ministério Público*. ano 32, nº 126, (abr./jun. 2011), [pp. 27-64], p. 36. Do mesmo modo, v. GRECO, Rogério. *Direitos humanos, sistema prisional e alternativas à privação de liberdade*. 1ª ed., 2ª tiragem, São Paulo: Saraiva, 2013, p. 384.

406 Sobre o assunto, v. BITENCOURT, Cezar Roberto. "A falência da pena de prisão". *Revista dos Tribunais*. São Paulo, ano 80, vol. 670, (ago. 1991), [pp. 241-262], pp. 242 e 250-251.

407 Assim, no que se refere às vantagens do monitoramento eletrônico como alternativa ao cárcere tradicional, v. FONSECA, André Luiz Filo-Creão da. *O monitoramento e sua utilização como meio*

menor custo econômico estatal, bem como a possibilidade de um maior controle dos usuários em uma tríplice finalidade: detenção, restrição e vigilância,[408] o que vem a enaltecer, no caso em exame, os meios necessários ao ileso desfecho investigativo.

No entanto, nem tudo pode ser tratado como uma coroa de louros.[409] O sistema do monitoramento eletrônico, quando utilizado de forma inadequada pelos operadores,[410] pode acarretar a perda da privacidade individual e a intrusão na dinâmica familiar[411] – elementos úteis a Estados totalitários, especificamente em encarceramentos políticos –, bem como, em termos gerais, a estigmatização social do apenado durante a utilização. Além disso, sua implantação, sem o estabelecimento de limites para sua utilização, pode proporcionar a expansão de imposição da medida restritiva de direito para situações em que a substituição não se fazia necessária.

Outro fator, como a manutenção econômica do indiciado e da sua família, quando o instrumento eletrônico é utilizado para restrição de liberdade em segregação domiciliar, é fonte de preocupação dos operadores do direito. Nesses termos, ao mesmo tempo em que o indiciado é beneficiado com o monitoramento eletrônico domiciliar à distância, não raras vezes, inibe-se fonte de subsistência. Tal circunstância – em uma verdadeira visão econômica seletiva – pode proporcionar dificuldade de tratamento igualitário, impulsionando, inclusive, a desistência da utilização do monitoramento naqueles menos abastados.

Seja como for, "entre o mar o rochedo", entre a reclusão em estabelecimentos penais e a possibilidade de permanência com convívio familiar e social, o monitoramento eletrônico deve ser implementado

minimizador da dessocialização decorrente da prisão. Porto Alegre: Núria Fabris, 2012, pp. 125 e segs. No mesmo sentido, LEAL, César Barros. *Vigilância eletrônica à distância*: instrumento de controle e alternativa à prisão na América Latina. Curitiba: Juruá, 2011, pp. 73 e segs.

408 Desse modo, v. BLACK, Matt.; SMITH, Russell G. "Electronic monitoring in the criminal justice system". *Trend & Issues.* In Crime and Criminal Justice. Australian Institute of Criminology, May 2003, pp. 1 e 2.

409 A elencar seis críticas doutrinárias sobre o monitoramento eletrônico [(a) atenta contra a dignidade do indivíduo; (b) enaltece a estigmatização; (c) acarreta riscos à saúde; (d) propicia a falta de operacionalidade do equipamento aquelas pessoas de escolaridade baixa; (e) cria risco de expansão do controle penal; e (e) possibilita a fuga diante do rompimento do equipamento], v. SOUZA, Bernardo de Azevedo e. *O monitoramento eletrônico...*, cit., pp. 86-112.

410 A sustentar que a forma de execução do monitoramento eletrônico é o divisor de águas entre a quebra da dignidade e sua higidez, v. CARVALHO, Gisele Mendes de; CORAZZA, Thaís Aline Mazetto. "O sistema de monitoramento eletrônico à luz do princípio da dignidade da pessoa humana". *Revista dos Tribunais.* São Paulo, ano 103, vol. 945, (jul. 2014), [pp. 197-223], pp. 211-221.

411 Nesses termos, v. KARAM, Maria Lúcia Pereira. "Monitoramento eletrônico: a sociedade do controle". *Boletim IBCCRIM.* São Paulo, ano 14, nº 170, (jan. 2007), [pp. 4-5], pp. 4-5; SIMANTOB, Fábio Tofic. "O monitoramento eletrônico das penas e medidas alternativas – efetividade ou fascismo penal?". *Boletim IBCCRIM.* São Paulo, ano 12, nº 145, (dez. 2004), [pp. 13-14], pp. 13-14.

e desenvolvido observando cuidadosamente os aspectos econômicos, sociais e culturais de cada nação e sempre condicionado ao consentimento daquele que irá utilizar o equipamento,[412] – e sem riscos[413] – é aconselhada sua utilização pelos tribunais como uma forma de aprimorar as formas de segregação provisória e minorar os efeitos perversos e irreversíveis do cárcere.

E, se as graves deficiências das prisões e as ofensas à dignidade humana não se restringem apenas aos países subdesenvolvidos,[414] não se devem fechar os olhos para utilização de meios eletrônicos encontrados à disposição do Estado com o argumento principal de quebra da intimidade e privacidade. Ora, mesmo que o cárcere, seja qual for, fosse regado por cheiros de lírios, a intimidade e a privacidade encontrar-se-iam dilaceradas não só pelos olhos do próprio Estado, mas também, e muito mais, pela comunidade de reclusos – estranhos – aprisionados no sistema penitenciário.

Assim, certo que, entre *renúncia* da privacidade/intimidade delibada pela utilização do monitoramento eletrônico e a própria *perda* imposta pelo Estado inserta ao sistema penitenciário, não há régua que consiga equiparar ou equilibrar a privações de liberdade ou a privação com a restrição de direitos imposta. Pelo contrário, sempre haverá demonstração de que a mazela de uma ocasionará lesão em maior graduação à dignidade do que outra,[415] circunstância que por si só acarreta

---

[412] A observar a necessidade do consentimento do vigiado com a utilização da tecnologia, v. CAIADO, Nuno. "Notas sobre a admissibilidade ética do monitoramento eletrônico". *Boletim IBCCRIM*. São Paulo, ano 19, nº 225, (ago. 2011), [p. 5], p. 5.

[413] Não há como esquecer, nesse sentido, a lição de KANT: "Que devemos pensar, pois, da proposta de conservar a vida a um criminoso condenado à morte se ele se dispusesse a submeter-se a experiências em si perigosas e fosse tão afortunado que viesse a sair-se bem, com o que os médicos poderiam obter novos conhecimentos, proveitosos para a comunidade? Um tribunal rejeitaria com altivez a junta médica que fizesse tal proposta, pois a justiça deixa de existir como tal quando dela se abre mão por qualquer preço que seja". Cf.: KANT, Immanuel. *Metafísica dos costumes...*, cit., p. 209.

[414] Exemplificativamente, sobre as mazelas do sistema penal norte-americano, v. *In the United States District Courts for the eastern District of California and the Northern District of California. United States District Court Composed of Three Judges*. Ralph Coleman, *et al.*,*vs.* Edmund G Brown Jr., *et al.*, NO. CIV S-90-0520 LKK JFM P Thee Judge Court; Marciano Plata, *et al.*, *vs.* Edmund G Brown Jr., *et al.*, NO. C01-1351 TEH – *Thee-Judge Court. Order to Develop plans to Achieve Required Prison Population Reduction*. October 11, 2102. Aliás, o caos no sistema penitenciário da Califórnia já havia sido objeto de manifestação do então governador Schwarzenegger quando em 04 out. 2006 observou que todas as 33 prisões do estado estavam acima da capacidade operacional, sendo que destas, 29 encontravam-se superlotas. Segundo sua proclamação de emergência, existiam problemas efetivos de logística, segurança, saúde e saneamento básico nas casas prisionais, que foram projetadas para suportar apenas determinado número de internos. Sobre o assunto, v. "Prison Overcrowding State of Emergency Proclamation" do ano de 2006 e "Proclamation by the Governor of te state of California", do ano 2013, podendo ser encontradas, respectivamente, em <http://www.prisontalk.com e https://www.ca.gov>.

[415] A afirmar, inclusive, que métodos experimentais do monitoramento eletrônico, por serem menos lesivos, devem ser acatados, v. PRUDENTE, Neemias Moretti. "Monitoramento eletrônico:

a afirmação da necessidade da escolha do meio menos lesivo para o acautelamento necessário[416] aos fins da Lei nº 7.960/89.

2.5. Execução da ordem de prisão

Somados aos requisitos delineados na Lei nº 7.960/89, a fim de que seja possível a decretação da privação da liberdade pessoal em caráter temporário, alguns comandos e formalidades deverão ser observados na execução da ordem de prisão; muitos deles, inclusive, como condição à boa e à correta efetivação da medida; outros, no entanto – e aí se encontram em sua grande maioria –, apenas delibados pela pecha de meras irregularidades, a propiciar, no mais das vezes, somente sanções disciplinares.

Dessa maneira, algumas considerações tornam-se necessárias e devem ser traçadas relativamente aos documentos referentes ao cumprimento da segregação, aos direitos insertos aos indivíduos presos, à ininterrupção do Poder Judiciário na análise das medidas urgentes e ao risco de eventuais abusos praticados pela autoridade executora.

Consigna-se que uma boa nota de preocupação com tais elementos não é lembrada pelos operadores do direito, contudo, tais elementos inserem-se no conjunto de deveres insertos ao Estado, agora na sua fase mais crítica e sujeito a abusos. Sítio que, na prática, oportuniza dúvidas, desconfianças e preocupação com o exato e fiel cumprimento da ordem prisional alicerçada nos direitos constitucionalmente garantidos.

2.5.1. Do mandado de prisão e da nota de culpa

O documento para a execução da ordem de prisão – intrinsicamente vinculado e dependente da decisão fundamentada da autoridade judicial – é o mandado de prisão. Trata-se, sem mais, de título judicial a viabilizar a segregação e de veículo[417] à execução da medida

uma efetiva alternativa à prisão?". *Revista Síntese*. ano XI, nº 65, (dez. jan. 2011), [pp. 7-21], p. 16. Ainda, a apregoar os benefícios "infinitamente superiores" do monitoramento eletrônico aos prejuízos causados pelo cárcere intramuros, v. GRECO, Rogério. *Direitos humanos...*, cit., p. 390.

[416] Em sede jurisprudencial, já se consolidou a hipótese de adoção do monitoramento eletrônico – hipótese menos gravosa – diante da falta de vagas no sistema carcerário; v. por todos, STF, RE 641320, Relator: Min. GILMAR MENDES, Tribunal Pleno, julgado em 11/05/2016; STJ, AgRg no REsp 1840609/RS, Rel. Ministro SEBASTIÃO REIS JÚNIOR, Sexta Turma, julgado em 10/03/2020.

[417] Nesses termos, assentava MAGALHÃES NORONHA que é com o mandado que se executa a ordem de prisão; "é ele seu veículo". Cf.: NORONHA, E. Magalhães. *Curso de direito processual penal*. São Paulo: Saraiva, 1992, p. 154.

confeccionado por serventuários da justiça[418] e exclusivamente assinado pelo juízo[419] que determinou sua expedição.[420]

O documento deve conter toda a qualificação conhecida do indiciado, o número do inquérito policial, bem como o número do procedimento que originou a ordem de segregação; requisitos, diga-se de passagem, que possibilitam a fiel execução da medida. Além disso, tais informações também visam a oportunizar ao correto conhecimento do indiciado e da sua defesa os elementos de prova vinculados a determinado expediente que tramita no Poder Judiciário. Soma-se a isso, ainda, a possibilidade de execução de contraordem liberatória, na qual constarão os dados corretos do indiciado e o processo em que está vinculada a segregação.[421]

---

[418] Não se faz necessário que o mandado de prisão seja confeccionado por escrivão, até porque os demais também são serventuários da justiça. Cf.: TOURINHO FILHO, Fernando da Costa. *Processo penal...*, cit., vol. 3, 2013, p. 458.

[419] Hoje, em regra, não há mais assinaturas físicas [escritas] nos documentos destinados ao público externo. Passou-se a adotar a assinatura através de certificado digital, o que se dá através de cartão com chip de acesso e senha pessoal intransferível. Há, portanto, maior segurança contra eventuais falsificações. Além disso, é expressamente vedada a delegação de assinaturas, mesmo que na forma digital. A falta de assinatura do juiz [física ou digital] leva à inexistência do ato. Cf.: TOURINHO FILHO, Fernando da Costa. *Processo penal...*, cit., vol. 3, 2013, p. 459; KAUFFMANN, Carlos. *Prisão temporária...*, cit., pp. 158; embora a existência de antigo precedente jurisprudencial no sentido de afirmar tratar-se de mera irregularidade. Assim, v. Habeas Corpus nº 290035245, Primeira Câmara Criminal, Tribunal de Alçada do RS, Relator: LUIZ GONZAGA PILA HOFMEISTER, Julgado em 16/05/1990. Consigna-se que no estado do Rio Grande do Sul, no artigo 724, § 1º, da Consolidação Normativa Judicial, há disposição expressa que impossibilita a prática, ainda que "por ordem": "Na expedição do mandado de prisão, deverá a autoridade judiciária signatária do mesmo restar identificada, ficando vedado aos Escrivães e aos demais servidores lotados nos Cartórios judiciais estatizados e/ou privatizados assinarem mandados de prisão, sob pena de aplicação das penalidades previstas".

[420] Nada impede, entretanto, que a própria decisão sirva com mandado de prisão quando justificado. Desse modo, v. STJ, HC 24.599/GO, Rel. Ministro HAMILTON CARVALHIDO, Sexta Turma, julgado em 18/12/2002. Consigna-se apenas que devem constar no documento todos os requisitos do mandado, incluindo seu prazo de validade. Ademais, não há qualquer irregularidade se o mandado de prisão vier a ser assinado por outro juiz, devendo este fazer o controle dos pressupostos que originaram a segregação. Sobre o assunto, no direito português, v. ALBUQUERQUE, Paulo Pinto de. *Comentário do Código de Processo Penal...*, cit., p.597.

[421] Exige-se certo cuidado quanto à numeração do procedimento que deu origem à segregação. As representações ou os requerimentos de prisão temporária tomam numeração diferente, pois distribuídos anteriormente à remessa do inquérito policial ao Poder Judiciário. Desta feita, vindo posteriormente o inquérito com representação pela decretação de prisão preventiva, e estando ainda dentro do prazo da prisão temporária, por exemplo, decretada por 30 dias, pode ocorrer sua decretação em substituição à antiga situação prisional. Nesse caso, pelo menos no sistema informatizado do órgão que controla o sistema carcerário, existirão duas ordens de prisão, inclusive com número de processos diferentes. Sendo assim, recomenda-se que, quando do acolhimento de eventual representação de prisão preventiva – encontrando-se ainda dentro do prazo da prisão temporária –, seja informado ao órgão executor do sistema prisional que o indiciado passou a estar preso por outro motivo, agora em substituição à determinação anterior e com nova numeração processual. Em não se agindo dessa maneira, com dupla numeração, em caso de pronta determinação de liberdade normalmente amparada via *habeas corpus*, ensejará confusão e, não raro, permanência da prisão. O que parece óbvio, na prática forense não raro acontece, principalmente, em processos cindidos.

Ademais, em destaque, deve constar no corpo a data de validade do mandado de prisão levando em consideração o prazo prescricional e o suposto delito imputado ao investigado, além do prazo limite do encarceramento e o dia em que o preso deverá ser liberado.[422] Outrossim, devem estar inseridos ao documento os fundamentos legais de direito material e processual que serviram de supedâneo ao deferimento da determinação de privação de liberdade e o resumo da decisão que veio a determinar a segregação.[423]

O documento, mesmo quando houver solicitação e determinação de restrição ao público externo a fim de possibilitar eficácia da prisão, será encaminhado – através de sistema informatizado – ao banco nacional de mandados de prisão, gerenciado pelo Conselho Nacional de Justiça nos termos do artigo 289-A do CPP. Nesses termos, salvo nas situações restritas, todas as polícias brasileiras terão acesso à ordem de prisão emanada do Poder Judiciário, facilitando a sua execução e possibilitando dar maior fidedignidade ao documento.[424]

Efetuada a prisão, não se faz necessária a expedição de nota de culpa em documento apartado tal qual se dá com a prisão em flagrante. O próprio mandado de prisão faz suas vezes, passando-se a segunda via como recibo, certamente que assinada pelo destinatário. Em caso de impossibilidade ou de recusa, necessária se faz a ratificação por testemunhas.

Sendo assim, para que o indivíduo a ser segregado saiba os motivos que ensejaram sua prisão, sua validade, bem como qual a autori-

---

[422] A Lei nº 13.869/2019 incluiu o § 4º-A do artigo 2º da Lei nº 7.960/89 estabelecendo que "o mandado de prisão conterá necessariamente o período de duração da prisão temporária estabelecido no *caput* deste artigo, bem como o dia em que o preso deverá ser libertado". No entanto, como já suficientemente exposto [v. retro item 2.3], a ordem de prisão poderá ter duração inferior ao estabelecido no *caput* do artigo. Mais uma vez, portanto, peca a legislação, sem sombra de dúvida, diante do açodamento e da falta de debate nas alterações legislativas no cenário brasileiro.

[423] Nos termos da Resolução nº 251/2018 do CNJ, o mandado de prisão conterá: "(a) a qualificação da pessoa a que se refere o documento; (b) o número único do mandado de prisão, gerado automaticamente pelo sistema; (c) o número do processo ou procedimento, na forma da Resolução nº 65/2008 do CNJ; (d) a data de expedição do mandado; (e) a data de validade do mandado; (f) a denominação do órgão judiciário em que foi expedido o mandado; (g) a indicação da existência de sigilo ou restrição, nos termos desta Resolução; (h) a espécie da prisão decretada [...] (i) a UF, município e estabelecimento da custódia e data da prisão, quando se tratar da espécie de prisão preventiva decorrente de conversão de prisão em flagrante ou da espécie prisão aguardando pagamento de fiança; (j) o prazo da prisão; (k) o local de ocorrência da infração; (l) a tipificação penal [...]; (m) a síntese da decisão; [...] (n) o nome e o cargo do servidor; e (o) o nome do magistrado expedidor".

[424] A não inclusão do mandado de prisão no banco nacional de mandados de prisão não acarreta sua inexistência de tal forma que sequer se possa falar em irregularidade. Sobre a ausência de irregularidades quando da sua não inclusão no banco nacional de mandados de prisão, v. RANGEL, Paulo. *Direito processual...*, cit., p. 854. No entanto – para fins estatísticos –, efetivada a ordem pela autoridade policial, em seguida o mandado é lançado no sistema e simultaneamente considerado como cumprido.

dade que a determinou, ganham força os elementos que devem constar no mandado de prisão. A propósito, em termos constitucionais, o preso tem direito a saber os motivos e a identificação dos responsáveis por sua prisão, nos termos do artigo 5º da CF, entre outras garantias.

2.5.2. *Direitos constitucionais do segregado*

Após a execução da ordem de prisão, e preservada incondicionalmente a sua integridade física e moral, imediatamente deverá o preso ser informado de seus direitos constitucionais, entre os quais encontram-se a identificação do responsável por sua prisão e a possibilidade de permanecer calado, sendo-lhe assegurada a assistência de familiar e de advogado, tal qual apregoa o artigo 5º, inciso LXIII, da CF.

A comunicação à família, nesses termos, consiste, *primeiro*, em dar conhecimento sobre o local em que o segregado se encontra, assegurando-se, dessa forma, a integridade física e psíquica do preso; e, *segundo*, possibilitar que sejam adotadas medidas cabíveis e, momentaneamente fora de seu alcance, para o resgate de sua liberdade.[425] Daí, também, a possibilidade de indicação de advogado em nítida complementação – ainda que vista isoladamente dentro do princípio da ampla defesa – da necessária comunicação a familiar.

Nesses termos, abstraída a análise momentânea do direito ao silêncio, valendo-se de tudo o que outrora se disse [v. retro item 2.2.1], convém considerar as peculiaridades do asseguramento de assistência da família e de advogado, até porque – não raras vezes – acontece de o preso provisório não indicar qualquer pessoa a ser comunicada; ou, se indica, não nutre a autoridade policial de elementos necessários para sua efetivação.

Seja como for, na falta de indicação ou com indicação deficiente, não se exigem esforços incomuns para efetivação da comunicação a familiar ou para resguardar a assistência de advogado. O que a Constituição Federal assegura é apenas a possibilidade de comunicação a familiar e de indicação de advogado,[426] o que não permite concluir que

[425] Desse modo, v. CANOTILHO, J. J. Gomes; MOREIRA, Vital. *Constituição da República Portuguesa anotada*. vol. 1, 1ª ed., São Paulo: RT/Coimbra: Coimbra Editora, 2007, p. 489; MENDES, Gilmar Ferreira; BRANCO, Paulo Gustavo Gonet. *Curso de direito...*, cit., pp. 591-593; TUCCI, Rogério Lauria. *Direitos e garantias individuais...*, cit., p. 295.

[426] Ainda que referente à prisão em flagrante, relativamente à assistência familiar, cf.: GRINOVER, Ada Pellegrini; FERNANDES, Antônio Scarance; GOMES FILHO, Antônio Magalhães. *As nulidades...*, cit., pp. 274-275. No mesmo sentido, abrangendo a assistência de advogado, já se pronunciou o Supremo Tribunal Federal [v. HC 102732, Relator: Min. MARCO AURÉLIO, Tribunal Pleno, julgado em 04/03/2010 e RE 136239, Relator: Min. CELSO DE MELLO, Primeira Turma, julgado em 07/04/1992] e o Superior Tribunal de Justiça [v. HC 442.334/RS, Rel. Ministro REY-

sua efetivação – quando não existirem elementos sólidos para tanto – seja considerada como condição à validade do ato.[427]

De qualquer sorte, a tratar-se de verdadeira exigência para ampliar a proteção ao segregado, a imposição constitucional não comporta qualquer redução teleológica, pois engloba qualquer espécie de prisão.[428] O que se faz necessário é apenas diferenciar os efeitos decorrentes da inércia, não comuns às medidas assecuratórias privativas de liberdade.

Ora, sendo a prisão decorrente de ordem judicial, não parece sensível à cominação de nulidade caso não se tenha observado – na execução da medida – a disposição constitucional. Nesses termos, a inação da autoridade policial – em não comunicar ou não possibilitar a comunicação a familiar, ou, ainda, assistência de advogado – não comporta outra manifestação senão a afirmação de irregularidade na execução de ato legal.

A prisão não se condiciona aos requisitos formais de execução, resolvendo-se tudo, pois, nas searas administrativas e disciplinares. O vício, portanto, pode ser sanado a qualquer tempo. Ademais, eventual declaração do investigado deverá ser considerada como mera peça informativa – tal qual o inquérito[429] – e, nessa situação, observada com reforço de cautelas.

A inatividade importaria efeito mais grave apenas em se tratando de prisão em flagrante dada a natureza da segregação e suas exigências, ainda mais quando a homologação pela autoridade judicial fica condicionada a requisitos formais do auto de prisão encaminhado

---

NALDO SOARES DA FONSECA, Quinta Turma, julgado em 21/06/2018 e HC 382.872/TO, Rel. Ministra MARIA THEREZA DE ASSIS MOURA, Sexta Turma, julgado em 09/05/2017]. Em sentido contrário, v. LOPES JR., Aury. *Direito processual...*, cit., p. 838; GIACOMOLLI, Nereu José. *O devido processo...*, cit., p. 381.

[427] Assinala ROBERTO DELMANTO JÚNIOR que a realidade brasileira mostra-se utópica quanto à existência de advogados nas delegacias de polícia. "É impossível encontrarem-se, em todas as delegacias do país, verdadeiros plantões de advogados". Apregoa, nesse sentido, – quando analisa a prisão em flagrante –, que se deve esperar a indicação e a chegada do causídico, mas, ultrapassado tempo razoável, o ato deve ser realizado dando possibilidade ao preso a se manifestar posteriormente, ainda no tramitar do procedimento policial. Cf.: DELMANTO JÚNIOR, Roberto. *As modalidades de prisão...*, cit., p. 125.

[428] Desse modo, cf.: MENDES, Gilmar Ferreira; BRANCO, Paulo Gustavo Gonet. *Curso de direito...*, cit., p. 591. No entanto, referindo que a disposição constitucional destina-se apenas à prisão em flagrante, v. TUCCI, Rogério Lauria. *Direitos e garantias individuais...*, cit., p. 296.

[429] A referendar tratar-se o inquérito policial de mera peça informativa, há muito tempo vem decidindo o Supremo Tribunal Federal. Assim, cf.: RHC 131450, Relator: Min. CÁRMEN LÚCIA, Segunda Turma, julgado em 03/05/2016; HC 132803 AgR, Relator: Min. DIAS TOFFOLI, Segunda Turma, julgado em 01/03/2016; ARE 654192 AgR, Relator: Min. GILMAR MENDES, Segunda Turma, julgado em 22/11/2011; HC 83233, Relator: Min. NELSON JOBIM, Segunda Turma, julgado em 04/11/2003; HC 80902, Relator: Min. CARLOS VELLOSO, Segunda Turma, julgado em 18/12/2001.

ao Poder Judiciário. Nessa hipótese, certamente, a não observância do comando constitucional importaria em não homologação do auto de prisão em flagrante com o consequente relaxamento da prisão;[430] o que difere, como já analisado, quando a segregação decorre da prisão temporária.

Entretanto, sabendo que, em dada situação, não houve indicação de advogado quando da efetivação da prisão temporária, cabe ao juiz, quando comunicado de segregação, encaminhar o expediente à Defensoria Pública, que poderá zelar pelas garantias constitucionais inerentes ao cidadão a permitir o efetivo e real exercício do direito de defesa. Nesse sentido, não se pode tolerar – embora a disposição constitucional indique que apenas a autoridade policial deva assegurar a indicação de advogado – que o indiciado permaneça preso sem o acompanhamento e a assistência de defensor,[431] pouco importando o tempo de determinado encarceramento temporário.

Registra-se, outrossim, que não há mácula nos atos investigativos realizados pela autoridade policial – e que oportunizaram a prisão temporária logo pós sua efetivação e sem que o indiciado esteja assisto por advogado; nem há necessidade de se esperar que esses atos sejam realizados após a nomeação de advogado dativo ou de defensor público. Efetivada a prisão, cumpre à autoridade policial agir com rapidez nos atos de investigação, inclusive a proporcionar menor período de segregação temporária.[432]

2.5.3. *Incomunicabilidade do preso*

A reconhecida possibilidade de assistência familiar e de advogado prevista no artigo 5º, inciso LXIII, da CF, por si, desautoriza a afirmação de que permanece hígido o disposto no artigo 21 do CPP ao dispor sobre permanência do segregado incomunicável – pelo prazo de três dias – quando existir "interesse da sociedade ou a conveniência da investigação o exigir".[433] Aliás, a disposição, efetivamente, em termos

---

[430] Desse modo, v. Recurso em Sentido Estrito, Nº 70035713254, Oitava Câmara Criminal, Tribunal de Justiça do RS, Relator: Dálvio Leite Dias Teixeira, Julgado em: 12-05-2010.

[431] Assim, v. LANFREDI, Luís Geraldo Sant'Ana. *Prisão temporária...*, cit., pp. 190-194.

[432] Sobre o tema, sustentando prescindibilidade de advogado, v. HC 49.525/RJ, Rel. Ministra LAURITA VAZ, Quinta Turma, julgado em 10/10/2006.

[433] Assim dispõe o artigo 21 do CPP: "A incomunicabilidade do indiciado dependerá sempre de despacho nos autos e somente será permitida quando o interesse da sociedade ou a conveniência da investigação o exigir. Parágrafo único. A incomunicabilidade, que não excederá de três dias, será decretada por despacho fundamentado do Juiz, a requerimento da autoridade policial, ou do órgão do Ministério Público, respeitado, em qualquer hipótese, o disposto no artigo 89, inciso III, do Estatuto da Ordem dos Advogados do Brasil (Lei n. 4.215, de 27 de abril de 1963)".

constitucionais, não tem sentido, inclusive ao apontar verdadeira contradição com o artigo 136, § 3º, inciso IV, da CF.

Ora, se a incomunicabilidade do cidadão sequer pode ser determinada em situações mais graves, como ocorre nas hipóteses em que o Presidente da República decreta Estado de Defesa – oportunidade em que é expressamente vedada a incomunicabilidade do preso –, não há supedâneo para argumentações em sentido contrário quando a ordem pública se encontra normal, muito embora a existência de interesse persecutório penal de que certas pessoas fiquem isoladas e incomunicáveis.

E mais. A incomunicabilidade do preso, caso fosse aplicada, pode ser considerada de pouca serventia, pois, em hipótese alguma, será impossibilitado acesso a advogado,[434] tal qual preconiza irrestritamente o artigo 7º, inciso III, da Lei nº 8.906/94 [Estatuto da Advocacia].[435]

Consigna-se que a incomunicabilidade do preso, antes prevista no artigo 3º, §§ 1º e 2º, da Medida Provisória nº 111/89, sequer passou pelo crivo de sua conversão em lei, sendo, na ocasião, inclusive, defenestrada da ordem jurídica, em que pesem as situações vivenciadas na época apregoassem verdadeiro arrefecimento dos direitos individuais com a possibilidade de prisão temporária.[436] Entretanto, mesmo assim, não se ousou ir tão longe a ponto de consagrar o profano.

2.5.4. *Encaminhamento do preso e exame de corpo de delito*

Conforme se observa no § 3º do artigo 2º da Lei nº 7.960/89, *poderá* o juiz determinar a apresentação do preso temporário, bem como

[434] A impossibilidade de decretação da incomunicabilidade do preso não é acolhida de forma quase uniforme no cenário nacional brasileiro. Desse modo, cf.: TÁVORA, Nestor; ALENCAR, Rosmar Rodrigues. *Curso de direito...*, cit., pp. 135-136; AVENA, Norberto. *Processo penal...*, cit., p. 191; NUCCI, Guilherme de Souza. *Código de processo...*, cit., p. 101; CAPEZ, Fernando. *Curso de processo...*, cit., p. 123; MIRABETE, Julio Fabbrini. *Processo penal...*, cit., pp. 92-93; TOURINHO FILHO, Fernando da Costa. *Processo penal...*, cit., vol. 1, 2013, pp. 251-252 e, vol. 3, 2013, pp. 535-536). Há vozes, no entanto, em sentido contrário, sustentando que a proibição de incomunicabilidade restringe-se apenas aos presos políticos em situações em que foi decretado Estado de Defesa; isso em razão da impossibilidade de controle mais eficiente às prisões. Ademais, se o legislador constituinte quisesse dar maior extensão à garantia da impossibilidade de comunicação, faria de forma expressa dentre as garantias individuais. A advogar esta última posição, v. GRECO FILHO, Vicente. *Manual de processo...*, cit., pp. 105-106; JESUS, Damásio E. de. *Código de processo penal anotado.* 19ª ed., São Paulo: Saraiva, 2002, p. 24.

[435] Sobre o assunto, v. curioso aresto do Tribunal de Justiça do Estado do Rio Grande do Sul em que foi julgado ato da autoridade policial que impossibilitou acesso de advogado ao preso: Habeas Corpus nº 70001817139, Segunda Câmara Criminal, Tribunal de Justiça do RS, Relator: WALTER JOBIM NETO, julgado em 23/11/2000.

[436] Sobre o assunto, v. ADI 162 MC, Relator: Min. MOREIRA ALVES, Tribunal Pleno, julgado em 14/12/1989.

submetê-lo a exame de corpo de delito. Não se trata, nos termos legais, de uma obrigatoriedade, mas de mera faculdade outorgada ao juiz que vier a decretar a prisão temporária de um indiciado.

A regra – que possibilita a apresentação do preso – não é lembrada, muito menos exercida pela grande maioria dos juízes brasileiros e sequer é recordada pelo Ministério Público ou por advogados constituídos, públicos ou nomeados: pelo menos a buscar a intenção e o fim da disposição legal que visa a evitar prisões açodadas e desnecessárias. Mas, mesmo que cotidianamente desconsiderada, deve ser fortemente recomendada, ainda mais quando se observa que, nas decisões em que se veio a decretar a prisão temporária, há análise de argumentos unilaterais;[437] ratificados, no mais das vezes, pelo Ministério Público.

E não se esqueça de que, uma vez exercida a faculdade legal,[438] e optando-se pela oitiva do indiciado – por se tratar de ato formal –, devem ser respeitadas atentamente as mesmas cautelas exigidas para o interrogatório – artigo 188 do CPP – sendo necessária, em especial, a presença do Ministério Público e de defensor – constituído, público ou nomeado – a fim de que sejam exercidos, dentro do possível, os direitos defensivos.

Com tal comportamento, mesmo que diferido, aproxima-se pessoalmente o indiciado da autoridade judiciária, ameniza-se o desequilíbrio no procedimento, bem como atenuam-se prisões dispensáveis à investigação. Além disso, desconstroem-se críticas e afirmações de que os aprisionamentos cautelares são, em regra, desnecessários e que colaboram para o caos do sistema penitenciário.[439]

Observa-se, no entanto – embora também aplicável as prisões temporárias[440] –, que não se está falando das audiências de custódia

---

437 Embora a disposição do artigo 282, § 3º, do CPP, dificilmente o juiz determinará a intimação do indiciado para manifestar-se no prazo de 05 dias sobre a representação ou requerimento que vier a pleitear a prisão temporária. Ademais, sabe-se – tal qual apregoa CARLOS KAUFFMANN – que "o postulante deduz, em seu pedido, todos os elementos necessários ao convencimento do juiz. Tudo aquilo que for contrário à decretação da prisão não será, por óbvio, mencionado". Cf.: KAUFFMANN, Carlos. *Prisão temporária...*, cit., p. 160.

438 A sustentar a obrigatoriedade do procedimento dentro de uma visão garantista, v. LANFREDI, Luís Geraldo Sant'Ana. *Prisão temporária...*, cit., pp. 190-194.

439 Esta é a conclusão, como já referido [v. nota 71], de ALBRECHT, Hans-Jörg. "Prision Overcrowding...", cit., p. 30.

440 O alcance e a necessidade da audiência de custódia para demais formas de segregações cautelares encontram-se atualmente em apreciação no Supremo Tribunal Federal, na Rcl 29.303, Rel. MIN. EDSON FACHIN, o qual, em análise liminar, considerou que a ADPF 347, "em momento algum afirmou a necessidade de tal providência nos casos de prisão preventiva, temporária ou definitiva decretada por juízes ou tribunais". Nesse mesmo sentido, há precedente do Superior Tribunal de Justiça sobre a desnecessidade da audiência de custódia quando se tratar de segregação decorrente de prisão preventiva [v. RHC 80.480/PR, Rel. Ministro FELIX FISCHER, Quinta Turma, julgado em 17/10/2017]. No entanto, em que pese a nova redação do artigo 310 do CPP, introduzida pela Lei nº 13.964/2019, promover a realização das audiências de custódia quando da

– ou apresentação – recentemente incorporadas ao cenário nacional, em que pese há muito dispostas no artigo 9º.3 do PIDCP e no artigo 7º.5 da CADH [ratificados pelos Decretos nºs 592/92 e 678/92] que determinavam o encaminhamento do preso, sem delongas, à presença da autoridade judicial.

Nesses termos, embora pareça que o artigo 2º, § 3º, da Lei nº 7.960/89 esteja agora compreendido pelas audiências de custódia, a conclusão não parece ser a melhor interpretação, até porque visivelmente se percebe que os comandos normativos possuem finalidades diferentes.[441]

A faculdade aberta ao juiz, pela disposição legal, em poder determinar a apresentação do preso temporário – seja de ofício ou a requerimento de uma das partes –, tem o propósito de questionar o indiciado sobre as situações que vieram a servir de fundamento e possibilitaram a decretação da prisão temporária, bem como mensurar o acerto, a necessidade de permanência da custódia cautelar ou a possiblidade substituição por outras medidas cautelares diversas da prisão.

Entretanto, outro é o sentido da audiência de custódia. Nesta, além de se aproximar o cidadão, recentemente preso, da autoridade

---

prisão em flagrante, nada inibe, recomenda-se, inclusive, a realização do ato nas demais espécies de prisão cautelar. Ora, se a intenção das audiências é verificar se foram resguardados os direitos constitucionais do preso, não há de se fazer qualquer distinção dentre as espécies de prisão – cautelares ou definitivas – que restaram cumpridas. Ao que parece, o artigo 9º.3 do PIDCP, bem como o artigo 7º.5 da CADH, não faz esta diferenciação. Nesses termos, além da Resolução nº 213 do CNJ – artigo 13 – assegurar a apresentação de pessoas presas em decorrência de mandado de prisão cautelar ou definitiva, o Tribunal de Justiça do Estado do Rio Grande do Sul editou a Resolução nº 1.229/2018-COMAG que, em seu artigo 16, assim disciplinou: "art. 16. A apresentação à autoridade judicial no prazo de 24 horas também será assegurada às pessoas presas em decorrência de cumprimento de mandados de prisão cautelar ou definitiva, aplicando-se, no que couber, os procedimentos previstos nesta resolução e na resolução nº 213/2015 do CNJ. § 1º Vigendo ordens de prisões cautelares ou definitivas expedidas por juízos criminais diversos, mas da mesma comarca, a audiência de apresentação/custódia será realizada pelo juiz que primeiramente a decretou. § 2º Vigendo ordem de prisão preventiva ou definitiva, mas se a execução da prisão for decorrente de flagrante delito, a audiência de apresentação/custódia será realizada pelo juiz criminal competente para apreciar o auto de prisão em flagrante ou pelo juiz plantonista designado. § 3º Quando a ordem de prisão for cumprida em comarca diversa e não for possível a apresentação da pessoa presa ao juiz que a expediu, a audiência de apresentação/custódia será realizada pelo juiz plantonista da comarca onde ocorreu a prisão, registrando-se o mandado de prisão no sistema informatizado, como 'carta precatória de audiência de apresentação/custódia'. § 4º É vedada a revisão da decisão de outro juízo que ordenou a prisão, cabendo ao magistrado que realizar a audiência de apresentação/custódia apenas examinar as condições em que aquela foi cumprida". Em sede doutrinária, a afirmar a necessidade de estender a interpretação, não se limitando apenas às apresentações realizadas em decorrência da prisão em flagrante, v. PAIVA, Caio. *Audiência de custódia e o processo penal brasileiro.* 3ª ed., Editora Cei, Kindle, 2018, pos. 1397-1423; ANDRADE, Mauro Fonseca; ALFLEN, Pablo Rodrigo. *Audiência de custódia no processo penal brasileiro.* 3ª ed., Porto Alegre: Livraria do Advogado, 2018, pp. 54-59. ÁVILA, Gustavo Noronha de. In AA.VV. *Audiência de Custódia*: comentaria à Resolução 213 do Conselho Nacional da Justiça. (org. Mauro Fonseca Andrade e Pablo Rodrigo Alflen). 3ª ed., Porto Alegre: Livraria do Advogado, 2018, pp. 167-168. GIACOMOLLI, Nereu José. *O devido processo...*, cit., p. 115.

[441] Com outra posição, a afirmar que as audiências visam aos mesmos fins, v. ANDRADE, Mauro Fonseca; ALFLEN, Pablo Rodrigo. *Audiência de custódia...*, cit., p. 57.

judiciária [única finalidade comum entre as audiências], não se buscam relatos sobre os fatos, mas apenas sobre as circunstâncias da prisão, ou seja, se foram resguardados os direitos constitucionais e, especialmente, sobre o tratamento recebido em todos os locais por onde o preso passou; tudo isso como objetivo precípuo de ser verificada a prática de eventual abuso por parte dos agentes públicos que participaram da execução da prisão. Aliás, dispõe o artigo 8º, inciso VIII e § 1º, da Resolução nº 213/2015 do CNJ que a autoridade judicial entrevistará o preso, devendo abster-se de formular perguntas com finalidade de produzir prova para a investigação ou para ação penal. Ademais, deverá o juiz indeferir perguntas relativas ao mérito dos fatos.[442]

Nada impede, no entanto, que o juiz, em caso de prisão temporária, em um só ato, realize ambos os procedimentos: (a) questionar o preso sobre as circunstâncias da prisão e, (b) posteriormente – de ofício ou acolhendo requerimento do Ministério Público ou da Defesa –, indagar sobre as situações insertas à representação ou ao requerimento que vieram a oportunizar a decretação da prisão temporária.

Pairam discussões, entretanto, sobre a atividade e a valoração probatória essas audiências. Ou melhor dito: as afirmações do indiciado prestadas na audiência, sejam decorrentes da audiência prevista no artigo 2º, § 3º, da Lei nº 7.960/89, sejam em razão da custódia, podem ser aproveitadas no curso de eventual ação penal? A resposta, afirma-se desde já, deve ser negativa,[443] pois não alcança *status* probatório, mas mero elemento informativo.

Nesse sentido, mesmo que ultrapassadas as limitações cognoscíveis – muitas vezes, até por ato espontâneo e voluntário do indiciado, que se envereda para questões de mérito –, é perfeitamente sustentável que as afirmações eventualmente proferidas ainda não estão amparadas pelo devido processo legal, especialmente diante da precocidade do ato não vir resguardado pelo contraditório[444] e pela plenitude de defesa – em seus sentidos amplos e efetivos – os quais apenas podem ser exercidos após o conhecimento – em tempo razoável – de todos os elementos de prova existentes;[445] o que não se dá tanto na audiência

[442] A limitação na cognição vem sendo criticada por parte da doutrina. Assim, cf.: PAIVA, Caio. *Audiência de custódia...*, cit., pos. 1775-1843; ANDRADE, Mauro Fonseca; ALFLEN, Pablo Rodrigo. *Audiência de custódia...*, cit., pp. 137-138.

[443] Em sentido contrário, v. PAIVA, Caio. *Audiência de custódia...*, cit., pos. 1857-1897.

[444] Com outra posição, a afirmar estar o ato assegurado pelo princípio do contraditório diante da possibilidade de manifestação das partes, v. ANDRADE, Mauro Fonseca; ALFLEN, Pablo Rodrigo. *Audiência de custódia...*, cit., pp. 166-167 e 169-170.

[445] Sobre as efetivas garantias de defesa, v., por todos, GIACOMOLLI, Nereu José. *O devido processo...*, cit., pp. 113-122.

prevista no artigo 2º, § 3º, da Lei nº 7.960/89 quanto na audiência de custódia.

Ao indiciado é concedido direito subjetivo à informação prévia de tudo aquilo que dará suporte à acusação, e qualquer redução porventura existente vem acarretar lesão insuscetível de ponderação. Os princípios do contraditório e a da ampla defesa, para sim serem considerados dentro da órbita constitucional – com todo o esplendor –, jamais podem sofrer mitigações no seu exercício, assim consideradas quaisquer das situações [audiência prevista no artigo 2º, § 3º, da Lei nº 7.960/89 ou audiência de custódia]. É dever não só do intérprete, como também do operador do direito, assegurar a máxima eficácia das normas constitucionais.

Portanto, na falta de garantias insertas ao processo penal, não há de se falar em efetivo interrogatório [embora sejam adotados procedimentalmente seus protocolos solenes], mas apenas em ato formal praticado por juiz, no exercício da atividade jurisdicional, com a colaboração do Ministério Público e da defesa. De qualquer sorte, nada impede, entretanto, a utilização do interrogatório – entenebrecido por mero conteúdo informativo repetível – a observar o regramento do artigo 155 do CPP.[446] Nada mais que isso.

[446] Apregoando a inviabilidade da utilização das declarações, inclusive como elemento informativo, v. SANTOS, Marcel Ferreira dos. "Natureza jurídica da audiência de custódia: limites da inquirição conduzida pelo Estado-Juiz e a inviabilidade de sua utilização como prova no processo penal". In *Direito Penal, Processo Penal e Constitucional III*. Organização CONPEDE/UNICURTIBA. (coord.: Felipe Augusto Forte de Negreiros Deodato e Rogério Gesta Leal). XXV Congresso do CONPEDI, Florianópolis, CONPEDI, 2016, pp. 165-171; LOPES JR., Aury. "Imediata apresentação do preso em flagrante ao juiz. Uma necessidade imposta pela evolução civilizatória do Processo Penal". *Informativo Rede Justiça Criminal*. Brasília/São Paulo, ano 03, ed. 05, 2013. Por outro lado, a considerar o depoimento como prova, v. ANDRADE, Mauro Fonseca; ALFLEN, Pablo Rodrigo. *Audiência de custódia...*, cit., p. 70; BRANDALISE, Rodrigo da Silva. In AA.VV. *Audiência de Custódia...*, cit., pp. 145-162. Há precedente do Superior Tribunal de Justiça a afirmar que as incursões de mérito por ocasião da audiência de custódia não podem ser consideradas provas ilícitas, inibindo a retirada dos autos. Cf.: HC 396.302/PA, Rel. Ministro SEBASTIÃO REIS JÚNIOR, Sexta Turma, julgado em 03/10/2017. Em Portugal, há regramento com requisitos preestabelecidos para o aproveitamento de prova, tal qual se observa nos artigos 141º e 357º do CPP, alterados pela Lei nº 20/2013. Sobre o assunto, no cenário português, a criticar a reforma processual, considerando-a como uma insubordinação à estrutura acusatória e uma ameaça ao contraditório, v. SOUSA MENDES, Paulo. "A questão do aproveitamento probatório das declarações processuais do arguido anteriores ao julgamento." In AA.VV., *Estudos em homenagem ao professor Doutor José Lebre de Freitas*. [comissão organizadora] Armando Marques Guedes [et al.]. Coimbra. Coimbra Editora, 2013, p. 1379; CRUZ, Andreia. "A revisão de 2013 ao código de processo penal no domínio das declarações anteriores ao julgamento". *Revista da Ordem dos Advogados*. Lisboa, ano 73, (out./dez.), 2013, [1139-1224], pp.1205-1217 e 1224; PALMA, Maria Fernanda. "Análise das propostas de alteração legislativa em matéria penal e processual penal". Parecer disponível em <http://www.idpcc.pt>; SILVA, Germano Marques da. "Notas breves sobe as propostas e projectos de alteração das Leis penais: propostas de Lei nºs 75/XII, 76/XII, 77/XII e projectos de Lei nºs 194/XII1ª e 266/XII/1ª. Disponível em <http://www.parlamento.pt>. Além disso, em Portugal, a alteração legislativa foi fortemente debatida, com manifestações favoráveis do Conselho Superior do Ministério Público e do Conselho Superior da Magistratura, embora posicionamento contrário da Ordem dos Advogados e da Faculdade de Direito da Universidade de Lisboa (FDUL). Aliás, pela

De qualquer sorte, se a regra do artigo 2º, § 3º, da Lei nº 7.960/89 não é exercida pela falta de estrutura de um Estado que se arvora em dizer garantidor dos direitos e das liberdades individuais, o mesmo não pode ser dito no que se refere a exames médicos realizados em sequência à prisão – normalmente elaborados através de fichas de atendimento ambulatorial ou de laudo médico subscrito por profissional da saúde – que buscam atestar, ou não, a integridade física do custodiado.[447]

Trata-se de prática comum – mesmo sem a determinação judicial – e realizada diariamente quando da segregação de qualquer indivíduo. Ao inspecionar resquícios ou rastros de lesões porventura existentes no corpo do custodiado, está-se, sem sombra de dúvidas, documentando sua integridade física, resguardando sua saúde e preservando a autoridade que permanecerá com o aprisionado sob custódia.[448] Somente assim se conseguirá aferir, futuramente, eventuais danos à saúde provocados quando da execução da prisão ou em consequência desta.[449]

A propósito, em razão da execução de mandado de prisão, o segregado é recebido no estabelecimento penitenciário ao qual foi enca-

---

instituição acadêmica, v. resposta à "Consulta", na qual se expressam a Professora Doutora Maria Fernanda Palma, o Professor Doutor Paulo de Sousa Mendes, o Mestre João Gouveia de Caires, o Mestre João Matos Viana e o Mestre Vânia Costa Ramos. In: <http://www.parlamento.pt>. Na Jurisprudência de Portugal, v. Ac. do TRC de 04 de fev. 2015 (Relator: ORLANDO GONÇALVES), processo nº 212/11.1GACLB.C1. Sobre a matéria – diante da magnitude da obra –, ao analisar a situação portuguesa correlacionada com o direito norte-americano, em que pese o exame tenha sido realizado antes da redação dada pela Lei nº 20/2013, v. MESQUITA, Paulo Dá. *A prova do crime e o que se disse antes do julgamento*: estudo soabre a prova no processo penal português, à luz do sistema norte-americano. Coimbra: Coimbra Editora, 2011, pp. 563-582.

447 Embora restrita à legislação específica – Lei nº 11.340/2006 –, percebe-se forte tendência entre os juízes em satisfazerem-se com outros meios de prova, em especial laudo médico assinado por profissional da saúde. Assim, v. STJ, AgRg no AgRg no AREsp 1661307/PR, Rel. Ministro REYNALDO SOARES DA FONSECA, Quinta Turma, julgado em 12/05/2020; STJ, AgRg no AREsp 1251660/RS, Rel. Ministro ROGERIO SCHIETTI CRUZ, Sexta Turma, julgado em 23/06/2020; STJ, AgRg no REsp 1861493/SP, Rel. Ministro JORGE MUSSI, Quinta Turma, julgado em 09/06/2020; STJ, HC 334.953/AL, Rel. Ministra MARIA THEREZA DE ASSIS MOURA, Sexta Turma, julgado em 02/02/2016.

448 Desse modo, v. KAUFFMANN, Carlos. *Prisão temporária*..., cit., p. 161. Registra-se que, em razão da situação de pandemia – Covid 19 –, o CNJ foi ainda mais longe. Diante da impossibilidade ou do grave risco da realização de audiência de apresentação/custódia, aconselhou a todos os juízes brasileiros no artigo 8º, inciso II, da Recomendação nº 62/2020, "em caráter excepcional e exclusivamente durante o período de restrição sanitária, como forma de reduzir os riscos epidemiológicos e em observância ao contexto local de disseminação do vírus, considerar a pandemia de Covid-19 como motivação idônea, na forma prevista pelo art. 310, parágrafos 3º e 4º, do Código de Processo Penal, para a não realização de audiências de custódia. § 1º Nos casos previstos no *caput*, recomenda-se que: [...] II – o exame de corpo de delito seja realizado na data da prisão pelos profissionais de saúde no local em que a pessoa presa estiver, complementado por registro fotográfico do rosto e corpo inteiro, a fim de documentar eventuais indícios de tortura ou maus tratos".

449 Indo muito mais longe, a afirmar ser insuficiente a realização de mero exame de corpo de delito, v. LANFREDI, Luís Geraldo Sant'Ana. *Prisão temporária*..., cit., pp. 235-236.

minhado apenas após serem atestadas suas condições físicas; o mesmo se dá quando permanece custodiado, por breve período, na própria delegacia de polícia. Evitam-se, com isso, alterações de responsabilidades em casos de existência de lesões.

O problema surge, tal qual cotidianamente se observa nas unidades criminais, nas hipóteses em que não há atendimento reservado entre médico/paciente [preso], ou seja: nas situações em que o policial que efetuou a prisão acompanha o exame que está sendo realizado, inibindo – inclusive com anteriores intimidações ou ameaças – relatos de agressões.

Em tal fato, se assim ocorrer – diante da narrativa do custodiado ou quando existirem razoáveis indicativos de prática de agressões físicas[450] –, aconselha-se a realização de novo exame de corpo de delito, agora com a intenção de que dúvidas e obscuridades sejam sanadas; o que deve também acontecer quando existirem (a) incongruências na avaliação médica anteriormente apresentada ou (b) possibilidades de incompreensões nas fichas de atendimento ou nos laudos médico confeccionados.

Por tudo, a faculdade prevista no artigo 2º, § 3º, da Lei nº 7.960/89, em termos pragmáticos, muitas vezes é suprida com o exame prévio das condições do preso. Noutros casos, entretanto, nada inibe [pelo contrário: recomenda-se] a realização de novo exame a ser feito por perito oficial ou através de registro fotográfico ou de outro instrumento audiovisual,[451] tudo com a intenção de serem atestadas eventuais lesões sofridas durante a execução da prisão ou posteriormente a esta.

2.5.5. Separação do preso em local apropriado

Estabelece o artigo 3º da Lei nº 7.960/89 que os presos temporários, obrigatoriamente, serão separados dos demais detentos. A dicção legal, nesses termos, teve a intenção de (a) obstaculizar convivência entre detentos, o que fomentaria contágio criminológico existente entre pessoas segregadas por situações diferenciadas; (b) proteger o investigado em razão de tênues elementos existentes; e (c) em se tratando de instituto direcionado à obtenção de provas durante a investigação, busca-se facilitar eventuais diligências necessárias à sua produção.

[450] Assim, v. FISCHER, Douglas. In AA.VV., *Audiência de Custódia...*, cit., p. 104.

[451] Ao regular as audiências de custódia no cenário nacional, o CNJ estabeleceu no artigo 11, § 3º, da Resolução nº 213/2015, respeitando a intimidade e com o consentimento do ofendido, a possiblidade do registro ser realizado por fotografia ou por instrumento audiovisual, o que apenas vem a enriquecer a possibilidade de aferições posteriores sobre a integridade física do preso.

Regra correspondente já existia no ordenamento nacional, não se tratando, pois, de novidade. Assim, disciplinava o artigo 300 do CPP[452] que, "sempre que possível, as pessoas presas provisoriamente ficarão separadas das que já estiverem definitivamente condenadas". Agora, com nova roupagem estatuída pela redação dada pela Lei nº 12.403/2011: "as pessoas presas provisoriamente ficarão separadas das que já estiverem definitivamente condenadas, nos termos da lei de execução penal". Abstraiu-se, portanto, do artigo 300 do CPP a locução "sempre que possível", uniformizando o regramento com disposto no artigo 84 da Lei de Execuções Criminais, especialmente com a redação dada pela Lei nº 13.167/2015.

No entanto, ao que se percebe, em termos gerais, a grande inovação legal não é conhecida ou não é cumprida. Pelo menos, outrora, a locução empregada – para utilizar as palavras de TOURINHO FILHO – era mais sincera:[453] "sempre que possível".

Observando o cenário nacional brasileiro, abstraídas algumas situações singulares existentes em alguns locais da federação, pode-se dizer que a disposição não é obedecida, pois tanto os segregados preventivos ou presos temporariamente quanto os reclusos com sentenças transitadas em julgados são colocados em áreas comuns, mesmo que por determinado período.[454] Em raras oportunidades, ocorre o isolamento completo. Entretanto, mesmo assim, a situação não era diagnosticada como constrangimento ilegal[455] por parte da jurisprudência, embora decisões do Superior Tribunal de Justiça em sentido contrário,[456] determinassem a relocação do suposto infrator.

É verdade que o preso temporário recebe tratamento – na maioria dos casos – um tanto quanto diferenciado, ficando segregado em carceragens da delegacia de polícia que está vinculada à autoridade policial representante. Entrementes, isso não ocorre para o cumprimento da finalidade primária da disposição: evitar o contágio entre presos segregados por diferentes motivos ou preservar a integridade física da-

[452] Da mesma maneira, a Lei de Execuções Penais – Lei nº 7.210/84 – já previa que "o preso provisório ficará separado do condenado por sentença transitada em julgado".

[453] Nesses termos, cf.. TOURINHO FILHO, Fernando da Costa. *Processo penal...*, cit., vol. 3, 2013, p. 538.

[454] A corroborar a afirmação, v. Habeas Corpus Criminal nº 70081452401, Sexta Câmara Criminal, Tribunal de Justiça do RS, Relator: Vanderlei Teresinha Tremeia Kubiak, Julgado em: 29-01-2020.

[455] Assim, v. Habeas Corpus nº 70049619547, Segunda Câmara Criminal, Tribunal de Justiça do RS, Relator: JOSÉ ANTÔNIO CIDADE PITREZ, julgado em 09/08/2012; Habeas Corpus nº 70046098893, Oitava Câmara Criminal, Tribunal de Justiça do RS, Relator: ISABEL DE BORBA LUCAS, julgado em 30/11/2011.

[456] Dessa forma, v. STJ, Rcl 4.142/PE, Rel. Ministra MARIA THEREZA DE ASSIS MOURA, Terceira Seção, julgado em 27/04/2011; STJ, HC 138.769/PE, Rel. Ministra MARIA THEREZA DE ASSIS MOURA, Sexta Turma, julgado em 15/10/2009.

queles que se encontram presos em decorrência de tênues elementos investigativos. Na verdade, a única intenção é viabilizar a investigação, colocando o preso à disposição – a qualquer momento – com menos custos e com o desígnio de buscar incessantemente a "colaboração" do investigado.

De qualquer sorte, trata-se, infelizmente, em termos pragmáticos e atuais – embora o louvável esforço legislativo –, de dispositivo improdutivo[457] e elaborado apenas com propósitos;[458] até porque desconectado de soluções efetivas à situação penitenciária ou das circunstâncias de superlotação de muitas delegacias de polícia, embora o inconformismo do Poder Judiciário e de suas entidades sempre atuantes na preservação das garantias e dos direitos individuais.[459]

E não se esqueça de que raramente a situação do preso provisório – em regra, sem condições econômicas de financiar sua defesa –, chega ao conhecimento do juiz ou dos tribunais. A propósito, no Brasil, o primeiro contato entre o preso e o juiz que presidirá o processo, para não dizer com os defensores que atuam em defensorias públicas dos estados em suas respectivas unidades – abstraídas as audiências de custódias realizados por juízes e defensores plantonistas –, ocorre apenas na audiência de instrução, o que se dá – no mais das vezes – em mais de 60 dias após o aprisionamento;[460] isso se tudo normal ocorrer, o que é difícil. E imagina-se, ainda, dentro dessa ótica, a situação do preso tem-

[457] Nas palavras de PAULO RANGEL, constata-se que "o legislador cria o direito, o Judiciário tenta conceder, mas o executivo não cria a estrutura material para a incidência fática da norma. Ou seja, trata-se de dispositivo inútil, como o próprio administrador". Cf.: RANGEL, Paulo. *Direito processual...*, cit., p. 854. Aliás, observa BRUNO TEIXEIRA LINO ser comum, podendo-se afirmar tratar-se de regra a inexistência de locais destinados para presos temporários. Cf.: LINO, Bruno Teixeira. *Prisão temporária...*, cit., p. 78.

[458] Dignas de reprodução são as conclusões de LUÍS GERALDO SANT'ANA LANFREDI ao afirmar que "a separação do preso temporário dos demais detentos, deste feita, não pode ser entendida como norma programática, mas deve ser observada rigorosamente, sem possibilidade de alternativas, havendo que decorrer, para aqueles que desrespeitam essa regra, severas consequências com repercussão funcionais e criminais, sem prejuízo da imposição ao próprio Estado da responsabilidade patrimonial". Cf.: LANFREDI, Luís Geraldo Sant'Ana. *Prisão temporária...*, cit., pp. 234-235.

[459] Nesse sentido, em 10 de janeiro de 2013, oito entidades – encabeçadas pela Associação dos Magistrados do Rio Grande do Sul (AJURIS) – representaram contra a República Federativa do Brasil e em benefício dos presos condenados e provisórios recolhidos no então denominado Presídio Central de Porto Alegre (PCPA), de seus familiares e dos visitantes, bem como dos servidores públicos com atuação na mesma casa penitenciária, perante a Comissão Interamericana de Direitos Humanos (CIDH) da Organização dos Estados Americanos (OEA). Um dos fatores apontados na representação é a não observância da separação de presos definitivos daqueles segregados provisoriamente. A representação, a resposta do governo brasileiro, à réplica e o deferimento de medida cautelar pela Comissão Interamericana de Direitos Humanos (CIDH) – Resolução 14/2013 – encontram-se disponíveis em <www.ajuris.org.br>.

[460] Sobre o assunto, v. diagnóstico da Associação Nacional dos Defensores Públicos Federais: "Audiência em até 24 horas reduz superlotação do sistema prisional, diz Anadef", Consultor Jurídico, 8 de fevereiro de 2015. Disponível em <http://www.conjur.com.br>.

porário indiciado pela prática de crime hediondo, com prorrogação e posterior decreto de prisão preventiva.

Portanto, a fim de evitar a convivência entre detentos segregados por especificidades diversas da prisão temporária, como tentativa de evitar contágio criminológico, bem como somado o forte risco de que a disposição legal não seja obedecida em sua integralidade, melhor seria que constasse nas decisões que vieram a decretar a custódia cautelar – com expressa referência no mandado de prisão –, a proibição do preso temporário de compartilhar cela com outra(s) pessoa(s) presa(s) por modalidade diferente da prisão temporária,[461] sob pena de responsabilidade penal, civil e administrativa.

2.5.6. *Plantão Judiciário*

Em todas as comarcas do país, há juízes plantonistas,[462] pois a atividade jurisdicional, nos termos do artigo 93, inciso XII, da Constituição Federal, é ininterrupta.

Em pequenas e médias comarcas, em que se encontram instaladas apenas uma vara judicial, diuturnamente, há plantão judiciário. Noutras tantas, munidas de mais de uma vara, existem escalas entre os juízes, com alternância de sete em sete dias,[463] funcionando desde o fechamento do foro até – no outro dia – o início das atividades. Inexiste, portanto, paralisação das atividades urgentes quando de seu fechamento à noite, ou em sábados, domingos ou feriados.

E, mesmo com o período de atividade extraordinário – em algumas situações, exigindo a apreciação de pedidos pela madrugada –, não há qualquer abstenção das atividades normais; isto é, durante o dia, audiências, despachos e sentenças ocorrem normalmente, todos, inclusive, proferidos por aquele juiz que se encontra de plantão.

Em cidades, entrementes, com grande população – normalmente metrópoles –, o funcionamento do regime de plantão desenvolve-se de forma autônoma, com juízes designados para tal fim[464] a atender situa-

[461] Do mesmo modo, v. LANFREDI, Luís Geraldo Sant'Ana. *Prisão temporária...*, cit., p. 236.

[462] O regime de plantão judiciário em primeiro e segundo graus de jurisdição é regulado pela Resolução nº 71/2009 do CNJ.

[463] Assim se dá, por exemplo, no Estado do Rio Grande do Sul. Consoante disciplinado no artigo 377 da Consolidação Normativa Judicial do RS, o Serviço de Plantão em Comarcas do Interior, que se destina a prestar jurisdição de caráter urgente, iniciará às 17h30min [dezessete horas e trinta minutos] de quarta-feira, estendendo-se até as 17h30min [dezessete horas e trinta minutos] da quarta-feira seguinte. Cf.: artigo 1º da Resolução nº 54/1992-COMAG com redação dada pela Resolução nº 939/2013-COMAG e 1036/2014-COMAG.

[464] Desse modo, v. artigo 378 da Consolidação Normativa Judicial do RS: "o Serviço de Plantão da Comarca de Porto Alegre terá funcionamento autônomo em relação às unidades jurisdicionais

ções fora do horário de atendimento ordinário; no entanto, em regra, sem distribuições a esse regime diferenciado – mesmo que urgentes – de processos com ingressos durante o dia; salvo se se verificar a ausência ou o impedimento do juízo de origem e de seu primeiro substituto.[465]

Em tudo, e na maioria das vezes, essa mesma situação acaba se repetindo com os agentes do Ministério Público e delegados de polícia; com alterações quanto ao tempo de permanência em regime de plantão e escalas, conforme regramento das suas respectivas chefias.

Desse modo, nada há de espantoso quando o artigo 5º da Lei nº 7.960/89 disciplinou que, em todas as comarcas e seções judiciárias, haverá plantões permanentes – do Poder Judiciário e do Ministério Público – para apreciar representações – ou requerimentos – de prisão temporária. Nada de novo nesse sentido, até porque – embora o comando constitucional introduzido pela Emenda Constitucional nº 45/2004 chancele ser a atividade jurisdicional ininterrupta – o plantão de primeiro grau de jurisdição já era obedecido e determinado pelas corregedorias de cada estado da Federação; isso sem esquecer que a prisão provisória – em sentido geral [flagrante, temporária ou preventiva] – sempre foi e ainda é considerada medida urgente a ser apreciada de forma rápida.

E mais. Existindo escalas permanentes de plantão regradas através de atos administrativos insculpidos com critérios objetivos pelos respectivos tribunais brasileiros, bem como divulgadas previamente por meios eletrônicos de informação, nada corrobora a afirmação sobre a possibilidade de ofensa ao juiz natural.[466] A propósito, o postulado do juiz natural, considerado como cláusula constitucional bifronte,[467] qualifica-se como prerrogativa individual oponível pelo particular contra o Estado ou, ao ser analisado em perspectiva diversa, atua como fator de restrição ao poder de persecução penal do Estado.

Desse modo, em se tratando de representação ou requerimento manejados após o horário normal de expediente, finais de semana ou

---

e ficará situado junto ao Foro Central, devendo constar no site do Tribunal de Justiça o endereço para o acesso e o telefone para contato".

465 Nesse sentido, v. § 6º do artigo 378 da Consolidação Normativa Judicial do RS: "Durante o expediente forense, as matérias relacionadas nos incisos I, II, III e V serão apreciadas pelo Serviço de Plantão quando certificado o impedimento eventual do titular da vara e seu primeiro substituto".

466 A sustentar a possibilidade de quebra o princípio do juiz natural, principalmente em razão da maneira disciplinada ao regime de plantão do Estado de São Paulo, v. LANFREDI, Luís Geraldo Sant'Ana. *Prisão temporária...*, cit., pp. 195-200.

467 Desse modo, v. STF, RHC 135823 AgR, Relator: Min. CELSO DE MELLO, Segunda Turma, julgado em 29/04/2019.

feriados, em verdadeira atividade jurisdicional extraordinária e destinada a salvaguardar situações que reclamam provimentos de urgência,[468] não se percebe que foram subtraídos ou ocultados critérios de impessoalidade ou de designação abstrata e geral como forma de criar especial nomeação para atuação nesta ou naquela circunstância; até porque anteriormente inseridas em regramento administrativo, as matérias insertas ao plantão jurisdicional,[469] além da designação prévia de juiz plantonista. Ademais, a própria Lei nº 7.960/89 expressamente estabelece a análise dos pedidos de prisão temporária aos plantões das respectivas comarcas ou seções judiciárias.

Outrossim, o plantão judiciário não se restringe apenas à análise das representações ou dos requerimentos de prisão temporária. Não foge à sua competência a apreciação de renovação do prazo pretendido, pois também urgente, tanto que – em caso de não apreciação – levaria à soltura daquele indivíduo ao qual a segregação foi considerada imprescindível para a investigação. Não fosse assim, dada a reconhecida imprescindibilidade da prisão, o acautelamento ainda necessário à ação da autoridade policial cairia por terra.

Apenas um porém! Em caso de pedido de renovação do prazo de prisão temporária, a representação ou o requerimento deverá vir acompanhado de todas as peças do processo já existente – inclusive com a decisão que veio a conceder a segregação. Não raro, o juiz plantonista não tem acesso aos autos, fato que o impossibilita de incursionar nos elementos já expostos a fim de verificar a necessidade de prorrogação da pretensão inicial.

Ademais, qualquer incidente decorrente e inserto ao aprisionamento temporário deverá, da mesma maneira, quando fora do horário ordinário, ser tratado pelo juiz que se encontra de plantão na respectiva comarca.[470]

Por conseguinte, despachado o expediente pelo juiz plantonista, acolhendo ou não deferindo a representação ou o requerimento, no primeiro dia útil seguinte, o feito deverá ser distribuído a uma das varas

---

[468] Assim, cf.: STJ, HC 376.763/DF, Rel. Ministro ANTONIO SALDANHA PALHEIRO, Sexta Turma, julgado em 07/08/2018.

[469] Sobre o assunto, v. STJ, HC 125.580/RS, Rel. Ministro JORGE MUSSI, Quinta Turma, julgado em 25/11/2010; STJ, HC 237.406/DF, Rel. Ministro REYNALDO SOARES DA FONSECA, Quinta Turma, julgado em 10/03/2016; STJ, RHC 103.224/DF, Rel. Ministro REYNALDO SOARES DA FONSECA, Quinta Turma, julgado em 21/03/2019.

[470] Não são raros, em regime de plantão, pedidos de transferência de presos provisórios que se encontram em galerias ou estabelecimentos penais comandados por facção criminal rival. Entre o mar e o rochedo, entre a cruz e a espada, não se espera dias úteis de exercício forense para remeter o pedido ao juízo de origem; ao invés, deve-se apreciar a postulação. Atitude desse quilate oportunizaria o acontecimento de tragédias, ainda mais quando se conhece o sistema carcerário brasileiro e a verdadeira batalha travada entre criminosos de agremiações distintas.

da respectiva comarca, a qual passará a ser responsável por futuras determinações.

2.5.7. *Risco de responsabilização por ato praticado pela autoridade executora*

Ultrapassadas as questões referentes aos direitos constitucionais e subjetivos do indiciado, bem como à possibilidade da decisão que vier a decretar o cárcere temporário ser analisada ou prorrogada por juiz plantonista sem que isso possa ser considerado como quebra do princípio do juiz natural, a inquietação – em se tratando de prisão temporária – não fica restrita ao tempo de aprisionamento e de suas consequências dentro da investigação. Existem efetivas preocupações com o cumprimento da prisão, com a execução da medida e com a finalização do tempo de segregação; até porque, em se tratando de medida prisional extremamente excepcional, como visto, os cuidados devem ser redobrados.

Desse modo, no caminho percorrido entre a execução e a soltura, a fim de evitar qualquer comportamento inadequado, ilegítimo ou excessivo, o melhor itinerário a ser seguido pela autoridade policial ou pelo Ministério Público, quando da representação ou requerimento da prisão temporária, é postular sejam expressamente mencionadas e regradas na decisão eventuais situações de tensão, tais como (a) o regramento para o uso de algemas;[471] (b) a forma como deve ser feita a imediata comunicação da prisão ao juiz competente; (c) a necessidade de apresentação do preso ao juiz em sequência ao cumprimento do mandado de prisão para fins do artigo 2º, § 3º, da Lei nº 7.960/89 ou para audiência de custódia; (d) o local em que o preso deverá permanecer custodiado; (e) a proibição de compartilhar cela com outra(s) pessoa(s) presa(s) por modalidade diferente da prisão temporária; (f) o dia em que o preso deverá ser colocado em liberdade [principalmente na hipótese em que se estabelece menor prazo para o cumprimento da diligência imprescindível à investigação]; bem como outras situações que a peculiaridade das circunstâncias exigirem.

Tais hipóteses, certamente dimensionadas como fonte de conflito, estendendo-se do início ao fim do cumprimento da segregação, podem ocasionar irregularidades aptas a servir de supedâneo, inclusive, à afirmação de abuso de autoridade, disciplinado recentemente pelo artigo

---

[471] Embora a Súmula Vinculante nº 11 do STF disciplinar a excepcionalidade do uso de algemas, em algumas hipóteses melhor seria fosse regrado pelo juiz, tal qual se deu, a título de exemplo, quando se proibiu, em qualquer hipótese, o uso de algemas no momento da execução do mandado de prisão expedido contra o ex-Presidente da República Luiz Inácio Lula da Silva.

12, parágrafo único, incisos I e IV, da Lei nº 13.869/2019. Aliás, diga-se de passagem, a matéria já havia sido pautada na própria legislação que regrou a prisão temporária [acrescentando a alínea "i" ao artigo 4º da antiga Lei nº 4.898/65] a enaltecer a existência de abuso de autoridade nas hipóteses de prolongamento indevido da segregação.

De qualquer sorte, para incidência, em regra,[472] na atual Lei de Abuso de Autoridade – Lei nº 13.869/2019 –, exige-se que o agente público, servidor ou não, mas no exercício dessa função ou a pretexto de exercê-la – *com a finalidade específica de prejudicar outrem ou beneficiar-se a si mesmo ou a terceiros, ou, ainda, por mero capricho, ou satisfação pessoal* –, pratique algumas das condutas expressamente previstas. Portanto, utilizando-se as palavras de MARCELO DE LIMA LESSA, deve-se abusar "com motivação certa, intencional e pré-definida, inexistindo, no Direito brasileiro, abuso de poder por mera negligência".[473]

A presença do especial elemento subjetivo do tipo, pois, será de fundamental importância para diagnosticar se o agente cometeu eventual ação lesiva por erro, mas, deliberadamente, de boa-fé; ou se, pelo contrário, ao abusar de suas prerrogativas, teve a intenção inequívoca de exercer sua atividade com algumas das finalidades espúrias previstas no texto legal.[474] Além do mais, outra ressalva foi salutar na legislação: a divergência de interpretação ou na avaliação dos fatos não configura abuso de autoridade; o que veio a defenestrar do ordenamento jurídico crimes de hermenêutica.

Desse modo, se é verdade que nem todas as situações mencionadas podem acarretar a incidência da Lei de Abuso de Autoridade – o que pode ser diagnosticado até mesmo por ausência de descrição típica –, outras tantas podem servir de alicerce à aferição de responsabilidade civil[475] e/ou administrativa daquele que não agiu com zelo na análise da prisão, na execução do mandado ou na condução da segregação. Observa-se que não se está a dimensionar ser justa ou injusta a prisão,

---

[472] A finalidade específica, outras vezes, vem na própria disposição legal, conforme se percebe no artigo 29 da Lei nº 13.869/20, no qual estabelece que a ação deve ter intenção de "prejudicar interesse do investigado". Sobre o assunto, v. LIMA, Renato Brasileiro de. Nova Lei de abuso de autoridade. Salvador: JusPodivm, 2020, p. 276; TORON, Alberto Zacharias. In AA.VV. *Comentários à Lei de abuso de autoridade*. (coord.: Gustavo Henrique Badaró e Juliano Breda). Sao Paulo: Thomson Reuters Brasil, 2020, p. 151.

[473] Cf.: LESSA, Marcelo de Lima. "O dolo específico dos crimes da nova lei de abuso de autoridade". *Revista Jus Navigandi*. Teresina, ano 25, nº 6075, (out. 2019).

[474] Desse modo, cf.: LIMA, Renato Brasileiro de. Nova Lei de abuso..., cit., p. 30. No mesmo sentido, v. BADARÓ, Gustavo. In AA.VV. *Comentários à Lei de abuso...*, cit., pp. 23-24.

[475] A título de exemplificação, v. STJ, AgInt no AREsp 1001197/AC, Rel. Ministra ASSUSETE MAGALHÃES, Segunda Turma, julgado em 27/04/2017; Apelação Cível, nº 70083722926, Quinta Câmara Cível, Tribunal de Justiça do RS, Relator: Jorge Luiz Lopes do Canto, Julgado em: 15-04-2020.

mas, sim, unicamente, se houve ilegalidade, dolo, fraude ou culpa dos agentes estatais no ato praticado, então considerado como indispensável da investigação criminal.[476]

[476] Esse é o comportamento da jurisprudência do Supremo Tribunal Federal e do Superior Tribunal de Justiça. Assim, v. ARE 770931 AgR, Relator: Min. DIAS TOFFOLI, Primeira Turma, julgado em 19/08/2014; AI 803831 AgR, Relator: Min. DIAS TOFFOLI, Primeira Turma, julgado em 19/03/2013; RE 429518 AgR, Relator: Min. CARLOS VELLOSO, Segunda Turma, julgado em 05/10/2004. No Superior Tribunal de Justiça: AgRg no AREsp 286.780/RN, Rel. Ministra ASSUSETE MAGALHÃES, Segunda Turma, julgado em 27/05/2014; AgRg no REsp 1295573/RJ, Rel. Ministro CESAR ASFOR ROCHA, Segunda Turma, julgado em 27/03/2012.

3. Contributo para uma nova prisão temporária

3.1. Perspectivas e aperfeiçoamento da prisão temporária na "nova" realidade constitucional

Constituída pela Lei nº 7.960, de 21 de dezembro de 1989, logo após a promulgação da Constituição Federal de 5 de outubro de 1988, a prisão temporária não foi publicada – por tudo que se viu – com o amadurecimento necessário para edições de leis à nova ordem jurídica brasileira, na oportunidade, ainda incipiente.

Após longo período antidemocrático e com vícios ainda incutidos pelo antigo sistema repressor, não foram observados os obstáculos impostos pela nova Carta da República que almejou enaltecer garantias e procedimentos que afetam diretamente a liberdade do cidadão.

E não é só. Os tempos modernos impuseram, e ainda impõem, novas interpretações, muitas delas insculpidas em convenções internacionais, que a cada dia priorizam e dignificam a natureza humana, mesmo que para tanto a "segurança coletiva" seja arrefecida; isso se o trocadilho nada feliz oportunizar tal conclusão, pois a segurança de todos encontra inserta também na garantia e nos direitos de cada indivíduo.[477]

Não se pode, portanto, contemporizar com interpretações dadas às leis em momentos históricos diferentes sem que existam novas reflexões sobre o instituto, agora sim, em uma tentativa de buscar harmonização com outros princípios que regem o sistema penal.

Nesse novo estágio da civilização, não há como concluir e buscar suporte em prisões apenas para investigar, sem critérios uniformes e

[477] O *todo* nada mais é do que a soma de cada indivíduo; e, em se desrespeitando o direito de cada um deles, desrespeita-se o *todo*. A visão isolada e sectária, portando, do *todo* corrói o próprio *todo*, carcome a própria sociedade, suas crenças e seu sentimento de justiça. Nesses termos, v. FERRY, Luc. *Aprender a viver...*, cit., p. 156.

por longo período, atacando o direito ao silêncio e acarretando prejuízos inestimáveis à liberdade individual e à defesa pega de surpresa e sem tempo hábil para o exercício de tal prerrogativa.[478]

Nos moldes em que está regrada, essa espécie de segregação provisória [investigativa] não se percebe encontrar o instrumento dentro das balizas constitucionais e sociais exigidas em Estados modernos. Carece, pois, de releitura adequada e válida a lograr supedâneo no ordenamento jurídico.

E o primeiro norte que se aponta para harmonizar a prisão temporária com princípios constitucionais e processuais que regem a matéria é a necessária inclusão de novos elemento e a delimitação de seu espaço de incidência, culminando com a obrigatoriedade – e não mera possiblidade – de participação pessoal do investigado em audiência a ser designada imediatamente após à execução da prisão. Nesse sentido, estar-se-á *atenuando* eventual lesão à liberdade individual nas searas meramente investigativas trazendo outros atores, mesmo que em momento diferido, à convalidação de ato extremamente excepcional.

[478] Não é incomum o fato de a defesa não ficar sabendo – *de modo rápido e preciso* – dos elementos que oportunizaram a prisão temporária. E isso se dá porque – em algumas vezes – a autoridade policial não cumpre, ao mesmo tempo, todas as diligências representadas e deferidas pelo juízo. Nesse sentido, não raro, pode acontecer que, após efetivada a prisão, ainda fiquem pendentes cumprimentos de diligências, mandados de busca e apreensão ou outras prisões anteriormente decretadas e que se encontram sem a devida publicidade no Banco Nacional de Mandados de Prisão – BNMP. Nesses termos, embora a existência da Súmula Vinculante nº 14 [É direito do defensor, no interesse do representado, ter acesso amplo aos elementos de prova que, já documentados em procedimento investigatório realizado por órgão com competência de polícia judiciária, digam respeito ao exercício do direito de defesa], a jurisprudência orienta, no sentido de inibir vista dos autos enquanto ainda não cumpridas todas as diligências investigativas que devam guardar sigilo sob pena de ineficiência das diligências investigativas, ou pelo menos restringir o acesso aos autos apenas àquilo já documentado e que não importará em quebra da eficácia de futuras diligências. Sobre o possiblidade de sigilo, v. STF, Rcl 28903 AgR, Relator: EDSON FACHIN, Relator p/ Acórdão: DIAS TOFFOLI, Segunda Turma, julgado em 23/03/2018; STJ, HC 306.035/MG, Rel. Ministro FELIX FISCHER, Quinta Turma, julgado em 03/02/2015. Também: Habeas Corpus nº 70060996048, Sétima Câmara Criminal, Tribunal de Justiça do RS, Relator: JOSÉ CONRADO KURTZ DE SOUZA, julgado em 28/08/2014; Mandado de Segurança nº 70059568733, Segunda Câmara Criminal, Tribunal de Justiça do RS, Relator: JOSÉ ANTÔNIO PITREZ, julgado em 26/06/2014. Consigna-se que, no cenário internacional, a matéria já sofreu ampla discussão, sustentando o TEDH que o sigilo das investigações não pode prevalecer ao direito substancial de defesa. Nesse sentido, , v. Case of LIETZOW vs. GERMANY [Application nº 24479/94], Judgement Strasbourg, 13 February 2001. Na doutrina, inclusive fazendo menção a outros casos julgados pelo TEDH v. AMBOS, Kai. *Processo penal europeu*: preservação das garantias e direitos individuais. Princípios processuais e análise da Convenção Europeia de Direitos Humanos. Rio de Janeiro: Lumen Juris, 2008, pp. 18-22.Case of LIETZOW vs. GERMANY [Application], Judgement Strasbourg, 13 February 2001. Na doutrina, inclusive fazendo menção a outros casos julgados pelo TEDH v. AMBOS, Kai. *Processo penal europeu*: preservação das garantias e direitos individuais. Princípios processuais e análise da Convenção Europeia de Direitos Humanos. Rio de Janeiro: Lumen Juris, 2008, pp. 18-22.

3.1.1. *A prisão temporária como meio acautelatório imprescindível: a não repetibilidade dos elementos informativos*

Nos moldes em que a Lei nº 7.960/89 insculpiu o instituto da prisão temporária no direito brasileiro, somada a sua inarredável permanência no cenário nacional, sabe-se, por tudo que se viu, tratar de instrumento bizarro a assegurar elementos informativos apenas para eventual ação do Ministério Público e sem servir de supedâneo – em suas nuances singulares e solitárias – a decretos condenatórios. E parece que assegurar aquilo que novamente estará sujeito à produção probatória não faz sentido, não podendo ser buscado, pois, para estabilizar os requisitos da medida mais rigorosa disposta no processo penal.

Vista desse modo, urge que a finalidade investigativa considerada com imprescindível deva ser *qualificada*, necessitando-se fazer menção a outro elemento que importaria na efetiva perda daquilo que – agora sim – seria de fundamental importância para o desfecho investigativo e de salutar importância não só para desenvoltura do inquérito, mas também do processo.

E não se diga que a inclusão de qualquer outro requisito – colocando a prisão temporária dentro de uma finalidade instrumental – torná-la-ia sinônima da prisão preventiva. Nada disso. Embora os requisitos específicos para a segregação preventiva sejam, por vezes, nada objetivos, abraçando inúmeros fatos do cotidiano criminal, a prisão temporária com uma nova roupagem possibilitaria o aprisionamento do indiciado para fins de produção de elementos informativos que se tornassem *não repetíveis*[479] durante o tramitar do inquérito ou em posterior processo;[480] ou seja, daqueles elementos informativos que, por ação do

---

[479] Consigna-se, apenas, que, em se tratando de prova testemunhal produzida no inquérito policial, por vezes não repetível e sem o crivo do contraditório, sozinha, não possibilita juízos condenatórios, tal qual já decidiu o Tribunal de Justiça do Estado do Rio Grande do Sul. Cf.: Apelação Crime nº 70053425799, Primeira Câmara Criminal, Tribunal de Justiça do RS, Relator: MANUEL JOSÉ MARTINEZ LUCAS, julgado em 29/05/201. Entretanto, deve gozar de especial atenção [v. Apelação Crime nº 70046555843, Terceira Câmara Criminal, Tribunal de Justiça do RS, Relatora: CATARINA RITA KRIEGER MARTINS, julgado em 09/08/2012], sendo suficientemente aptos às decisões de pronúncia [cf.: Recurso em Sentido Estrito nº 70042755124, Primeira Câmara Criminal, Tribunal de Justiça do RS, Relator: MARCO ANTÔNIO RIBEIRO DE OLIVEIRA, julgado em 28/09/2011].

[480] Aliás, a justificar o enunciado, dispõe o artigo 155 do CPP que "o Juiz formará sua convicção pela livre apreciação da prova produzida em contraditório judicial, não podendo fundamentar sua decisão exclusivamente nos elementos informativos colhidos na investigação, ressalvadas as provas cautelares, não repetíveis e antecipadas". Com isso, não se analisa o resultado semântico da expressão – não repetível –, eis por que nada que deflua da natureza humana pode ser taxado como repetição do primeiro. Sempre as novas circunstâncias fáticas e temporais fariam com que nada fosse reprodução da primeira. Portanto, para não dizer mais, as provas nunca serão repetíveis. A propósito, já apontou VICENTE GRECO FILHO "que a prova nunca se repete; pode haver

indiciado, sofressem uma corrosão apta a não ser mais possível reproduzi-los no contexto inquisitorial e processual.

Observe-se que não se está a falar em *conveniência da instrução criminal*, embora olhares afoitos possam chegar a essa conclusão. Na verdade, estando ainda sob os marcos do inquérito policial, apenas com fundadas razões de autoria e participação de um crime, a prisão temporária seria pertinente, por certo e específico período, apenas quando imprescindível para resguardar os elementos informativos a servir, posteriormente, de prova durante o tramitar processual. E isso se alcança apenas com a não *repetibilidade* daquilo que se pretende endereçar ao crivo judicial. O acautelamento, portanto, com esse requisito qualificador da imprescindibilidade, alcançaria dupla finalidade: servir de suporte ao início da ação penal e à desenvoltura de muito provável futuro processual.

E apenas elas – dentro de uma *irrepetibilidade* natural,[481] e não outras decorrentes de uma não *repetibilidade* hipotética e superveniente – encontrariam espaço à possibilidade de ordem privativa de liberdade temporária, até porque, não fosse a necessária ação rápida e precisa, poderiam perder-se fontes importantes.

É certo que tal medida imporia maiores e mais drásticas restrições ao âmbito de incidência do instituto; no entanto, trata-se de caminho a ser trilhado para possibilitar e alcançar um verdadeiro caráter de imprescindibilidade, mesmo que ainda dentro das amarras da investigação.

Visto de outro modo, e sem o requisito da não *repetibilidade* natural das provas, prende-se apenas para investigar e produzir elementos informativos que, sozinhos, não têm força suficiente para servir de supedâneo a qualquer pretensão condenatória e que serão, novamente, reproduzidos no cenário processual.

Observa-se que não se chega ao ponto de afirmar que a *imprescindibilidade* – com aquilo que agora se sustenta a enaltecer os elementos

---

uma segunda perícia sobre o mesmo objeto, mas a segunda não é repetição da primeira; a testemunha ouvida no inquérito será ouvida em juízo, porém o depoimento judicial não é repetição do primeiro, etc.". Cf.: GRECO FILHO, Vicente. *Manual de processo...*, cit., p. 231. De qualquer sorte, o que se pretende observar com a irrepetibilidade da prova é que esta emana do momento de seu próprio descobrimento ou de que certa e determinada fonte encontra-se na iminência de alteração ou extinção, não podendo, em razão do transcurso do tempo, ser produzida sob o contraditório. Sobre o tema, v. LIMA, Marcellus Polastri. *A prova penal*: de acordo com a reforma processual penal. 3ª ed., Rio de Janeiro: Lumen Juris, 2009, p. 53.

481 Assinala ANTÔNIO SACARANCE FERNANDES que se consideram naturalmente irrepetíveis as atividades insertas às interceptações telefônicas, buscas e apreensões, bem como fatos e atividades transeuntes. Cf.: FERNANDES, Antônio Scarance. *Processo penal...*, cit., p. 74. Faz menção ainda e exemplificativamente, GULHERME DE SOUSA NUCCI, a prova decorrente de inspeção cadavérica. Cf.: NUCCI, Guilherme de Sousa. *Provas no processo...*, cit., p. 21.

informativos não repetíveis – é fator que proporciona perigo diante da subjetividade e do vazio axiológico da locução.[482] Nesse sentido, embora terminologia abstrata, há situação da vida em que a atuação se torna imprescindível para evitar lesão irreparável a determinados bens juridicamente tutelados. Aliás, as disposições normativas, efetivamente, não devem e não podem ser formuladas univocamente, pois criadas para casos cuja variedade reporta-se ao infinito, até porque a lei fechada em si, sem possibilidade de interpretação, se isso fosse possível, levaria à paralisação do direito.[483]

A julgarem-se situações naturais da vida, que impregnam as decisões individuais e sociais cotidianas, o direito processual penal não pode ficar avesso às amarras – mesmo que tênues – de certo subjetivismo, principalmente quando determinados atos impõem à atividade jurisdicional a necessidade de segregação provisória de certas e determinadas pessoas – atos esses ancorados em requisitos de urgência – em detrimento da liberdade individual. E se alguém conseguir concluir de maneira diversa, também deve atribuir critérios objetivos ao enunciado de *urgência*.

E se isso não fosse o bastante, sabe-se que não basta a mera alegação da autoridade policial ou do Órgão Parquetiano – em uma verdadeira e incondicional concessão de poderes – para que a prisão temporária seja concretizada.[484] A imprescindibilidade não fica restrita apenas ao alvedrio interpretativo da autoridade representante ou requerente. Certamente passará pelo crivo – devidamente justificado – do juiz responsável pela apreciação do pedido.

O problema, talvez, não se encontra na delimitação semântica ou jurídica da imprescindibilidade, mas sim na fundamentação precária das decisões que diuturnamente não apreciam ou não expõem o porquê determinada prisão é condição para o êxito da tutela penal. Nem

---

[482] Como já apontado [nota 269], a expressão é utilizada por DELMANTO JÚNIOR, Roberto. *Inatividade no processo...*, cit., p. 165. Do mesmo modo, dentre outras palavras, v. GIACOMOLLI, Nereu José. *Prisão, liberdade...*, cit., p. 128.

[483] Ao que parece, os enunciados, há muito construídos pela doutrina, sobre a necessidade de interpretação, não foram compreendidos. Em primeiro, a Suprema Corte enaltece, com edições de súmulas vinculantes, a celeridade processual – colocando nas nuvens a cultura da quantidade das decisões em detrimento da qualidade das fundamentações e da interpretação a cada fato da vida. E, por isso, não é de se estranhar que, por ocasião da edição da Súmula Vinculante nº 14, a então Min. Ellen Gracie, infelizmente, tenha afirmado: "A súmula vinculante é algo que não deve ser passível de interpretação, deve ser suficientemente clara para ser aplicada sem maior tergiversação." (PSV 1/DF – Distrito Federal – Proposta de Súmula Vinculante - Relator: Min. MENEZES DIREITO, Julgamento: 02/02/2009). Sobre o assunto, também STRECK, Lenio. É possível fazer direito sem interpretar? *Consultor Jurídico.* 19 de abril de 2012; CASTANHEIRA NEVES, A. *Metodologia jurídica...*, p. 224.

[484] Dessa maneira, cf.: SANGUINÉ, Odone. *Prisão cautelar...*, cit., p. 526.

por isso – se o nó encontra-se na manifestação judicial, e não no próprio fato da vida – deve ser expulsa da ordem jurídica.

Seja como for, se a imprescindibilidade *qualificada* da segregação – vista como instrumento para assegurar a permanência ilesa dos elementos que serviriam de supedâneo à estrutura investigativa – não é matéria que necessita ser defenestrada da ordem jurídica, mas apenas readequada à não *repetibilidade* dos elementos informativos, verifica-se que a legislação não fez alusão a requisito que deveria ser considerado essencial para o deferimento da representação ou do requerimento da prisão temporária; no entanto, ao mesmo tempo, estende ao seu leque de incidência outros nada adequados.

3.1.2. *A materialidade do crime e a necessária revisão de alguns pontos de incidência*

Embora a prática judiciária recomende que o deferimento da medida condicione-se à existência de elementos que comprovem a ocorrência do crime, não é demais reforçar que a falta de disposição expressa pode fazer com que existam interpretações dissociadas a ponto de considerar a *materialidade* – ou elementos de prova que levem a ela – como fator dispensável à ordem de prisão.[485]

A propósito, diga-se de passagem, caso se possibilitasse a decretação de medidas privativas de liberdade sem a comprovação da existência do crime, a medida seria um tanto quanto desproporcional, até porque, sem prova do núcleo da investigação, pouco ter-se-ia sobre a autoria daquilo que não se sabe se ocorreu, o que vem a impossibilitar a afirmação da existência de "fundadas razões, de acordo com qualquer prova admitida na legislação penal, de autoria ou participação" em certos e determinados delitos, tal qual faz com precisão o inciso III do artigo 1° da Lei n° 7.960/89.

De qualquer sorte, se a inclusão de expressa disposição traria mais conforto à lisura dos requisitos específicos para análise da segregação temporária, o mesmo não pode ser dito quanto à permanência da disposição – insculpida no artigo 1°, inciso II, da Lei n° 7.960/89 – que alberga situações em que o indiciado não tem residência ou não fornece elementos necessários ao esclarecimento de sua identidade.

[485] Como já afirmado em outra oportunidade [v. item 2.2.3], a comprovação da materialidade do crime – ou pelo menos a existência de elementos indiciários para seu diagnóstico –, embora não prevista na legislação, é vista como condição para a possível decretação da medida acautelatória. Sobre o assunto, v. SANGUINÉ, Odone. *Prisão cautelar...*, cit., p. 118; LANFREDI, Luís Geraldo Sant'Ana. *Prisão temporária...*, cit., p. 129.

Nesse sentido, em termos já expostos,[486] a disposição legitima a segregação de grupos sociais vulneráveis, marginalizados e excluídos da sociedade, isso sem esquecer a ofensa direta ao disposto no artigo 5º da Constituição Federal, que impõe a todos isonomia às leis "sem distinção de qualquer natureza".

O flagrante desequilíbrio da disposição – sem qualquer percepção da realidade brasileira –, fruto de quem não se preocupa e não observa as mazelas sociais diariamente frequentadoras das varas criminais do Brasil, faz com que seja de mau gosto, perversa e desequilibrada.

E não é só. Para completar as necessidades de reformulação das disposições previstas no artigo 1º da Lei nº 7.960/89, faz-se necessária uma reformulação dos crimes que se sujeitariam ao cárcere temporário, a possibilitar a medida apenas àqueles considerados hediondos – ou assemelhados – e previstos na Lei nº 8.072/90, a regrar-se unicamente pelas disposições ali encontradas.

Dessa forma, diante da gravidade e da excepcionalidade da medida a ser imposta ainda no curso da investigação, excluir-se-ia da possibilidade de decretação da prisão temporária em delitos, embora graves, com reprimenda penal que já no seu nascedouro não proporcionam privação de liberdade quando da sentença penal definitiva, aliás, nesse sentido, o crime de associação criminosa previsto no artigo 288 do CP sequer possibilita a prisão preventiva no termo do artigo 313, inciso I, do CPP.

Ademais, dentre os crimes graves previstos pelo legislador, haveria uma uniformização de delitos, evitando-se interpretações extensivas, além de impossibilitar alterações legislativas – açodadas – que viessem a "esquecer" mudanças necessárias em leis que resguardam interesses comunitários similares. Evitar-se-ia com isso contradições, enganos e possibilitar-se-ia uniformes e melhores meios assecurativos à higidez da investigação em crimes graves e de inestimável interesse social.

3.1.3. *Obrigatoriedade de participação pessoal do investigado em audiência a ser designada imediatamente após a execução da prisão*

Como bem apontou AURY LOPES JR., falar, anos atrás, sobre "contraditório" em sede de prisão cautelar era motivo para ser atingido

[486] Remete-se o leitor ao item 2.2.2, oportunidade em que se fez alusão mais detalhada sobre o assunto.

por severas críticas relativas à, então, heresia jurídica da afirmação.[487] No entanto, os tempos hoje são outros, e aquilo rugido como ousado e destemido passou a ser diagnosticado com recomendável e necessário à lisura do devido processo legal.

Embora não se esteja a falar em contraditório efetivo – uma vez que este, como já apontado, não pode sofrer mitigações [v. retro item 2.5.4] –, em um novo procedimento que se tenta vislumbrar, haveria obrigatoriedade de designação de audiência diferida[488] para que o preso fosse questionado sobre os fundamentos da representação ou do requerimento e pudesse contrapor às argumentações que possibilitaram a decretação da prisão temporária. E aqui vale tudo o que se disse antes: embora a adoção de todos os regramentos insertos ao interrogatório, os argumentos não poderiam, isoladamente, ser utilizados para fundamentar sentença penal condenatória, devendo ser observada a regra do artigo 155 do CPP.

Na verdade, o que se tenta estabelecer com a obrigatoriedade da audiência logo após a execução da ordem de prisão é "um mínimo de humanidade no tratamento[489]" que deve ser dispensado à pessoa que está sendo detida no sentido de expor ao juiz sua versão sobre os fatos, enaltecendo e protegendo efetivos direitos defensivos,[490] tudo a fim de possibilitar melhor análise da situação em nova decisão – proferida em audiência após manifestação o Ministério Púbica e da Defesa – que confirmará ou não a necessidade da prisão temporária.[491] Assegura-se,

---

[487] Cf.: LOPES JR., Aury. *Direito processual...*, cit., p. 810.

[488] Sobre o tema, v. LUÍS GERALDO SANT'ANA LANFREDI ao afirmar que "em relação ao primeiro momento, qual seja, o da decretação, parece difícil, realmente, conceber ou admitir a intervenção defensiva do indiciado que não seja, de certa forma, um empecilho a afetar a imanente cautelaridade da própria medida. A defesa, portanto, somente indiretamente (e, mesmo assim, em momento diferido) terá condições de interferir na decretação da prisão temporária, senão atentando para a rigorosa e estrita observância dos pressupostos (e das formalidades) de legalidade inerentes ao momento da imposição da excepcional medida, os quais devem transpirar da decisão judicial. Na decretação, sob pena de se inviabilizar a concreta execução da pretendida prisão temporária, não há como garantir a prévia ou concomitante intervenção da defesa do indiciado, salvo pela restrição, ao máximo, dos casos de implementação da excepcional medida [...]." Cf.: LANFREDI, Luís Geraldo Sant'Ana. *Prisão temporária...*, cit., p. 212.

[489] LOPES JR., Aury. *Direito processual...*, cit., p. 810.

[490] A propósito, assevera MARIA DE FÁTIMA MATA-MOUROS que a questão essencial no cenário europeu "é garantir que a investigação seja levada a cabo com a salvaguarda dos direitos do investigado e de terceiros, assegurando a lealdade e o equilíbrio dos procedimentos". Cf.: MATA-MOUROS, Maria de Fátima. *Juiz das liberdades...*, cit., p. 25.

[491] O preso deverá ser apresentado imediatamente ao juízo que emitiu a ordem de prisão ou, quando cumprida em comarca diversa, ao respectivo juiz plantonista mediante comunicação prévia à unidade de origem com o encaminhamento da manifestação do preso para análise de ratificação ou não da prisão temporária, ouvindo-se, nesta última hipótese, o Ministério Público e a defesa, em tempo a ser fixado.

portanto, um mínimo de equidade[492] na decisão. E não há de se falar em equidade sem mínimo exercício defensivo pessoal e técnico.

Diante da excepcionalidade da prisão endereçada à investigação, somada aos poucos elementos existentes, não há motivos para deixar a audiência a critério do juiz que determinou a prisão, tal qual previsto no artigo 2º, § 3º, da Lei nº 7.960/89. Norma cogente confortaria a tão apregoada *"conexão multídona"*,[493] que entrelaça os preceitos normativos e dá amparo a todo o sistema jurídico.

E não há qualquer empecilho para tal procedimento, seja qual for a fundamentação que legitimaria a imprescindibilidade da medida para o bom andar da investigação criminal. No entanto, a fim de concretizar a situação e estabelecer garantia mínima de direitos defensivos, alguns traços práticos deveriam ser obedecidos.

A representação da autoridade policial ou do requerimento do Ministério Público deveria ser veiculada em peça autônoma, sem a inserção cumulativa de outros pedidos cautelares, e, se possível, individualmente a cada investigado, notadamente a sustentar o porquê é imprescindível para investigação a prisão daquele indivíduo.

Mas qual a razão para o procedimento individual e, inclusive, sem imiscuir-se com outras medidas cautelares? Com efeito, adotando-se esse procedimento, pelo menos no que se refere à veiculação solitária da matéria referente à prisão temporária, não haveria possiblidade de ser restringido ou dificultado acesso aos autos diante de eventuais diligências ainda pendentes de cumprimento. Sempre e necessariamente todos os fundamentos que serviram de supedâneo à pretensão estariam acessíveis à defesa imediatamente após a prisão, evitando-se qualquer discussão a respeito da incidência da Súmula Vinculante nº 14 do STF, bem como sobre eventual lesão ao artigo 7º, incisos XIV e XV, da Lei nº 8.906/94, ao artigo 23 da Lei nº 12.850/2013 e à tipificação prevista no artigo 32 da Lei nº 13.869/2019.[494] Por tudo, já de antemão, estariam resguardados os imediatos direitos defensivos, sem contar com a sorte

[492] A noção de processo equitativo implica a possibilidade do exercício de defesa em pé de igualdade, sem que um esteja em posição inferior à do outro. E é apenas com o contraditório e com a igualdade de armas que se materializa o processo equitativo. Cf.: RAMOS, Vânia Costa. *"Corpus Juris* 2000 – Imposição ao arguido de entrega de documentos para prova e *nemo tenetur se ipsum acusare"*. parte I. *Revista do Ministério Público.* Ano 27, nº 108, (out./dez. 2006), [pp. 125-149], pp. 140-141.

[493] Nesses termos, cf.: LARENZ, Karl. *Metodologia...*, cit., p. 621. Sobre a necessária visão harmônica do ordenamento jurídico, v. BOBBIO, Norberto. *Teoria do Ordenamento Jurídico.* 10ª ed., Brasília: UnB, 1999, pp. 21-26.

[494] Embora não seja elemento essencial, não há de se descurar das questões envolvendo gerenciamento processual e seus fins estatísticos. Desse modo, com o procedimento haveria restrito respeito à classe processual [classe 314] disciplinada no sistema de gestão processual unificada disposto pelo CNJ.

de todos dos procedimentos cautelares – buscas e apreensões e demais prisões – serem cumpridos no mesmo momento.

3.1.4. Alteração dos prazos de encarceramento

Ultrapassadas as questões iniciais, e constatando-se que a nova sistemática da não *repetibilidade* dos elementos informativos – dentro do requisito da imprescindibilidade para investigação – somada à obrigatoriedade de posterior audiência para oitiva do investigado trariam vantagens ao instituto da prisão temporária, não há como deixar de afirmar que determinadas disposições, hoje ainda em curso na Lei nº 7.960/89, devem urgentemente ser modificadas na órbita jurídica.

E fazendo coro às mudanças essenciais para tornar possível a permanência da prisão temporária no sistema processual penal brasileiro, não há como deixar de considerar a pertinência da alteração do prazo de encarceramento temporário; agora restrito – como se tenta sustentar – apenas às hipóteses de crimes considerados hediondos ou assemelhados.

Do modo em que está estabelecido – 5 dias para os crimes comuns [renovados por mais 5 em caso de extrema e comprovada necessidade] ou 30 dias para os crimes considerados hediondos, [podendo ser renovada por igual período se a situação intensa permitir] –, não há congruência nas disposições. Como já afirmado, o desfecho de uma investigação não é obstaculizado unicamente pela gravidade do crime praticado, mas sim e unicamente pela dificuldade de angariar provas a possibilitar o desfecho investigativo. E isso pode se dar tanto naqueles crimes de maior gravidade, e com vínculos associativos estáveis em que se exige maior desenvoltura investigativa, como também naqueles, não menos graves, mas de autor único.

Ademais, não se entende o enunciado legislativo de aprisionamento por largo período – 30 dias com a possiblidade de prorrogação por mais 30 dias – a fim de que sejam resguardadas diligências que dependem unicamente da ação do Estado, diga-se de passagem, ainda no curso da investigação e apenas com fundadas razões de autoria ou participação.

Certamente que prazos menos dilatados, que não excederão a 5 dias – isso diante das conhecidas circunstâncias do cenário brasileiro, enaltecido pelo desmantelamento dos órgãos públicos que combatem a criminalidade –, já oportunizariam, nesta medida singular, resguardar os elementos informativos não repetíveis pretendidos; observando-se o segredo de justiça necessário que a prisão exige e a desnecessidade de deslocamento do aprisionado para masmorras públicas a oportunizar grave contágio criminológico.

Nada excepciona a possibilidade – se assim entender a autoridade policial ou o Ministério Público – de representar ou requerer a prisão preventiva do envolvido no apagar das luzes do prazo de encarceramento estabelecido, fazendo com que a segregação venha a alicerçar-se em outros pressupostos delineados na legislação.

De qualquer sorte, a diminuição do prazo de prisão, alicerçada em elementos e condições que se tenta estabelecer, sem qualquer dúvida trará maior dignidade ao indivíduo, sem contar a possibilidade padronização dos prazos para a entrega do inquérito policial envolvendo réus presos.

Mas o pessimismo, enraizado em qualquer operador do direito brasileiro – conhecedor das mazelas legais –, sabe que discussões desse quilate não existirão, pois tudo açodadamente é construído conforme o vento direciona a proa dos anseios midiáticos e sociais.

Sem qualquer devaneio, sabe-se que se tratam de palavras em vão, e tudo no processo penal – sem se levar em consideração os avanços civilizatórios em respeito à dignidade da pessoa humana, muito menos sem se estipularem critérios de uniformização das disposições legais – tende a piorar.

Conclusão

Do choque de direitos impostos pela nova ordem constitucional de 1988, que arrefeceu e defenestrou determinadas posturas da polícia judiciária até então adotadas, somado ainda aos movimentos de lei e ordem vindos de Estados alienígenas, albergou-se nova modalidade de prisão, agora sob o manto da decisão judicial e sob o critério da imprescindibilidade da investigação.

Jamais se esperava, no entanto, que tudo decorresse de ato do Poder Executivo, sem discussão legislativa concreta e profunda sobre a matéria. Muito menos se pensava que o texto legal – impregnado por inconstitucionalidade de clareza solar – fosse, ao alvedrio de responsabilidades democráticas, virar lei. Entretanto, isso aconteceu sem qualquer discussão profunda sobre as consequências dos atos advindos de uma polícia judiciária sempre desestruturada. E não se deve esquecer de que no Brasil tudo acontece de roldão; basta ver a atualidade para percebermos pacotes legislativos contra a corrupção, como se o mal fosse afastado pela severidade das disposições penais.

De qualquer sorte, se o filtro constitucional imposto a uma criação desastrada não foi o bastante para que a Suprema Corte do país considerasse o vício como desestruturante à sua aplicação, pensou-se que a prisão temporária cairia perante a crítica da doutrina e dos demais tribunais do país, pois naquela época já se consideravam inocentes todos aqueles que ainda se encontrassem sob tênues searas investigativas.

Mais uma vez não foi assim. Pelo contrário. O uso desmedido da prisão temporária passou a ser absolutamente equivalente à sua idade. Passou a ser instrumento utilizado quase que diariamente pela polícia judiciária, servindo como contrabalança à sua desestruturação – pessoal e material –, como também contra uma criminalidade crescente e cada vez mais organizada.

E a imoderação foi tamanha que se chegou ao ponto de a prisão temporária ser utilizada inclusive como instrumento para desvalorizar e fragilizar indiciados, como meio de persuasão a confissões e delações nada confiáveis; isso sem esquecer quando o trampolim midiático não é a principal fonte de preocupação de muitos operadores – nada escrupulosos – que galgam cargos à custa do sofrimento alheio.

Nesses termos, nos moldes estruturados – dentro uma visão uniforme de todo o ordenamento jurídico –, não foi possível encontrar um ponto de equilíbrio com a aplicação da Lei nº 7.960/89. Não foi possível blindar a proteção coletiva frente ao arrefecimento da liberdade individual.

Muito pelo oposto. Da forma em que diuturnamente vem sendo aplicada – tal qual se observa em inúmeros precedentes judiciais –, está se desrespeitando os mais comezinhos direitos individuais, sempre com a bandeira erguida de repressão à criminalidade, seja qual for o custo desse enunciado. Aos criminosos – e nem se poderia assim pensar, até porque nessa fase sequer o nome lhes são propícios – não são aplicados os mesmos direitos insertos às pessoas.

E se o sistema do país, enraizado em suas mazelas sociais em que, por um lado, há falta de escola, saúde, saneamento básico, alimentação, moradia; além de, por outro, abundarem presídios sucateados e desumanos – fatores de risco que alicerçam a delinquência voraz –, necessita de instrumentos para o combate efetivo contra a criminalidade violenta e organizada, pelo menos que sejam respeitadas as diretrizes constitucionais e os princípios inerentes ao direito processual penal.

A prisão temporária não serve para isso; pelo menos não nos moldes em que se encontra. Pelo contrário, esse instrumento incentiva mais ainda a criminalidade diante do modo degradante e desumano despendido àqueles considerados apenas indiciados da prática de um crime, mas que, por incompetência do Estado, necessitam ser presos para que a investigação criminal tenha êxito; embora – quando respeitados os direitos constitucionais – raramente se modifique a situação investigativa.

Com efeito, basta os operadores do direito verificarem e se conscientizarem de que – com a aplicação desmesurada da prisão temporária – estão embebecidos pelo mesmo veneno que entorpece a criminalidade. Sufocando o mal com o mal, a barbárie com bárbaro, provocam ainda mais desigualdade, mais estigmatização e, por via oblíqua, maior aumento da criminalidade. A propósito, todo aquele que se diz "severo" na aplicação das leis, sem que ao seu lado exista moderação nos atos aplicados, de um modo geral, alicerçando está a criminalidade, pois oportuniza uma exclusão social apta a proporcionar maior onda de crimes, não raros violentos e incrementados pela subcultura carcerária.

Observada desse modo, a prisão temporária devia e deveria ser reeditada com nova roupagem, pois não há faxina que a limpe. Não há reforma que a reconstrua de maneira sólida e que venha a ser considerada como uma legislação pertinente, estável e viável de ser aplicada. Da maneira em que se encontra, utilizando-se de seus enunciados e ultrapassando as barreiras constitucionais quase impenetráveis – o que foi conseguido apenas por parte dos integrantes do Supremo Tribunal Federal –, sua aplicação torna-se intensamente perversa e degradante.

Há de se virar a mesa. Deve-se apregoar e reservar o aprisionamento temporário apenas àqueles indivíduos e àquelas situações em que – diante de fundadas razões de autoria – concretamente representam riscos não suscetíveis de conserto. No entanto, sempre respeitando, em grau máximo, os direitos de defesa, nem que para isso seja necessária uma reestruturação dos próprios poderes incumbidos – administrativa e judicialmente – de zelar pela garantia dos direitos individuais.

Tudo sem esquecer o tempo de segregação. O mais breve que se imagina e em local adequado. Apenas o essencial. E, na eventualidade de horas de encarceramento desnecessário, que elas não oportunizem repercussão interna nem externa nos hábitos individuais e comunitários a ponto de assombrar o passado e o presente, fulminando o futuro.

Para não se chegar a lesões intermináveis e incorrigíveis ao futuro social, certamente que são necessárias alterações. Algumas profundas, outras nem tanto. Algumas incutidas no próprio pensamento dos operadores do direito; outras tantas que não dependem apenas de um Poder Judiciário atuante, mas de uma estrutura estatal eficiente e organizada. Todas elas, no entanto, direcionadas ao nítido interesse de resguardar os direitos fundamentais construídos nos últimos séculos e cada vez mais vigorantes em efetivos Estados de Direitos.

Compreender-se-á e acolher-se-á incondicionalmente a prisão temporária no cenário nacional se sua reflexão em espelho puder refletir conjuntamente todos os direitos garantidos e, através de uma fundamentação convincente, clamar que está sendo aplicada como última razão, como situação imprescindível antes da formação da culpa.

Bibliografia

AA.VV. *Audiência de Custódia*: comentários à Resolução 213 do Conselho Nacional da Justiça. (org. Mauro Fonseca Andrade e Pablo Rodrigo Alflen). 3ª ed., Porto Alegre: Livraria do Advogado, 2018.

——. *Comentários à Lei de abuso de autoridade*. (coord.: Gustavo Henrique Badaró e Juliano Breda). São Paulo: Thomson Reuters Brasil, 2020.

——. *Constituição portuguesa anotada*. tomo I, (org. Jorge Miranda e Rui Medeiros). 2ª ed., Coimbra: Coimbra Editora, 2010.

——. *El sistema integral del derecho penal*: delito, determinación de la pena y processo penal. (eds. Jürgen Wolter e Georg Freund). Madri: Marcial Pons: 2004.

——. *Estudos em homenagem ao prof. Doutor Jorge de Figueiredo Dias*. vol. 1, (org. Manuel da Costa Andrade, Maria João Antunes, Susana Aires de Sousa). Coimbra. Coimbra Editora, 2009.

——. *Jornadas de direito processual penal e direitos fundamentais*. (coord.: Maria Fernanda Palma). Coimbra: Almedina, 2004.

——. *Jornadas de direito processual penal*. O novo Código de Processo Penal, Coimbra: Almedina, 1992.

——. *Linguagem, argumentação e decisão judicial*. (coord. Rui do Carmo). Coimbra: Coimbra Editora, 2012.

——. *Medidas cautelares no processo penal*: prisões e suas alternativas. Comentários à Lei 12.403, de 04.05.2011. (coord.: Og Fernandes). São Paulo: RT, 2011.

——. *Perspectivas Constitucionais* – Nos 20 anos da Constituição de 1976. vol. I, (org. Jorge Miranda). Coimbra. Coimbra Editora, 1996.

——. *Teoria e prática dos procedimentos penais e ações autônomas de imputação*. (org. Charles Emil Machado Martins e Alexandre Anaralde Salim). Porto Alegre: Livraria do Advogado, 2009.

——. *I Congresso de processo penal*. (coord.: Manuel Monteiro Guedes Valente). Coimbra: Almedina, 2005.

——. *I Jornada de estudos*: direito processual penal. (coord.: Hilton Queiroz). Escola da Magistratura Federal da 1ª Região, Brasília: Esmafe, 2009.

AGUIAR NETO, Ruy Rosado de. *Estatísticas básicas aplicadas à administração judiciária*. Porto Alegre: Tribunal de Justiça do Estado do Rio Grande do Sul, 2010.

ALBRECHT, Hans-Jörg, "Prision Overcrowding. Finding Effective Solutions. Strategies and Best Practices Against Overcrowding in Correctional Facilities". In *XVI Congreso Internacional de la Sociedad Internacional de Defensa Social: Política Criminal Internacional en la era de la Declaración del Milenio de las Naciones Unidas. 1ª Jornada: La globalización del crimen y la armonización internacional del derecho penal a través de las convenciones y tratados internacionales*. Panel 1 – Prevención del delito, derechos humanos y delincuencia organizada. Disponível em <http://www.defensesociale.org>.

ALBUQUERQUE, Paulo Pinto de. *Comentário do Código de Processo Penal*: à luz da Constituição da República e da Convenção Europeia dos Direitos do Homem. 4ª ed., Lisboa: Universidade Católica, 2011.

ALEXY, Robert. *Teoria dos direitos fundamentais*. 2ª ed., 4ª tiragem, São Paulo: Malheiros, 2015.

ALMEIDA, Luiz Cláudio Carvalho de. "A prisão cautelar e o princípio da proporcionalidade". *Revista do Ministério Público*. nº 9, Rio de Janeiro: Ministério Público, (jan./jun. 1999), [pp. 155-163].

ALVES, Rogério Pacheco. "O poder geral de cautela no processo penal". *Revista dos Tribunais*. São Paulo, ano 91, vol. 799, (maio 2002), [pp. 423-447].

AMBOS, Kai. *Processo penal europeu: preservação das garantias e direitos individuais*. Princípios processuais e análise da Convenção Européia de Direitos Humanos. Rio de Janeiro: Lumen Juris, 2008.

ANDRADE, Daniela Patrícia dos Santos. "A inconstitucionalidade da prisão temporária". *Revista da ESMESE*. nº 12, (2009), [pp. 227-249].

ANDRADE, José Carlos Vieira de. *Os direitos fundamentais na Constituição Portuguesa de 1976*. 5ª ed., Coimbra: Almedina, 2012.

ANDRADE, Mauro Fonseca; ALFLEN, Pablo Rodrigo. *Audiência de custódia no processo penal brasileiro*. 3ª ed., Porto Alegre: Livraria do Advogado, 2018.

ANDRÉ, Patrícia dos Santos. "Prisão temporária: medida cautelar para crimes leves?". *Revista dos Tribunais*. São Paulo, ano 82, vol. 691, (maio 1993), [pp. 396-398].

ANTUNES, Maria João. *Direito processual penal*. reimpr., Coimbra: Almedina, 2016.

ARMENTA DEU, Teresa. *Lecciones de derecho procesal penal*. 7ª edición, Madrid: Marcial Pons, 2013.

ASENCIO MELLADO, José Maria. *Derecho procesal penal*. 6ª edición, Valencia: Tirant lo blanch, 2012.

AVENA, Norberto. *Processo penal*: esquematizado. 5ª ed., Rio de Janeiro: Forense, 2013.

ÁVILA, Humberto. *Teoria dos princípios*: da definição à aplicação dos princípios jurídicos. 14ª ed., São Paulo: Malheiros, 2013.

AVOLIO, Luiz Francisco Torquato. *Prova ilícita*: interceptações telefônicas, ambientais e gravações clandestinas. 5ª ed., São Paulo: RT, 2012.

BARATTA, Alessandro. *Criminologia crítica e crítica do direito penal*: introdução à sociologia do direito penal. 6ª ed., Rio de Janeiro: Renavan, 2011.

BARROS, Romeu Pires de Campos. *Processo penal cautelar*. Rio de Janeiro: Forense, 1982.

BARROS, Suzana de Toledo. *O princípio da proporcionalidade e o controle de constitucionalidade das leis restritivas de direitos fundamentais*. 2ª ed., Brasília: Brasília Jurídica, 2000.

BARROSO, Luís Roberto. *Interpretação e aplicação da constituição*: fundamentos de uma dogmática constitucional transformadora. 3º ed., São Paulo: Saraiva, 1999.

BATIA, Giovanna; PIZZO, Alessandro. *La tutela dell'imputato*: saggio storico – concettuale. Disponível em <http://www.diritto.it>.

BECCARIA, Cesare. *Dos delitos e das penas*. 4ª ed., Lisboa: Calouste Gulbenkian, 2014.

BELING, Ernst. *Derecho procesal penal*. Barcelona: Editorial Labor S.A., 1943.

BENTHAM, Jeremías. *Tratado de las pruebas judiciales*. vol. I, Buenos Aires: EJEA, 1969.

BITENCOURT, Cezar Roberto. "A falência da pena de prisão". *Revista dos Tribunais*. São Paulo, ano 80, vol. 670, (ago. 1991), [pp. 241-262].

——. *Falência da pena de prisão*: causas e alternativas, 4ª ed., São Paulo: Saraiva, 2011.

BLACK, Matt.; SMITH, Russell G. "Electronic monitoring in the criminal justice system". *Trend & Issues*. In Crime and Criminal Justice. Australian Institute of Criminology, May 2003. Disponível em www.aic.gov.au.

BOBBIO, Norberto. *Teoria do Ordenamento Jurídico*. 10ª ed., Brasília: UnB, 1999.

BONAVIDES, Paulo. *Curso de direito constitucional*. 30ª ed., São Paulo: Malheiros, 2015.

BOSCHI, José Antônio Paganella. *Ação penal*: as fases administrativa e judicial da persecução penal. Porto Alegre: Livraria do Advogado, 2010.

BRAGA, Ana Gabriela Mendes. *Preso pelo Estado e vigiado pelo crime*: as leis do cárcere e a construção da identidade na prisão. Rio de Janeiro: Lumen Juris, 2013.

CAIADO, Nuno. "Notas sobre a admissibilidade ética do monitoramento eletrônico". *Boletim IBCCRIM*. São Paulo, ano 19, nº 225, (ago. 2011), [p. 5].

——. "Por uma nova arquitetura conceptual da execução das penas: a vigilância electónica e a criação de um território punitivo intermediário". *Revista do Ministério Público*. ano 32, nº 126, (abr./jun. 2011), [pp. 27-64].

CÂMARA, Luiz Antônio. *Medidas cautelares pessoais*: prisão e liberdade provisória. 2ª ed., Curitiba: Juruá, 2011.

CAMPOS, Ricardo Ribeiro. "A prisão temporária e a justiça federal". *Revista Síntese*. ano 57, nº 378, (abr. 2009), [pp. 115-130].

CANOTILHO, J. J. Gomes. *Direito constitucional e teoria da constituição*. 7ª ed., 13ª reimpr., Coimbra: Almedina, s/d.

——; MOREIRA, Vital. *Constituição da República Portuguesa anotada*. vol. 1, 1ª ed., São Paulo: RT/ Coimbra: Coimbra Editora, 2007.

——; MENDES, Gilmar F; SARLET, Ingo W.; STRECK, Lenio L. (coord.). *Comentários à Constituição do Brasil*. 1ª ed., 6ª tiragem, São Paulo: Saraiva/Almedina, 2014.

CAPEZ, Fernando. *Curso de processo penal*, 21ª ed., São Paulo: Saraiva, 2014.

——. "indiciamento e a identificação criminal do civilmente identificado – Lei nº 12.037, de 01.10.2009 – considerações gerais". *Revista Magister de direito penal e processual penal*. vol. 34, (fev./mar. 2010), [pp. 16-19], Porto Alegre: Magister, 2010.

CARNELUTTI, Francesco. *As Misérias do processo penal*. 2ª ed., Campinas: Bookseller, 2002.

CARVALHO, Gisele Mendes de; CORAZZA, Thaís Aline Mazetto. "O sistema de monitoramento eletrônico à luz do princípio da dignidade da pessoa humana". *Revista dos Tribunais*. São Paulo, ano 103, vol. 945, (jul. 2014), [pp. 197-223].

CASCALDI, Rui. "Prisão temporária: inconstitucionalidade". *Revista dos Tribunais*. São Paulo, ano 80, vol. 667, (maio 1991), [pp. 259-261].

CASTANHEIRA NEVES, A. *Metodologia jurídica*: problemas fundamentais. Coimbra: Coimbra Editora, 2011.

——. "A revolução e o direito". In *Digesta*: escritos acerca do direito, do pensamento Jurídico, da sua metodologia e outros. vol. 1º. Coimbra: Coimbra Editora, 2010, [pp. 51-239].

——. "Princípio da Legalidade Criminal". In *Digesta*: escritos acerca do direito, do pensamento jurídico, da sua metodologia e outros. vol. 1º, Coimbra: Coimbra Editora, 2010, [pp. 349-473].

CINTRA JUNOR, Dyrceu Aguiar Dias. "Prisão temporária". *Revista brasileira de ciências criminais*. ano 3, nº 9, (jan./mar. 1995), [pp. 186-188].

COÊLHO, Marcus Vinicius Furtado. "Prisão temporária: a tortura legalizada". *Revista da Ordem dos Advogados do Brasil*. ano XXXVII, nº 84, (jan./jun. 2007), [pp. 39-43].

COLOMER HERNANDEZ, Ignácio. *La motivación de las sentencias*: sus exigências constitucionales y legales. Valência: Tirant lo Blanch, 2003.

CORDÓN AGUILAR, Julio César. *Prueba indiciaria y presunción de inocencia en el proceso penal*. San Sebastián: IVADP, 2012.

COSTA ANDRADE, Manuel da. *Sobre as proibições de prova em processo penal*. 1ª ed., reimpressão, Coimbra: Coimbra Editora, 2013.

CRUZ, Andreia. "A revisão de 2013 ao código de processo penal no domínio das declarações anteriores ao julgamento". *Revista da Ordem dos Advogados*. Lisboa, ano 73, (out./dez.), 2013, [1139-1224].

CRUZ, Rogério Schietti Machado. "Sessenta dias de prisão provisória. É razoável?". *Revista dos Tribunais*. São Paulo, ano 84, vol. 718, (ago. 1995), [pp. 352-358].

CUNHA, Luana Magalhães de Araújo. "Mídia e processo penal: a influência da imprensa nos julgamentos dos crimes dolosos contra a vida à luz da Constituição de 1988". *Revista brasileira de ciências criminais*. ano 20, vol. 20, (jan./fev. 2012), [pp. 199-237].

DELLEPIANE, Antônio. *Nova teoria da prova*. s/ed, Rio de Janeiro: Livraria Jacinto, 1942.

DELMANTO, Fábio Machado de Almeida. *Medidas substitutivas e alternativas à prisão cautelar*. Rio de Janeiro: Renovar, 2008.

DELMANTO JÚNIOR, Roberto. *As modalidades de prisão provisória e seus prazos de duração*. 2ª ed., Rio de Janeiro: Renovar, 2001.

——. *Inatividade no processo penal brasileiro*. São Paulo: RT, 2004.

DWORKIN, Ronald. *Domínio da vida*: aborto, eutanásia e liberdades individuais. 2ª ed., São Paulo. Editora WMF Martins Fontes, 2009.

——. "Rights as trumps". *Theories of Rights*. (Org. Jeremy Waldron) Oxford: Oxford University, 1984, [pp. 153-167].

ENDERS, Christoph. "A dignidade humana segundo o artigo 1 da Constituição da República Federal da Alemanha como 'superdireito fundamental' a um bom ordenamento: a mudança de um princípio orientador". *Revista da Ajuris*. n. 144, v. 45 (jun. de 2018), [pp. 515-527].

FELDENS, Luciano; SCHMIDT, Andrei Zenkner. *Investigação criminal e ação penal*. 2ª ed. Porto Alegre: Livraria do Advogado, 2007.

FELIPPE, Kenarik Boujikian. "Presos ainda Cidadãos: direito de votar é garantido a presos provisórios". *Consultor Jurídico*. 02 de dezembro de 2009. Disponível em <http://www.conjur.com.br>.

FERNANDES, Antônio Scarance. "Prisão temporária e 'fermo': estudo comparativo". *Fascículos de ciências penais*. ano 5, vol. 5, n. 3, (jul./ago./set. 1992), [pp. 78-89].

——. *Processo penal constitucional*. 7ª ed., São Paulo: RT, 2012.

FERRAJOLI, Luigi. *Direito e razão*: teoria do garantismo penal. São Paulo: RT, 2002.

FERRAZ JR. Tércio Sampaio. *Introdução ao estudo do direito*: técnica, decisão, dominação. 2ª ed., São Paulo: Atlas, 1994.

FERREIRA, Manuel Cavaleiro de. *Curso de processo penal*. vol. 1º, Lisboa: Editora Danubio LDA., 1986.

FERRI, Enrico. *Princípios de direito criminal*: o criminoso e o crime. 2ª ed., Campinas: Bookseller, 1999.

FERRY, Luc. *Aprender a viver*: filosofia para os novos tempos. Rio de Janeiro: Objetiva, 2007.

FIGUEIREDO DIAS, Jorge de. *Direito penal*: parte geral. tomo I, 2ª ed., 2ª reimpr., Coimbra: Coimbra Editora, 2012.

——. *Direito processual penal*. 1º vol., Coimbra: Coimbra Editora, 1974.

——; COSTA ANDRADE, Manuel da. *Criminologia*: o homem delinquente e a sociedade criminológica. 3ª reimpr., Coimbra: Coimbra Editora, 2011.

FONSECA, André Luiz Filo-Creão da. *O monitoramento e sua utilização como meio minimizador da dessocialização decorrente da prisão*. Porto Alegre: Núria Fabris, 2012.

FOUCAULT, Michel. *Vigiar e punir*: nascimento da prisão. 39ª ed., Petrópolis: Vozes, 2011.

FRANCO, Alberto Silva. *Crimes hediondos*. 7ª ed., São Paulo: RT, 2011.

FREITAS, Bruno Bispo de. *A impossibilidade da prisão temporária no delito de tráfico ilícito de substâncias entorpecentes e drogas afins em face da Lei 11.343/06*. Disponível em <http://www.anadep.org.br>.

FREITAS, Jayme Walmer de. *Prisão temporária*. 2ª ed., São Paulo: Saraiva, 2009.

GARCIA, Basileu. *Comentários do Código de Processo Penal*. vol. III, Rio de Janeiro: Forense, 1945.

GARLAND, David. *A cultura do controle*: crime e ordem social na sociedade contemporânea. Rio de Janeiro: Renavan, 2008.

GAROFOLI, Vincenzo. "Presunzione d'innocenza e considerazione di non copevolezza. La fungibilità delle due formulazione". *Rivista italiana di diritto e procedura penale*. anno XLI, fasc. 4, (ottobre-dicembre 1998), [pp. 1168-1200].

GEMAQUE, Sílvio César Arouck. *Dignidade da pessoa humana e prisão cautelar*. São Paulo: RCS Editora, 2006.

GIACOMOLLI, Nereu José. *O devido processo penal*: abordagem conforme a Constituição Federal e o Pacto de São José da Costa Rica. São Paulo: Atlas, 2014.

——. *Prisão, liberdade e as cautelares alternativas ao cárcere*. São Paulo: Marcial Pons, 2013.

GIMENO SENDRA, Vicente. *Derecho procesal penal*. Madri: Civitas, 2012.

GOFFMAN, Erving. *Estigma*: notas sobre a manipulação da identidade deteriorada. 4ª ed., Rio de Janeiro: LTC, 2008.

——. *Manicômios, prisões e conventos*. São Paulo: Perspectiva, 1974.

GOMES, Luiz Flávio. "Da prisão, das medidas cautelares e da liberdade provisória". In BIANCHINI, Alice; MARQUES, Ivan Luís; GOMES, Luiz Flávio; CUNHA, Rogério Sanches; MACIEL, Silvio. *Prisão e medidas cautelares*: comentários à Lei 12.403, de 4 de maio de 2011. (coord.: Luiz Flávio Gomes e Ivan Luís Marques). 2ª ed. São Paulo: RT, 2011, [pp. 22-95].

GOMES FILHO, Antônio Magalhães. *A motivação das decisões penais*. 2ª ed., São Paulo: RT, 2013.

——. *Presunção de inocência e prisão cautelar*. São Paulo: Saraiva, 1991.

——. "Prisão cautelar e o princípio da presunção de inocência". *Fascículos de ciências penais*. ano 5, vol. 5, n. 1, (jan./fev./mar. 1992), [pp. 17-27].

GONÇALVES, Alexandre Fernandes. "A prisão temporária e seus critérios controversos". *Revista de doutrina e jurisprudência*. nº 37, Brasília, (set./dez. 1991), [pp. 78-86].

GONÇALVES, Fernando; ALVES, João Manuel. *As medidas de coacção no processo penal português*. Coimbra: Almedina, 2011.

GONZALEZ-CUELLAR SERRANO, Nicolas. *Proporcionalidad y derechos fundamentales en el proceso penal*. Madrid: Colex, 1990.

GORPHE, François. *La apreciacion judicial de las pruebas*, Buenos Aires: La Ley, 1967.

GRECO, Luís. "As regras por trás da exceção – Reflexões sobre a tortura nos chamados 'casos de bomba – relógio'". *Revista Brasileira de Ciências Criminais*. nº 78, v. 17, (maio/jun., 2009), [p. 7–40].

GRECO, Rogério. *Direitos humanos, sistema prisional e alternativas à privação de liberdade*. 1ª ed., 2ª tiragem, São Paulo: Saraiva, 2013.

GRECO FILHO, Vicente. *Manual de processo penal*. 10ª ed., São Paulo: Saraiva, 2013.

GRINOVER, Ada Pellegrini. *O processo em evolução*. 2ª ed., Rio de Janeiro: Forense, 1998.

——; FERNANDES, Antônio Scarance; GOMES FILHO, Antônio Magalhães. *As nulidades no processo penal*. 12ª ed., São Paulo: RT, 2011.

HASSEMER, Winfried. *Crítica al derecho penal de hoy*. 2ª ed., 1ª reimpr., Buenos Aires: Ad-Hoc, 2003.

——. *Introdução aos fundamentos do direito penal*. Porto Alegre: Sérgio Antônio Fabris Editora, 2005.

HEIDEGGER, Martin. *O que é uma Coisa? Doutrina de Kant dos princípios* transcendentais. Lisboa: Edições 70, [s/d].

HUNGRIA, Nelson. *Comentários ao Código Penal*. vol. IX, Rio de Janeiro: Forense, 1958.

ILLUMINATI, Giulio. *La presunzione d'innocenza dell'imputato*. Bologna: Zanichelli, 1984.

ISRAEL, Jerold H.; LaFAVE, Wayne R. *Criminal procedure*: constitutional limitations in a nutshell. 7. ed., [S.l.]. West Publishing Co., eBook Kindle, 2006.

JESUS, Damásio E. de. *Código de Processo Penal anotado*. 19ª ed., São Paulo: Saraiva, 2002.

KANT, Immanuel. *A metafísica dos costumes*. 2ª ed., Lisboa: Calouste Gulbenkian, 2011.

KARAM, Maria Lúcia. *Escritos sobre a liberdade:* liberdade, presunção de inocência e direito à defesa. vol. 5, Rio de Janeiro: Lumen Juris, 2009.

——. *Escritos sobre a liberdade*: liberdade, presunção de inocência e prisões provisórias. vol. 6, Rio de Janeiro: Lumen Juris, 2009.

——. "Prisão e liberdade processuais". *Revista brasileira de ciências criminais*. ano 1, nº 2, (abr./jun.1993), [pp. 83-93].

——. *"Monitoramento eletrônico: a sociedade do controle"*. *Boletim IBCCRIM*. São Paulo, ano 14, nº 170, (jan. 2007), [pp. 4-5].

KAUFFMANN, Carlos. *Prisão temporária*. São Paulo: Quartier Latin, 2006.

KAUFMANN, Arthur. *Analogia y "naturaleza de la coza"*: hacia uma teoria de la comprension jurídica. Santiago: Editorial Juridica de Chile, 1976.

——. *Filosofia do direito*. 4ª ed., Lisboa: Calouste Gulbenkian, 2010.

——. *Introdução à filosofia do direito e à teoria do direito contemporâneas*. A. Kaufmann e W. Hassemer (org.). 2ª ed., Lisboa: Calouste Gulbenkian, 2009.

KNIJNIK, Danilo. *A prova nos juízos cível, penal e tributário*. Rio de Janeiro: Forense, 2007.

LANFREDI, Luís Geraldo Sant'Ana. *Prisão temporária* – Análise e perspectivas de uma releitura garantista da Lei n. 7960, de 21 de dezembro de 1989. São Paulo: Quartier Latin, 2009.

LARENZ, Karl. *Metodologia da ciência do direito*. 6ª ed., Lisboa: Calouste Gulbenkian, 2012.

LEAL, César Barros. *Vigilância eletrônica à distância*: instrumento de controle e alternativa à prisão na America Latina. Curitiba: Juruá, 2011.

LESSA, Marcelo de Lima. "O dolo específico dos crimes da nova lei de abuso de autoridade". *Revista Jus Navigandi*. Teresina, ano 25, nº 6075, (out. 2019). Disponível em: <https://jus.com br>.

LIBERATO, Póvoa; VILLAS BOAS, Marco. *Prisão temporária*. Curitiba: Juruá, 1996

LIMA, Marcellus Polastri. *A prova penal*: de acordo com a reforma processual penal. 3ª ed., Rio de Janeiro: Lumen Juris, 2009.

LIMA, Renato Brasileiro de. *Nova lei de abuso de autoridade*. Salvador: JusPodivm, 2020.

——. *Nova prisão cautelar*: doutrina, jurisprudência e prática. 2ª ed., Niterói: Impetus, 2012.

LINO, Bruno Teixeira. *Prisão temporária*: lei n. 7.960 de 21 de dezembro de 1989. Belo Horizonte: Mandamentos, 2001.

LLOBET RODRÍGUEZ, Javier. *La reforma procesal penal: un análisis comparativo latinoamericano-alemán*. San José, Costa Rica: Escuela Judicial, 1993.

LOPES, José António Mouraz. *A fundamentação da sentença no sistema penal português*: legitimar, diferenciar, simplificar. Coimbra: Almedina, 2011.

LOPES JR., Aury. "A crise do inquérito policial: breve análise dos sistemas de investigação preliminar no processo penal". *Revista da Ajuris*. nº 78, ano XXVI, (junho de 2000), [pp. 43-74].

——. *Direito processual penal*. 11ª ed., 2ª tiragem, São Paulo: Saraiva, 2014.

——. "Fundamento, requisito e princípios gerais das prisões cautelares". *Revista da Ajuris*. nº 72, ano XXV, (março de 1998), [pp. 219-238].

——. "Imediata apresentação do preso em flagrante ao juiz. Uma necessidade imposta pela evolução civilizatória do Processo Penal". *Informativo Rede Justiça Criminal*. Brasília/São Paulo, ano 03, ed. 05, 2013. Disponível em: <www.redejusticacriminal.org>.

——. *O novo regime jurídico da prisão processual, liberdade provisória e medidas cautelares diversas*: Lei nº 12.403/2011. 2ª ed., Rio de Janeiro: Lumen Juris, 2011.

——. *Prisões cautelares*. 4ª ed., São Paulo: Saraiva, 2013.

LOPES JR., Aury; GLOECKNER, Ricardo Jacobsen. *Investigação preliminar no processo penal*. 6ª ed., São Paulo: Saraiva, 2014.

MALATESTA, Nicola Framarino Dei. *A lógica das provas em matéria criminal*. 2ª ed. Campinas: Bookseller, 2001.

MANZINI, Vincenzo. *Trattato di diritto processuale penale italiano*. 1º vol., 4ª ed., Torino: Editrice Torinese, 1952.

MARCÃO, Renato. *Prisões cautelares, liberdade provisória e medidas cautelares restritivas*. 2ª ed., São Paulo: Saraiva, 2012.

MARTINS, Jorge Henrique Schaefer. "Prisão temporária e a lei de tóxicos". *Jurisprudência Catarinense*. nº 73, Florianópolis: Tribunal de Justiça, 1993, [pp. 13-26].

MATA-MOUROS, Maria de Fátima. *Juiz das liberdades*: desconstrução de um mito do processo penal. Coimbra: Almedina, 2011.

MAURACH, Reinhart; GÖSSEL, Karl Heinz; ZIPF, Heinz. *Derecho penal*: parte general. vol. 1, Buenos Aires: Astrea, 1995.

MÉDICI, Sérgio de Oliveira. *"Observações sobre a prisão temporária"*. Boletim IBCCRIM. São Paulo, nº 20 (set. 1994), [p. 7].

MELO, Marcelo Peixoto de. *Prisão temporária*. Belo Horizonte: Editora D'Plácido, 2014.

MENDES, Gilmar Ferreira. "Questões fundamentais de técnica legislativa". *Revista da Ajuris*. nº 53, ano XXVIII, (nov. de 1991), [pp. 114-138].

——; BRANCO, Paulo Gustavo Gonet. *Curso de direito constitucional*. 9ª ed., 3ª tiragem, São Paulo: Saraiva, 2014.

MESQUITA, Paulo Dá. *A prova do crime e o que se disse antes do julgamento*: estudo soabre a prova no processo penal português, à luz do sistema norte-americano. Coimbra: Coimbra Editora, 2011.

MESSA, Ana Flávia. *Prisão e liberdade*. Porto Alegre: Verbo Jurídico, 2009.

MINAGÉ, Thiago M. *Prisões e medidas cautelares à luz da constituição*. Rio de Janeiro: Lumen Juris, 2013.

MIRABETE, Julio Fabbrini. *Processo penal*. 11ª ed., São Paulo: Atlas, 2001.

MIRANDA, Jorge. *Manual de direito constitucional*. tomo IV, 5ª ed., Coimbra: Coimbra Editora, 2012.

MITTERMAIER, C. J. A. *Tratado da prova em matéria criminal*. 2º tiragem, Campinas: Bookseller, 1997.

MOISÉS, Jurandir J. "Poder de polícia e prisão temporária". *Bahia Forense*: legislação, doutrina e jurisprudência. vol. 34, (ago. 1991), [pp. 39-41].

MONTEIRO, Antônio Lopes. *Crimes hediondos*: texto, comentários e aspectos polêmicos. 5ª ed. São Paulo: Saraiva, 1997.

MONTESQUIEU. *Do espírito das leis*. 1º vol., São Paulo: Difusão Europeia, 1962.

MORAES, Alexandre de. *Direito constitucional*. 21º ed., São Paulo: Atlas, 2015.

NASSIF, Aramis. *Sentença penal*: o desvendar de Themis. Rio de Janeiro: Lumen Juris, 2005.

NELLIS, Mike; ROSELL, Núria Torres. Relatório da 7ª Conferência Europeia sobre vigilância electrónica – *Vigilância electrónica e probation:* reabilitação de delinquentes e redução da população prisional. Disponível em www.cepprobation.org.

NORONHA, E. Magalhães. *Curso de direito processual penal*. São Paulo: Saraiva, 1992.

NOVAIS, Jorge Reis. *A dignidade da pessoa humana*. vol. 1 – Dignidade e direitos fundamentais. Coimbra: Almedina, 2015.

——. *A dignidade da pessoa humana*. vol. II – Dignidade e inconstitucionalidade. Coimbra: Almedina, 2016.

——. *As restrições aos direitos fundamentais não expressamente autorizadas pela constituição*. 2ª ed., Coimbra: Coimbra Editora, 2010.

——. *Direitos fundamentais e justiça constitucional em estado de direito democrático*. Coimbra: Coimbra Editora, 2012.

——. *Direitos fundamentais: trunfos contra a maioria. Coimbra*. Coimbra editora, 2006.

——. *Os princípios constitucionais estruturantes da República Portuguesa*. Reimpressão, Coimbra: Coimbra Editora, 2011.

NUCCI, Guilherme de Souza. *Código de Processo Penal comentado*. 13ª ed., Rio de Janeiro: Forense, 2014.

——. *Leis penais e processuais penais comentadas*. São Paulo: RT, 2006.

——. *Provas no processo penal*. 2ª ed., São Paulo: RT, 2011.

ORTOLAN, Joseph Louis Elzear. *Éléments de droit penal*. Tome second, 5ª ed., Paris: Plon, 1886

PAIVA, Caio. *Audiência de custódia e o processo penal brasileiro*. 3ª ed., Editora Cei, Kindle, 2018.

PALAZZO, Francesco C. *La recente legislazione penale*. Padova: CEDAM, 1980.

PALMA, Maria Fernanda. "Análise das propostas de alteração legislativa em matéria penal e processual penal". Parecer disponível em <http://www.idpcc.pt>.

——. *Direito penal*: parte geral. (Lições proferidas ao 4º ano de licenciatura em direito – ano letivo de 1993/94). Lisboa: A.A.F.D.L., 1994.

PASTOR, Daniel R. "Las funciones de la prisión preventiva". *Revista de derecho procesal penal*. vol. 1, Santa Fé: Argentina, 2006, [p. 109-178].

PATRÍCIO, Rui. *O Princípio da presunção de inocência do arguido na fase do julgamento no actual processo penal português* (alguns problemas e esboço para uma reforma do processo penal português). Lisboa: A.A.F.D.L., 2000.

PEREIRA, Eliomar da Silva. *Investigação e crime organizado*: funções ilegítimas da prisão temporária. *Boletim do IBCCRIM*. São Paulo, ano 13, nº 157, (dez. 2005), [pp. 12-13].

——. *Teoria da investigação criminal*: uma introdução jurídico-científica. Coimbra: Almedina, 2010.

PESSI, Diego; SOUZA, Leonardo Giardin de. *Bandidolatria e democídio*: ensaio sobre o garantismo penal e criminalidade no brasil. São Luiz: Resistência Cultural, 2017.

PIERANGELI, José Henrique. *Escritos jurídico-penais*. 2ª ed., São Paulo: RT, 1999.

PIEROTH, Bodo; SCHLINK, Bernhard. *Direitos fundamentais*. São Paulo: Saraiva, 2012.

PITOMBO, Antônio Sérgio A. de Moraes. "Prisão temporária". *Revista Jurídica*. nº 259, ano 47, (maio 1999), [pp. 58-60].

PITOMBO, Sérgio Marcos de Moraes. "A identificação processual penal e a constituição de 1988". *Revista dos Tribunais*. São Paulo, ano 77, vol. 635, (set. 1988), [pp. 172-183].

——. "O indiciamento como ato de polícia judiciária". *Revista dos Tribunais*. São Paulo, ano 72, vol. 577, (nov. 1983), [pp. 313-316].

POLASTRI, Marcellus. *A tutela cautelar no processo penal*. 3ª ed., São Paulo: Atlas, 2014.

PONTES DE MIRANDA, Francisco Cavalcanti. *Comentarios ao Código de Processo Civil*. tomo I, 2ª ed., Rio de Janeiro: Forense, 1958.

PORTANOVA, Rui. *Motivações ideologicas da sentença*. 4ª ed., Porto Alegre: Livraria do Advogado, 2000.

PRUDENTE, Neemias Moretti. "Monitoramento eletrônico: uma efetiva alternativa à prisão?". *Revista Síntese*. ano XI, nº 65, (dez. jan. 2011), [pp. 7-21].

PUGGINA, Rodrigo Tönniges. "O direito de voto do preso". *Revista da Ajuris*. nº 144, ano XXXIII, (dez. de 2006), [pp. 277-299].

QUEIJO, Maria Elizabeth. *o direito de não produzir provas contra si mesmo*: o princípio *nemo tenetur se detegere* e suas decorrências no processo penal. 2ª ed., São Paulo: Saraiva, 2012.

RANGEL, Paulo. *Direito processual penal*, 22ª ed., São Paulo: Atlas, 2014.

RIBEIRO, Diaulas Costa. "Prisão temporária (Lei 7.960 de 21.12.89): um breve estudo sistemático e comparado". *Revista dos Tribunais*. São Paulo, ano 83, vol. 707, (set. 1994), [pp. 271-275].

RIGHETTO, Luiz Eduardo Cleto. "A prisão temporária e o princípio da presunção de inocência". *Revista Bonijuris*. ano XXV, nº 591, (fev. 2013), [pp. 25-33].

ROXIN, Claus. *Derecho procesal penal*. 1ª ed., 2ª reimpr., Buenos Aires: Editores Del Puerto, 2003.

RUDNICKI, Dani. "Comida e Direitos Humanos no Presídio Central de Porto Alegre". *Revista Direito GV*. vol. 7 nº 2, São Paulo, (jul.-dez. de 2011), [pp. 515-538].

SABATINI, Giuseppe. *Principii costituzionali del processo penale*. Napoli: Jovene, 1976.

SANDEL, Michael J. *Justiça* – O que é fazer a coisa certa. 12ª ed., Rio de Janeiro: Civilização Brasileira, 2013.

SANGUINÉ, Odone. "Efeitos perversos da prisão cautelar". *Revista brasileira de ciências criminais*. ano 18, nº 86, (set./out. 1995), [pp. 289-335].

——. *Prisão cautelar, medidas alternativas e direitos fundamentais*. Rio de Janeiro: Forense, 2014.

——. "Prisão provisória e princípios constitucionais". *Fascículos de ciências penais*. vol. 5, nº 2, Porto Alegre: Fabris, (abr./mai./jun. 1992), [pp. 92-124].

——. *Prisión provisional y derechos fundamentales*. Valencia: Tirant lo blanch, 2003.

SANTIAGO, Nestor Eduardo Araruna. "A prisão temporária e o estupro de vulnerável: um breve estudo". *Boletim do IBCCRIM*. São Paulo: ano 17, nº 157, (nov. 2009), [pp. 15-16].

SANTOS, Cleopas Isaías. "A prisão temporária no projeto de reforma total do Código de Processo Penal (PLS 156/09)". *Revista Bonijuris*. ano XXII, nº 558, (maio 2010), [pp. 05-10].

SANTOS, Marcel Ferreira dos. "Natureza jurídica da audiência de custódia: limites da inquirição conduzida pelo Estado-Juiz e a inviabilidade de sua utilização como prova no processo penal". In *Direito Penal, Processo Penal e Constitucional III*. Organização CONPEDE/UNICURTIBA. (coord.: Felipe Augusto Forte de Negreiros Deodato e Rogério Gesta Leal). XXV Congresso do CONPEDI, Florianópolis, CONPEDI, 2016. Disponível em <http://www.conpedi.org.br>.

SARLET, Ingo Wolfgang. *Dignidade (da pessoa) humana e direitos fundamentais na Constituição Federal de 1988*. 10ª ed., terceira tiragem, Porto Alegre: Livraria do Advogado, 2019.

SARMENTO, Daniel. *A ponderação de interesses na Constituição Federal*. 1ª ed., 2ª tiragem, Rio de Janeiro: Lumen Juris, 2002.

SCHWABE, Jürgen. *Cinquenta anos de jurisprudência do Tribunal Constitucional Federal Alemão*. (org.: Leonardo Martins). Montevideo: Fundación Konrad-Adenauer, 2005.

SILVA, De Plácido e. *Vocabulário jurídico*. vol. II, Rio de Janeiro: Forense, 1967.

SILVA, Germano Marques da. *Curso de processo penal*. vol. II, 5ª ed., Lisboa: Verbo, 2011.

——. "Notas breves sobe as propostas e projectos de alteração das Leis penais: propostas de Lei nºs 75/XII, 76/XII, 77/XII e projectos de Lei nºs 194/XII1ª e 266/XII/1ª. Disponível em <http://www.parlamento.pt>.

SILVA, José Afonso da. *Curso de direito constitucional positivo*. 38ª ed., São Paulo: Malheiros, 2015.

——. "Da dignidade da pessoa humana como valor supremo da democracia". *Revista de Direito Administrativo*. vol. 212, (abr./jun. 1998), [pp. 89-94].

SILVA DIAS, Augusto. "Os criminosos são pessoas? Eficácia e garantias no combate ao crime organizado". *Direito e Cidadania*. ano IX, nº 27, (2007/2008), [pp. 9-28].

——; RAMOS, Vânia Costa. *O direito à não auto-inculpação* (nemo tenetur se ipsum accusare) no processo penal de contra-ordenacional português. Coimbra: Coimbra Editora, 2009.

SIMANTOB, Fábio Tofic. "O monitoramento eletrônico das penas e medidas alternativas – efetividade ou fascismo penal?". *Boletim IBCCRIM*. São Paulo, ano 12, nº 145, (dez. 2004), [pp. 13-14].

SOUSA MENDES, Paulo. "A questão do aproveitamento probatório das declarações processuais do arguido anteriores ao julgamento." In AA.VV., *Estudos em homenagem ao professor Doutor José Lebre de Freitas.* [comissão organizadora] Armando Marques Guedes [et al.]. Coimbra: Coimbra Editora, 2013.

——. "Estatuto de arguido e posição processual da vítima". *Revista portuguesa de ciência* criminal. nº 17, ano 2007, [pp. 601-612].

——. *Lições de processo penal.* Coimbra: Almedina, ePub, 2013.

SOUZA, Bernardo de Azevedo e. *O monitoramento eletrônico como medida alternativa à prisão preventiva.* Rio de Janeiro: Lumen Juris, 2014.

SOUZA, Luciano Anderson; FERREIRA, Regina Cirino Alves. "Discurso midiático penal e exasperação repressiva". *Revista brasileira de ciências criminais.* ano 20, vol. 20, (jan./fev. 2012), [pp. 363-382].

STEVENS, Lonneke. *Pre-trial detention*: the presumption of innocence and article 5 of the European Convention on Human Rights cannot and does not limit its increasing use. European Journal of Crime. Criminal Law and Criminal Justice. vol. 17, [pp. 165–180], 2009. Disponível em <http://papers.ssrn.com>.

STRECK, Lenio. "Comissão de juristas gosta do Direito Penal do Risco". *Consultor Jurídico.* 8 de maio de 2012. Disponível em <http://www.conjur.com.br>.

——. É possível fazer direito sem interpretar? *Consultor Jurídico.* 19 de abril de 2012. Disponível em <http://www.conjur.com.br>.

——. *Somos todos medo.* Jornal Zero Hora. Ano 51, nº 18.027, de 20 de fev. 2015.

STUMPF, Juliano da Costa. *Poder Judiciário*: morosidade e inovação. Porto Alegre: Tribunal de Justiça do Estado do Rio Grande do Sul, 2009.

SZNICK, Valdir. *Liberdade, prisão cautelar e temporária.* São Paulo: Leud, 1994.

TARUFFO, Michele. "Considerazioni su prova e motivazione". *Revista de processo.* ano 32, nº 151 (set. 2007), [pp. 229-240].

——. *La motivazione della sentenza civile.* Padova: CEDAM, 1975.

——. *La prueba de los hecho.* 2ª ed., Madri: Editorial Trotta, 2005.

TÁVORA, Nestor; ALENCAR, Rosmar Rodrigues. *Curso de direito processual penal.* 9ª ed., 2ª tiragem, Pituba: JusPodivm, 2014.

TORNAGH, Hélio. *Comentários ao Código de Processo Penal.* vol. I, tomo 1º, Rio de Janeiro: Forense, 1956.

TOURINHO FILHO, Fernando da Costa. *Processo Penal.* vols. 1 e 3, 35ª eds., São Paulo: Saraiva, 2013.

——. *Processo penal.* vol. 3, 19ª ed., São Paulo: Saraiva, 1997.

TUCCI, Rogério Lauria. *Direitos e garantias individuais no processo penal brasileiro.* 4ª ed., São Paulo: RT, 2011.

——; DELMANTO JÚNIOR, Roberto, *et. al.* "Sistematização das medidas cautelares processuais penais". *Revista do Advogado.* ano XXIV, nº 78, São Paulo: AASP, (set. 2004), [pp. 111-122].

RAMOS, Vânia Costa. "*Corpus Juris* 2000 – Imposição ao arguido de entrega de documentos para prova e *nemo tenetur se ipsum acusare*". parte I. *Revista do Ministério Público.* ano 27, nº 108, (out./dez. 2006), [pp. 125-149].

VÉLEZ MARICONDE, Alfredo. *Derecho procesal penal.* tomo I, 2ª ed., Buenos Aires: Lerner, 1969.

VIEIRA NETO, José Leite. "Da Prisão temporária". *Revista Jurídica.* ano XXXIX, nº 168, Porto Alegre: Síntese, (out. 1991), [pp. 21-35].

WACQUANT, Loïc. *As prisões da miséria.* 2ª ed., Rio de Janeiro, Zahar, 2011.

WEDY, Miguel Tedesco. *Eficiência e prisões cautelares.* Porto Alegre: Livraria do Advogado, 2013.

——. *Teoria da prisão cautelar e estigmatização.* Rio de Janeiro: Lumen Juris, 2006.

ZAFFARONI, Eugenio Raúl. *En busca de las penas perdidas*: deslegitimación y dogmática jurídico-penal. segunda reimpresión, Buenos Aires: Ediar, 1998.

——. *Tratado de Derecho Penal*; parte general. tomo I, Buenos Aires. Ediar, 1999